GROWTH

我不是产品经理

移动互联网商业模式下的用户增长

主编：岳建雄

电子工业出版社
Publishing House of Electronics Industry
北京·BEIJING

内 容 简 介

移动互联网商业模式下的用户增长，本质上就是更低成本地获取用户，更高效率地实现商业变现，并在获取用户成本与商业变现之间取到一个好的 ROI。目前用户增长团队已经逐渐成为国内各大移动互联网公司的标配，更需要真正做过用户增长工作的人分享一些实操方法与经验总结，以给行业从业者以指引。

本书从移动互联网用户增长实践出发，讲解移动互联网的本质、用户增长团队的搭建、采购型和分散型流量获取模型下的用户增长方法、数据驱动的用户获取能力、通过产品分析确定用户增长策略、技术如何带动用户获取能力的提升等。本书作者拥有丰富的实操经验，把一线工作中用到的产品、运营、内容、技术及渠道相关的用户增长方法结合实践案例、数据模型、理论框架，深入浅出地呈现给读者。尤其难得之处在于：本书结合众多移动互联网公司的大量实例，深入浅出地讲解了用户增长涉及的各个环节，对于移动互联网从业者来说可以作为实践的参考书随时翻阅。

本书堪称来自一线的用户增长宝典，我们希望它可以成为面向移动互联网用户增长相关从业者的一本经典读物。本书适合移动互联网公司领导、运营人员、开发人员、产品经理、用户增长策略经理、市场人员及其他对用户增长感兴趣的人阅读。

图书在版编目（CIP）数据

我不是产品经理：移动互联网商业模式下的用户增长 / 岳建雄主编. —北京：电子工业出版社，2019.5
ISBN 978-7-121-36191-3

Ⅰ. ①我… Ⅱ. ①岳… Ⅲ. ①企业管理－产品管理 Ⅳ. ①F273.2

中国版本图书馆 CIP 数据核字（2019）第 057651 号

责任编辑：董 英
印　　刷：三河市鑫金马印装有限公司
装　　订：三河市鑫金马印装有限公司
出版发行：电子工业出版社
　　　　　北京市海淀区万寿路 173 信箱　　　　　邮编：100036
开　　本：720×1000　1/16　　印张：18.25　　字数：298 千字
版　　次：2019 年 5 月第 1 版
印　　次：2019 年 5 月第 2 次印刷
印　　数：6001~12000 册　　定价：69.00 元

编　委　会

自序

最近一年多来，市面上关于用户增长的书像雨后春笋一般，相当火爆。这些书有从国外取经直接翻译出版的，也有结合国内实操案例撰写的。我的书柜里也有好几本，多是别人赠送或公司购买的。实话实说，我都没有正经看过，只有刚拿到书时，感觉新鲜翻翻，之后就放在一边了。我觉得，一方面国外的书讲的更多的是一些方法论，长篇大论，而且作者对国内的用户增长环境不了解，所说方法并不一定适用。另一方面国内写用户增长方面书籍的作者没有几个是真正做过用户增长的，大都是纸上谈兵，书的实际参考价值不太高。

2018 年的一天，一点资讯总编辑吴晨光送我一本他的新书:《自媒体之道》。他在书里把自己负责搜狐、一点资讯内容和自媒体平台工作的得失、思考和疑惑整理出来，分享给大家，这让我非常有收获。从事过相关工作的人写出来的内容，语言或许不那么优美生动，但其中的干货会让同行或者接触过类似工作的人产生共鸣。一念起，我是不是也可以把自己这些年在工作中积累的对产品、用户增长的理解整理出来，分享给大家，是不是也可以给同行一些启示呢？

　　我本身不是作为产品经理入行的。2003 年 11 月，我加入搜狐。当时所在的业务线主要做 SP（Service Provider，服务提供商）业务，这个业务非常简单，就是做短信、彩信、彩铃、WAP、IVR（Interactive Voice Response，互动式语音应答，一种语音增值业务）等产品。由于业务简单，工作中基本没有产品经理，只有运营和 BD（Business Development，商务拓展）。我最开始负责搜狐在福建省的 BD 工作，我个人不太善于与人沟通，但喜欢研究业务细节。在 SP 时代，大家都在拼与运营商的关系，找运营商要群发、推荐资源，工作更多的是商务吃喝、应酬和送礼，很少有人去研究业务本身的价值与运营商 KPI 的变化。

　　在工作过程中，我发现再简单的业务也有它的生命周期与业务逻辑，在别的 BD 都争先恐后地想和运营商搞好关系吃喝应酬的时候，我会关心运营商 KPI 里哪些指标的完成是有难度的，我可以通过什么办法解决他们有难度的问题，我会关心如何帮助运营商把业务做得更好。道理很简单：人的关系随着工作调动、区域变化都会变化，而运营商数据业务这个部门背后的指标是不会变的。关心客户的需求，帮助他们解决需求的同时也能达到你的目的，这是一个共赢且可复制的方法。通过这种方法，我在没有任何关系的情况下，把福建的业务收入做到前列，后来我又陆续接管了江西、云南、贵州、广西、广东等地区的业务，并且也分别把当地的业务收入做到所在省所有 SP 收入的前几名，特别是云南、贵州的彩铃业务收入在公司内部更是处于绝对领先的位置。我也从一名最基层的 2 级员工升职到无线事业部的副总经理，从厦门调到广州，2010 年 5 月又从广州调到北京总部。

　　调到北京总部后不久，2011 年，我从无线业务部门调到了搜狐快递部门（后产品改名为搜狐早晚报，搜狐新闻客户端的前身），最开始的职位是渠道负责人。当时搜狐负责无线业务与产品的 VP（副总裁）方刚就给了我一个任务，也是一个小目标，如果在 2011 年年底前把搜狐快递的 DAU（Daily Active User）做到 100 万以上，这个业务线就归我管。我清晰地记得，当时该产品的 DAU 只有 6 万多，我也不负责产品与技术，给我下达这个指标时到年底只有不到半年时间，我对 DAU 增长唯一能做的就是与渠道合作，而且还没有钱与预算。我该怎么完成这个任务？

当时我了解到一个信息，中国电信运营商与联通刚拿到 3G 牌照，特别是中国电信刚拿到移动牌照，想借 3G 的机会把移动业务做起来的决心很大。但是当时市面上的 3G 手机很少，除了苹果，安卓系统的手机厂商主要就是 HTC、摩托罗拉、三星等少数几家，手机待机时间不长且价格非常贵，为了快速普及与发展 3G 用户，中国电信成立了终端公司，重点是采购定制安卓手机，低端千元机选择了国内厂商的中华酷联（中兴、华为、酷派、联想），高端机用国际厂商，选择了 HTC、三星、摩托罗拉。我获得这个消息后，想尽一切办法找到了中国电信手机厂商软件安装的负责人，这个负责人非常忙，每天要出差到各地去跟手机厂商开会沟通，我跟他约了 5 分钟时间。由于时间很短，结合搜狐早晚报的产品特点，见面时我就开门见山，说了几点：

（1）听说电信现在定制了很多安卓智能手机，目标就是跟中国移动竞争。而智能手机要比功能手机好，中国电信的 3G 要比中国移动的 2G 好，核心还是要有在 3G 智能手机上跑得比 2G 时代更好的应用软件。现在智能手机非常缺少好的应用软件。

（2）我们刚好做了一款很好的资讯软件叫作搜狐早晚报，这款支持安卓与 iOS 系统的 App，早、中、晚每天推送 3~4 条人工制作的内容，内容量非常丰富，还能实时更新（彩信发出去是无法更新的），能完全替代中国移动的彩信手机报（当时中国移动有 2 亿多的彩信手机报用户，彩信手机报用户收费 5~30 元/月），是打击中国移动彩信手机报的杀手级应用。

（3）你经常出差，这款软件很适合你，你很忙也没时间听我介绍，我先给你装上，如果体验好你再联系我，如果觉得这款产品不好就不用理我，或者可以给我建议。

说完，我就给这个负责人的手机装上了搜狐早晚报，他也继续出差。我运气很好，第二周这个负责人就给我打了个电话，说我们的软件还是不错的，让我给他发一个安装包，于是我马上用邮件发了一个安装包过去。然后三四个月过去了，我们的用户量依然没有太大的起色，直到 2011 年年底的时侯，我们突然发现用户开始每天大量增长，DAU 也超过了 100 多万，而这 100 多万的用户里有 90% 的用户都来自一款叫 V880 的中兴手机，原来电信相关的负责人把我们的安装包发给了中兴手机厂商，而这款 V880 是当时的千元机王，单机就出货 700 多万台。

是的，由于电信运营商大量对终端智能手机的补贴，中国移动互联网在 2012 年迎来了 3G 手机大量普及与移动互联网用户大爆发的一年。这是一个千载难逢的机会，这一年微信超过米聊，上线了朋友圈，这一年今日头条开始崭露头角，这一年陌陌开始生根发芽，这一年我也正式接管了搜狐新闻客户端所有的产品、技术、运营、市场、渠道等。我也发现在那个时间窗口，手机预装是最快、最有效的一个渠道，而且不花钱。很快我通过各种办法，克服了各种困难，通过竞标进入中国电信的预算名单，把搜狐新闻客户端装进了当时中国电信定制的绝大多数安卓智能手机里，超过 1 亿台的手机预装早期是不用钱或者用很少的钱，用钱的平均价格也很低，安装 0.4 元/台，激活 1.5 元/个，搜狐新闻客户端也在 2013 年年初成为当时中国第一个用户量过亿、DAU 过千万的新闻客户端。

在负责全部业务后，我发现获取用户只是产品的一个环节，一个产品要成功，涉及的用户增长环节非常多。拉新进来以后还有很多环节与用户增长相关，如产品体验好坏会影响用户留存，手机的厂商适配、Push 与进程、用户漏斗与链路优化、渠道来源与冷启动、活动引导、召回、商业变现能力等都会影响用户的留存与增长。这些涉及每一个环节的每一个项目相关人员，有产品经理、运营经理、渠道经理、算法推荐工程师、应用开发工程师等，非常复杂，把用户增长与留存这个 KPI 单独下发给任何一个部门，都无法独立完成目标并为结果负责。2013 年下半年，搜狐新闻客户端的 DAU 最高到 1800 多万，每天新增 30 多万。然后随着用户对产品要求的提高，竞品对渠道增长的重视及对产品与内容差异化的提升，我们的用户留存开始下降，DAU 在新增无法持续的情况下也开始下滑。由于当时还没有开始大规模地商业化变现，手机厂商把预装价格从原来的 0.4 元/台涨到 0.6～0.8 元/台的时候，不敢全力跟进，一度我也非常困惑，用户如何增长呢？

这个困惑一直延续到 2014 年 6 月份，由于用户开始不再增长，提高用户留存也缺少办法，部门员工流失大量增加，我也开始萌生离意。这时候我有机会与今日头条的张一鸣进行了几次深入沟通，有一次在亚运村的么么咖啡，我们聊到深夜 1 点多，咖啡馆要关门，老板一直催我们才走。

那时张一鸣非常有激情，表示他要在 2014 年年底将用户数做到 3000 万，当时今日头条的 DAU 只有 1000 万出头，半年左右做到 3000 万我觉得几乎是天方夜谭。搜狐新闻客户端当时的 DAU 最高时也没超过 2000 万，然后就一直没有突破。我问他有什么好办法，他说今日头条本质上就是浏览器，UC 与 QQ 浏览器的用户多，今日头条就是浏览器的 2.0，移动互联网的用户未来不需要浏览器，他可以从浏览器那切走一部分用户，另外他开始重视手机厂商的预装。原来今日头条的用户一部分是 IT 圈的用户，另一部分就是移动互联网的下沉人群，他那时候也开始预装，但品牌厂商还装不进去，主要是装了刷机与方案商的低端手机。后来今日头条也引入了搜狐的一些渠道 BD，很快就在当年年底切入了品牌手机厂商的预装市场。在如何获取用户上，他当时还跟我提到一个想法就是想学 58同城、赶集网打广告的办法，想在 2014 年春节把所有视频的贴片广告都买断。后来可能觉得移动 App 不像网站，打广告的转化效果可能不直接，就把这钱放在所有的应用商店的入口买断上了，垄断用户下载 App 的入口位置。

在用户推荐留存与精准度上，张一鸣当时提到，通过 A/B 测试发现，获取用户通讯录可以大幅提升算法的精准度，因获取用户通讯录对用户的骚扰而导致用户的流失率只增加 1%左右，但我很惊讶的是，今日头条系列产品直到 2016年年底才在微头条上线后开始大规模向用户要通讯录。后来我想了想，猜测张一鸣克制这么长时间的原因如下：

（1）当时今日头条只有 1000 万 DAU 的用户规模，就算取到了通讯录，对用户也没有太多好处，因为用户的大部分好友不在这里，发挥不了协同效应，容易让用户反感。

（2）用户当时只有资讯浏览需求，没有需要用户通讯录的场景。而当用户规模达到近亿的时候，微头条上线了，这时候协同与场景都有了，要通讯录就变得自然很多。而且今日头条取到通讯录后把社交关系又同步给了"字节系"的其他产品，如抖音、西瓜、火山、皮皮虾等，这也是"字节系"产品迅速增长的一个秘密。

关于竞争对手，在聊的过程中我问到谁是他的最大竞争对手，他当时表示最害怕的是百度，认为最好的算法人才在百度，百度也最有实力来做信息流业务。但当时百度因为搜索业务上的强大，并没有意识到信息流业务后来可能 OTT（Over The Top，过顶传球，意思是通过另一种方式超越）搜索。2015 年今日头条开始建立头条号自媒体生态平台，从百度挖来算法核心人才，还挖来了新浪的副总编辑赵添做头条号的整体运营，也引入了包括搜狐在内的一些传统门户的人负责内容的采购与运营。这个内容生态平台的成功不仅解决了今日头条内容版权的问题，也拉开了今日头条与各传统门户的距离，因为从有头条号自媒体生态平台开始，今日头条不仅在技术算法上比传统门户更先进，且在内容质量与内容生态数量上也远远超过了除微信外的其他内容平台。由于内容质量与类型的增加，用户留存得到提升，用户群也不断扩大。

一个伟大的公司常常拥有"狗屎般"的运气，字节跳动公司完美错过了搜狐、凤凰这样的门户公司对它的投资收购，最重要的竞争对手百度居然在它快速增长的时候没有发觉真正的竞争对手已经长大。当 2017 年百度真正意识到信息流的重要性时，字节跳动公司已经长大，并且趋势不可逆转，在 2018 年抖音爆发后，字节跳动公司的估值达到 750 亿美元，超过百度。本书有很多章节介绍了字节跳动公司的组织结构与用户增长，揭秘这个以数据智能驱动的优秀组织，如第 5 章就介绍了字节跳动公司神秘的用户增长团队与渠道团队。而百度后来对其僵化的组织进行了重大的调整，成立了信息流部门，李彦宏亲自带头，放在向海龙的大搜索部门下面，大搜索可以提供强大的变现能力与手机百度入口，由沈抖统一负责技术、产品和运营，开始重视用户增长与内容，在预装与市场投放上大力砸钱，开始重建百家号内容生态体系，很快百度花了一年多的时间就把信息流业务做了起来，DAU 也达到了 1.6 亿。不仅如此，百度还发力短视频领域，开始做好看视频与全民小视频，赞助 2019 年的春晚，大做送红包集卡活动，也迎来了百度用户增长的一个回春。在收入上 2018 年超过了 1000 亿元，是字节跳动公司的 2 倍，这说明百度仍然拥有超强的商业变现能力。2019 年的春晚红包大战，百度完成了一次对字节跳动公司的逆袭，百度 App 的用户数峰值超过 3 亿，好看视频超过 3000 万，就连全民小视频也摸高到 1000 万后回落，而今日头条与西瓜视频的用户数这期间稍有回落。很多人可能不知道，为了准备这次春晚活动，百度下足了决心，除了发红包的 9 个亿，还增加了 3 万台服务器，单是增加服务器的投入就超过了红包的投入。可以看出，在错过时间窗口后获取用户的代价是非常大的。

大风起于青萍之末，我没有预料到当初一个小小的趋势，会改变今天的互联网流量分发的格局，我看到了却擦肩而过。2014 年年底我自己阴差阳错地走上了移动医疗的 O2O 大众创业道路——一条我自己之前完全陌生的赛道。两年的创业，让我经历了作为一个创业者的兴奋、激情、困惑、痛苦、无助、绝望的心酸历程，这期间我也看了一些如《从 0 到 1》《创业维艰》之类的书，也有不少收获，我在创业中遇到的一些坑别人在书中总结过，避免了一些错误。我也没想到我有机会写这么一本书去总结我工作中对用户增长及做产品、运营的一些经验，希望读者在看本书时能像我当初看《从 0 到 1》《创业维艰》那样的书一样，有一些收获，避免一些不必要的错误。

一个人的成就与财务上的自由除了历史进程与个人努力，关键时刻的选择也非常重要。创业失败了，但我却一点都不后悔当初的选择，因为它让我明白了一件事，无论是创业还是做产品，本质上都是商业行为，是商业行为就要关注用户需求与用户投入产生的回报。放在移动互联网的用户增长上同样如此，本质上就是如何更低成本地获取用户，更高效率地实现商业变现，并在获取用户成本与商业变现之间取到一个好的 ROI（投资回报率），这个 ROI 的模型应该做到，用户量越大，成本还能比较稳定，而变现能力却能越来越高，ROI 一直保持良性的平衡可持续性，这就是用户增长的本质。

本书后面的一些章节里会提到产品的商业本质与商业模式。理解这个道理之后，会发现做什么产品都比较简单了，结果好坏就跟产品的行业赛道、时间窗口、执行人的能力、公司所拥有的资源相关了。无论用户增长做好做坏，你能知道是什么原因，该不该继续花钱，该用什么方式去发展用户，知道盯着数据做运营，例如在第 4 章里就提到了很多通过数据驱动做用户增长的运营案例。

在凤凰网的两年半，就是实践我对移动互联网商业模式下的用户增长的理解的过程。我用半年左右的时间搭建了增长、产品、技术、运营骨干团队，如本书第 2 章所述。本书第 3 章会告诉大家在短时间内利用采量与社交裂变回流的方式获取用户的两种模型。本书的主要内容也是我在这个阶段的实践经验的总结，有收获、有失败、有挫折，也有迷茫，希望分享给大家，这也是我写这本书的初衷。

读者服务

轻松注册成为博文视点社区用户（www.broadview.com.cn），扫码直达本书页面。

- **提交勘误**：您对书中内容的修改意见可在 提交勘误 处提交，若被采纳，将获赠博文视点社区积分（在您购买电子书时，积分可用来抵扣相应金额）。
- **交流互动**：在页面下方 读者评论 处留下您的疑问或观点，与我们和其他读者一同学习交流。

页面入口：http://www.broadview.com.cn/36191

目录

1

第1章

不增长就出局，用户增长时代来临

2017 年，以营销见长的全球最大的饮料公司可口可乐，将设置了 24 年之久的首席营销官（CMO）撤销，代之以新设立的首席增长官（CGO，Chief Growth Officer），来统一领导全球市场营销、客户及商务、增长策略。可口可乐公司希望借此来带动其增长。

在国内，第一个吃螃蟹的企业是奢侈品电商平台寺库网。2018 年年初，寺库网公开了两则人事任命消息。其中一则任命是由原乐视高管任冠军出任寺库网新设立的首席增长官，直接向寺库网创始人兼 CEO 李日学汇报。从公开的消息看，新任首席增长官的工作职责是帮助寺库网强化整合营销对业绩增长的价值，增进营销与产品、运营、技术、销售五位一体的联动。

这两家知名企业的人事变动刷新了人们对用户增长团队负责人的认知。很多人都开始好奇首席增长官到底是一个是什么样的职位？实际上，大家熟知的

Facebook、LinkedIn、Airbnb、Pinterest 等硅谷互联网公司都设置了增长经理的职位。随着公司业务的不断扩展，增长经理的业务范围也随之扩大，业务单元也由个体负责渐渐扩大到团队，以增长团队（Growth Team）的架构接入更多的职能岗位来支撑用户增长目标的实现。于是，增长黑客、增长经理、增长负责人、增长 VP，再到正式登上历史舞台的首席增长官，一路演进。

1.1 用户增长概念的本土化，如何理解 AARRR 漏斗模型

我们在定位用户增长团队的工作时离不开对其原始含义的理解，这里我们依然可以延用增长黑客之父 Qualaroo 创始人兼首席执行官 Seam Ellis 在提出增长黑客（Growth Hacker）的概念时给出的一个定义：

A growth hacker is a person whose true north is growth.

增长黑客是将增长作为唯一目标的人。

他提出的增长黑客理论的核心观点是，通过对用户行为数据的精细挖掘，有针对性地对产品进行优化及快速迭代，从而实现用户数量的爆炸性增长。

不难看出，增长团队把用户增长作为唯一的目标。他们的工作横跨市场营销、产品运营、技术研发、数据分析甚至用户服务等，找到获取用户的最快捷的路径，并最大限度地降低用户获取成本。从整体来看，这群人以数据驱动营销、以市场指导产品，通过技术手段完成增长目标，是综合能力型选手。他们通常既了解技术，知晓如何通过技术绕开人为设置的增长门槛；又精通产品，知道如何在产品的搭建和运营过程中让获取用户的路径更短；还是市场营销的操作者，通过模型搭建和 ROI（投入产出比）控制，在用户获取和成本消耗之间达到比较完美的平衡。

随着国内互联网的飞速发展，在相当多的领域实现了对国外互联网的弯道超

车。用户增长职能也在国内落地，逐渐成为各大互联网公司的标配。所谓"橘生淮南则为橘，橘生淮北则为枳"，在实际操作过程中，如果把国外成功的用户增长案例直接复制到国内，可能会出现水土不服的情况，未必能达到很好的效果。所以，本土的用户增长案例才能对国内的互联网公司及类似的团队起到指导作用。

1.1.1　从字节跳动公司的案例说起

用户增长职能在国内落地开花，并且为各大互联网公司所重视的一个刺激点来自字节跳动公司。有些人可能觉得这个名字有点陌生，但提起今日头条、西瓜视频、火山小视频、抖音短视频、皮皮虾等一系列成功的资讯、视频、短视频产品，一下子就能为之一振，对号入座了。该公司因在 App 上强大的批量生产能力，被业界称为"App 工厂"。

在分析字节跳动公司为何能够后发先至取得巨大成功的原因时，大多数人会将其归结于这家公司拥有超强的算法能力。实际上，字节跳动公司最强的能力不只是算法，更核心的是它的产品运营能力和商业变现能力。这里，我们通过整理公开资料做了字节跳动公司的组织架构图，如图 1.1 所示。整个组织架构图可能不是特别准确，但基本能一斑窥豹，直观地看到这家新的小巨头的发展原动力和成功的要素。

图 1.1　字节跳动公司的组织架构图

不难看出，字节跳动公司真正与业务相关的有三个团队：以算法为核心的技术团队、强大的商业化变现团队、互联网无敌的用户增长团队（产品运营与UG）。正是这三大团队造就了这家公司不断生产、创造新的超级App的能力。

原搜狐高级副总裁方刚在2019年春节的回乡思考中讲了一个小故事，印证了字节跳动公司的这个组织架构的生命力。

我有个认识多年的老同事，春节前请客吃饭，他想去今日头条谋个高职，来问我的意见。我问了他三个问题。

- 你是AI科学家或者算法工程师吗？答：不是。
- 你想天天坐在电脑旁点鼠标或者打电话吗？答：不想。
- 你愿意每天盯着数据仪表盘定策略并与生产者做运营沟通吗？答：不愿意。

我回答他：你别去了，字节跳动公司没有适合你的位置。

饭桌上，有人在说张小龙和张一鸣的段子，谈善良与聪明，其实没那么矫情。如果说阿里巴巴打造了一个使命愿景驱动的优秀组织，那么字节跳动公司正在创造一个数据智能驱动的同样优秀的组织。字节跳动公司的前台App挺多，后台OP系统也挺多，除部分PM、工程和运营人员是强产品线相关的，其他大量研发、数据和业务中台人员都是高度复用的。据说，搞数据和算法的工程师有好几百，搞内容审核和标注的人有一万多，搞销售和执行信息流广告的人有一万多。一个聪明的CEO，指挥一堆科学家做机器人，然后机器人指挥一堆手按规则和流程干活，这些活再输入给机器，机器再每天给几亿用户提供资讯服务，每天给几百万商家提供广告服务，精确、高效，多好。

有些事情，Google曾经验证过，字节跳动公司再验证一次，并有所发展。CEO，科学家，工程师，还有手，我的前同事不是做不了就是不愿做，其实他安安静静做个被机器Feed的用户就挺好，看到综艺、搞笑视频哈哈一乐，看到八卦、段子分享到朋友圈，不好吗？挺好的。

字节跳动公司其实也是一个 App 工厂，工厂里做研发的人占比并不大，但研发是核心竞争力，工厂里的工人和销售往往很多，这里说的研发就是算法与产品人员，工人就是内容审核与标注人员，销售就是广告商业化团队。这不就是典型的工厂模式吗？

同时，我们还能从这张架构图里清晰地看到，站在 C 位的是商业化与用户增长团队（包括产品、运营和 UG），技术与其他职能部门则被作为基础支撑列在两边。尽管外界都知道字节跳动公司的技术能力超强，PR 与法务等职能部门的能力也丝毫不弱，但在其本身看来，技术能力好比一个商场、大楼的基础设施，是水暖电、是管道、是新风系统，这些能力再强也不能直接产生价值。商场的装修再奢华到位，水电管道系统再科学精致，若没有优质的店铺和极致的服务，也吸引不来用户消费进而创造商业价值。

一个商场若要聚拢人气迅速打响品牌，核心能力是招商。商场的定位是什么，招什么样的商家来开店，店铺能提供什么样的服务，这些构成了商场的服务内容，也是商场的核心竞争。商场各家店铺的商品与前来的顾客匹配度高，加上服务好一些，商场就会变得很繁华，就可以成为"城市中心"。而财务、行政等职能部门就好比商场大楼里的物业，虽然平时并不直接面对消费者，但整体管理水平的高低也会影响消费者的体验，进而影响消费。在这里，店铺就是平台上的内容创作者，消费者就是平台上的用户或流量。

我们再来看看字节跳动公司的产品运营体系，除了今日头条主端、社交互动社区类产品、西瓜视频、音频、搜索、海外产品等很多产品部门，还独立设有一个叫 UG 的部门。UG 就是 User Growth，UG 部门就是做用户增长的部门。

这个部门目前的规模有 200 多人，负责"头条系"所有产品线的用户增长，可见其重要性。实际上，字节跳动公司还有一个渠道部门，负责预装、手机厂商与应用商店的投放，它不属于用户增长部门，这个部门与技术部门一起划入基础支撑部门，是可预知的市场渠道部门，其实也是一个用户采购部门。

所以，字节跳动公司的 UG 部门大概就是领了除渠道部门之外的用户增长任务。具体工作可分为以下几个部分。

- 第一，做分享回流。互联网公司最有效的拉新手段，除了在预装、投放上进行大量"烧钱"，便是社交分享回流。无论是发放红包还是分享内容，都是为了提升拉新、Deeplink 拉活的效率。随着平台型 App 日益封闭化，对外美其名曰构建平台生态系统，H5 流量的商业价值也就越来越弱，耗费巨大精力和成本做成的 H5 往往都被用来做本公司产品的拉新与 Deeplink 拉活。

- 第二，做活动。比如曾刷屏的百万红包、集卡分钱等各种拉新与培育用户忠诚度的活动。相比活动运营佼佼者趣头条，今日头条玩得更好。很多人可能不知道，今日头条在主版之外还有一个极速版，它的用户数已经全面超过风头正盛的趣头条，而它的主要玩法、任务系统与趣头条非常相似，主要用于区分主线人群和渠道。

- 第三，通过技术来投放各个非手机厂商与应用商店渠道。比如海外的 Facebook、Google Play，通过技术手段可降低获客成本。今日头条的技术投放策略很典型，早期百度还允许今日头条投放时，今日头条在百度做了拓词的投放。一般我们在百度进行渠道投放时，只知道投放相关的关键字，这种常规操作的结果是量少、多家竞价、转化效果不佳，而且成本非常高。而今日头条创新性地利用每天百度新产生的大量没有人竞价的关键词进行拓词，通过技术手段自动生成聚合这些关键字的落地页，然后在百度进行投放。这样做的好处是量大而且价格便宜，落地页聚合的内容本身比百度的还好，用户转化效果自然就非常理想了，大大降低了渠道投放的成本。

- 第四，提高"头条系"各个应用之间的资源共享使用效率。这些分散的应用在用户对象与场景上有一定的互补性，它们之间共享数据、用户画像、互推，可相互导量与拉活。比如内涵段子被强行关闭之后，大量用户跑到抖音。字节跳动公司仅利用几个月时间便做出了皮皮虾，又将这部分用户召回，抖音又利用广告余量把乐于评论段子的用户洗出来，重新引导到皮皮虾上，皮皮虾的用户量迅速增长起来。

在字节跳动公司体系内还有多个独立的产品业务线，它们都拥有独立的技术——主要是偏前端策略的推荐技术、偏数据业务的后端技术，测试部门管质量、前端，而 iOS 与安卓、基础推荐等则由大技术部负责，属于基础能力，共享大的技术架构部门、产品、运营、基础市场等团队。其中，运营往往是各个业务线人数最多的部门，因为运营在用户增长中起着最大的作用，既要在前端链接用户消费的内容，与算法对接，又要在后端链接内容的创作者，通过制定规则与政策及运营管理平台去管理和服务内容的创作者，激励他们创作更好的内容。

在商业变现上，字节跳动公司还建立了一个超过一万人的强大的变现团队，这个商业变现的方法目前主要是信息流广告。有多个消息说，2018 年字节跳动公司的全年目标是 4 亿 DAU，500 亿元广告收入，这个目标据说也差不多实现了。随着抖音、火山直播的兴起，它们在直播与电商这块的收入也增长非常快速，一年也有几十亿元，非常可观。

从字节跳动公司的情况看，做用户增长，不单单是算法一个部门的事，也不是渠道一个部门的事，还涉及产品、运营、技术及独立的 UG 部门，是综合调度，而运营似乎是调度技术与产品、通过内容与活动杠杆驱动用户增长的核心部门。

1.1.2　从运营、产品、技术、市场、渠道对用户增长的理解到 AARRR 漏斗模型

举完字节跳动公司的例子，大家应该有了一个基本概念，接下来我们听听运营、产品、技术、市场、渠道对用户增长的理解。

运营：通过对产品的不断优化，让用户对产品形成使用习惯，不断地获取用户，提高用户的活跃度和留存率，然后带动用户数不断增加。（产品运营师　顾）

产品：产品需要有足够的黏性，来更多地延长用户生命周期。在满足用户核心需求的情况下，通过运营手段让用户留下来，持续地使用我们的产品，这样做用户增长才更有价值，否则来多少用户也很快就会流失。（产品专家　刘）

技术：靠一定的手段获取新用户，靠内容或运营留住新用户使之变成老用户，

老用户再传播拉取新用户。（技术专家 李）

市场：用户增长就是活跃用户，包括自然增长、促活等运营方式，其实表示的就是用户增长的一种趋势，除了促活，还有拉新，在一定时间范围内通过活动来带动数据增长。（市场公关 韩）

渠道：用户增长不只是新增用户的堆叠，是通过高效渠道采买、高质量产品内容精装、高精度算法推荐、高口碑社交传播相互配合，进而从获客、新增、留存、活跃、付费到推荐打造高质闭环生态。（渠道运营 陈）

HR：用户增长应该就是通过拉新、促活、留存、转化、激活等手段来服务用户，解决用户问题，需要重视数据分析，用数据思维、工程师思维来驱动运营。（资深人力资源 谢）

大家对用户增长的理解都不太一样，这取决于各自岗位对 KPI（Key Performance Indicator，关键绩效指标）的不同分解。在实际工作中，用户增长团队成员需要真正懂得产品的核心价值，用最简单的语言来描述产品、形容问题，并在此基础上提出解决问题的方案。用户增长团队的核心目标就是"增长"，不仅包含用户量的增加，还包括产品生命周期内各个阶段的重要指标的增长。根据不同阶段用户参与行为的深度和类型，把增长目标进行拆分，形成了一个业界都比较认可的 AARRR 漏斗模型，如图 1.2 所示。

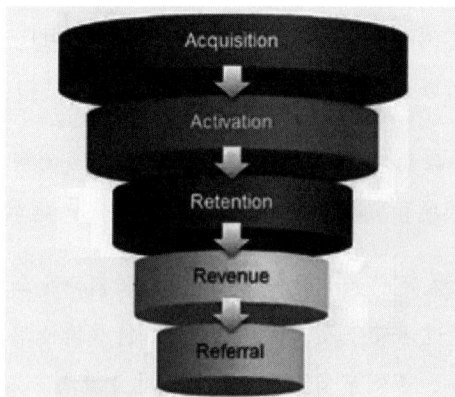

图 1.2　AARRR 漏斗模型

AARRR 是 Acquisition、Activation、Retention、Revenue、Refer 5 个单词的缩写，分别对应一款移动产品（应用）生命周期中的 5 个重要环节。在这个模型里，用户会有一部分在某个环节流失，而剩下的那部分用户在继续使用过程中，被引导到下一个环节，并在层层深入中实现最终转化。AARRR 漏斗模型中的 5 个环节的含义如下。

1. 用户获取（Acquisition）

对于一款移动产品，获取用户是开启其产品生命周期的重要一环。如果没有用户，这款产品就没有生命，也没有存在的必要，更谈不上后续的运营。很多时候，大家会把用户获取和推广等同，但在实际操作中还是有差别的，可以简单地理解为：推广可以获得用户，但用户获取的途径不局限于推广一种。打个简单的比方，一家新开的餐厅，会通过散发传单、游街串巷、免费试吃等常规手段来吸引食客，现在还有一大助力，就是如美团这样的团购平台，通过折扣、优惠券等形式把用户吸引到门店。只要顾客进门了，就有了一个好的开端。

2. 提高活跃度（Activation）

产品推出之后，通过渠道预装（刷机）、流量置换、广告等进来的用户，如何激活并提高他们的活跃度，是一个很头疼的问题。这不难理解，在投放渠道的选择过程中，总会有一些低质、低效的渠道夹杂在里面，导致大量的低品质用户涌入，其中有一次性用户（启动一次之后就不再使用的用户），也有僵尸用户（通过技术手段或者"黑"途径刷进来的用户），这些用户都消耗了大量的费用，但实际上对产品活跃度的提升并没有什么积极作用。这就需要通过各种手段有效地刺激用户以提高活跃度，并把没有价值的用户逐步淘汰。

继续举餐厅的例子，门店在一段时间内散发了数万张传单，提供了足够大的免费金额的优惠力度，拢住了一批顾客，但如何把这批顾客成功"激活"，让他们进店消费，就是门店需要考虑的"提高顾客活跃度"的问题了。

3．提高留存率（Retention）

在用户活跃度的问题得到初步解决之后，用户增长团队还将遇到一个棘手的问题，就是如何提高已有用户的留存率。单从产品属性来看，会出现这样的现象：工具类产品，用户可能用完即走，这是"微信之父"张小龙宣扬的产品理念；平台型产品会有大量的用户停留，但用户"审美疲劳"之后没有得到有效刺激时，也会"用脚投票"，选择离开。

通常情况下，保留一个老客户的成本要远远低于获取一个新客户的成本。但很多产品都不太清楚用户是在什么时间、因为什么流失的。用户增长团队一面很辛苦地开拓新用户，另一方面又不得不想办法应对用户大量流失的情况。要解决这个问题，就需要搭建日留存率、周留存率、月留存率等监控体系，反复推演用户流失情况，分析原因，进而找到解决办法，激励用户继续使用产品。当然，产品的属性对用户黏性的影响也很大，比如工具类产品和平台型产品对用户的吸引力是不一样的。

4．获取收入（Revenue）

互联网公司或者互联网产品开发团队都是做流量生意的，即实现流量变现，追求利润。这是开发一款新产品的出发点。如果这款产品没有收入能力，生命会很快终结。即便是免费应用，也会有潜在的赢利模式。最典型的就是奇虎360，它高举"免费大旗"，对外宣布 360 安全卫士永久免费，获得巨量用户，但在获得巨量用户后，开始在游戏、广告等方面发力，迅速成为国内互联网公司的小巨头。

一般来说，获取流量的方式有几种：以内容为卖点，吸引用户；补贴拉新或者渠道预装，"收买"用户；向流量大户购买。比如搜索流量主要在百度，而电商流量基本掌握在阿里巴巴手上，不用说，社交流量最大的庄家就是腾讯。变现模式在此基础上进行升级，大概也有 4 种：广告、增值服务、游戏和电商。

在 AARRR 漏斗模型中，用户获取、提高活跃度及提高留存率都是获取收入的基础。只有用户基数达到一定规模时，才有获取收入的可能。而获取收入之后则可反哺前面的各个环节，并对其中的策略和方式进行修正。

5．传播推荐（Referral）

以前，大多数用户增长模型走到第 4 个层就结束了。但随着社交网络时代的到来，用户增长团队还需要考虑社交渠道的病毒式传播，这已经成为获取用户的一种新途径，这种方式不仅成本低，而且效果可能非常好。聚焦"五环外用户"的拼多多和趣头条的快速崛起，就是在移动互联网传统渠道流量触顶时，发力社交网络获得成功的典型。

基于社交关系的自我传播，会像病毒一样产生裂变，很多用户增长团队把这第 5 层直接理解为"病毒式传播"。在这个环节里，从传播推荐到获取用户，路径短且精准，成了当下用户增长团队重点研究的课题。

从获取用户到传播推荐，AARRR 漏斗构成了一条螺旋上升的产品使用周期闭环。用户增长团队的价值正是通过不断地"头脑风暴→排定优先级→测试→分析→常态化部署"来优化产品策略的，减少每个环节的不必要损耗，提高转化效率，从而不断扩大用户群体的数量和质量。

1.2 移动互联网下半场，用户增长时代来临

早在 2016 年 7 月，美团点评 CEO 王兴在一次演讲中首次提出中国互联网已经进入"下半场"的概念。随后，这个论点迅速在科技互联网圈成为"网红"话术，在各种场合被广泛引用。他认为：中国互联网刚刚进入"下半场"，从互联网到"互联网+"，意味着一个时代的结束，另一个时代的到来。

王兴之所以提出这样的论断并被大家接受，基于中国互联网发展的客观现实：过去十数年，中国互联网的高速发展在很大程度上靠的是人口红利。从早期的 PC 互联网萌发到移动互联网成熟，都经历了一个用户数激增的阶段。在这个时

期，PC、智能手机迅速普及，互联网公司的发展方式哪怕再粗糙，也能以较低成本获得大量用户，开拓市场。但很快，用户增长就触到天花板，PC 卖不动了，智能手机市场的增速也在回落，网民的总量也基本到顶了。

2018 年海内外移动互联网几大代表平台的用户活跃数据大都低于预期或与预期持平，反映的是大社交平台用户数已经接近饱和。一时间"流量红利结束"已经成为移动互联网行业对未来趋势的基本研判。

行业已经明显感觉到流量见底，使用传统渠道运用原有的方法论获取流量或用户变得越来越难。很多主要依靠花钱采购流量的公司开始纷纷谋求转型，要么在现有用户基础上深挖，榨取剩余价值，要么探索新的流量获取模型或方式，在 ROI 要求范围内以最低成本获取用户。在这样的大背景下，用户增长时代已经到来。

2

第 2 章

移动互联网产品的本质与
用户增长团队的搭建

在第 1 章中我们已经讲到，用户增长时代已经到来，用户增长团队在整个产品团队中发挥的作用也越来越大。而用户增长团队是一个需要综合能力的组织，产品经理、运营经理、设计师等必不可少，如果再加上项目经理、分析师、数据专家、营销专家，那么这个队伍的战斗力无疑将更加强悍。

2.1 移动互联网产品的本质与信息流战争

一言以蔽之，任何移动互联网产品的本质都是一种商业模式。

无论是工具型、社交型、游戏类、资讯类还是视频类产品，都要创造价值、满足用户需求，产品的用户规模、黏度、解决问题的类型等，就决定了其相应的商业价值。商业价值在一定程度上放大了产品的影响力，所以产品商业模式的选择和定位非常重要。

2.1.1　移动互联网产品商业模式分析

我们来看一张信息流形式的移动互联网产品商业模式图，如图 2.1 所示。

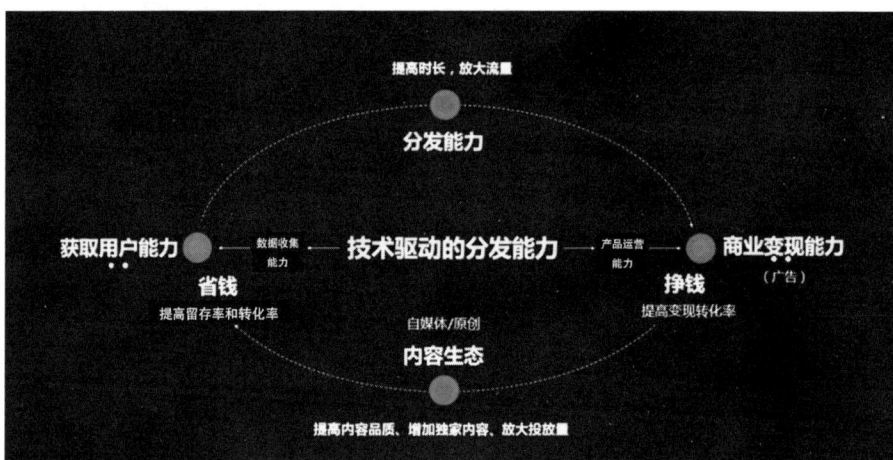

图 2.1　信息流形式的移动互联网产品商业模式图

可以看到，一款信息流形式的移动互联网产品基本上由 4 个模块组成：用户获取、商业变现、内容生态、内容分发。

这与小卖部做生意差不多，比较好理解。用户获取就是进货，商业变现就是卖货，中间的差价就是利润，只有挣更多的钱，才能进更多的货，小卖部也才能开得下去。内容生态就是小卖部商品的优质性与丰富程度，内容分发就像顾客的购买频率与消费金额，整个小卖部追求的就是一个好的 ROI 模型。如果 ROI 模型好，小卖部规模可控且可连锁复制，就是街头便利店 7-Eleven；如果小卖部的体量足够大，就是大型商超沃尔玛。

接下来我们就来分析一下移动互联网产品商业模式的 4 个模块。

1. 用户获取

通常情况下，有渠道采购、内容品牌获量（获取流量的简称）、社交推荐、激励收徒、地推等几种用户获取方式。不论哪种方式，如何让产品可持续地低成本获取流量是重要目标，这里的低成本包括低成本拉新、低成本提高用户活跃度及低成本提高用户留存率。从理论上讲，从任何一个渠道获得的用户都是有价值的，但也是对平台的一个考验：该产品是否有能力给用户提供相应的内容和服务。

虽然用户获取方式有多种，但成本的日益提高是大家无法回避的现实问题。目前，整个移动互联网的流量变得越来越贵，除了少数几个头部 App，包括电商、游戏等变现能力超强的 App，绝大多数 App 无法直接持续地从手机厂商等渠道获得可规模化的用户，并且保证 ROI 为正，这也是近两年来很少有新的移动应用脱颖而出和创业公司"突围崛起"的重要原因之一。

跟大家分享一个真实的经历。

2013 年至 2014 年，本书主编还在搜狐负责搜狐移动新媒体业务。当时手机厂商的预装价格，按安装量计算，一个用户的成本是 0.4 ~ 0.6 元；按激活量计算会更贵，一个用户的成本达到 1.5 ~ 2 元。但这个价格到了 2018 年已经涨到了"天价"，手机厂商的价格体系做得更加精细，价格也更加昂贵。预装一个 App，按不同的产品分类、类目位置甚至手机品牌（拿小米手机来说，在同一体系内，红米手机和小米手机的预装价格完全不同），单个用户的成本为 5 ~ 10 元，如果要激活一个用户，则要到 20 ~ 50 元，按 30 日留存成本算，单个用户的获取成本在百元以上。

也就说，如果一个产品本身的变现能力较差，LTV（Life Time Value，生命周期总价值）做不到 20 元以上，它是没办法大规模、可持续地去各种渠道买到用户的，即便"砸锅卖铁"买到了用户，但 ROI 为负，短期内产品也无法赢利，这是极为致命的。当然，有一种情况是个例外，那就是该产品本身获取流量能力

15

比较高，能在自有体系内"自我造血"以获得生存空间。

2. 商业变现

商业变现主要有广告、电商、小说、直播、游戏、会员付费等几种方式。商业变现的方式无所谓好坏，主要看是否适合产品提供的服务场景和平台用户的属性。但商业变现需要遵循一个原则，即按最高变现效率来提供相应的商业变现路径。

我们可以按照这个原则，对目前主流移动互联网产品的商业变现方式进行一个简单的归类。

- 社交产品一般以游戏与广告为主。

- 信息流产品主要依赖广告。

- 短视频产品则是直播与广告两种形式相结合。

- 工具型产品由于"用完即走"的缘故，变现能力稍差。如墨迹天气、WiFi 万能钥匙等产品，一般都会想办法在 App 内增加内容与消费场景，增加用户停留时长来增强变现能力。所以，用户在使用这些工具型产品时，看到有信息流的资讯内容就不足为奇了。如图 2.2 所示，WiFi 万能钥匙力推的资讯功能的根本目的即增加用户停留时长。

- 长视频平台则以广告与会员付

图 2.2　WiFi 万能钥匙应用商店宣传图：
重点推荐资讯功能

费为主。

- 社区类产品往往因附带用户属性和用户账号，也能在电商、游戏方面获得不错的变现，像抖音、快手、微博等平台的带货能力就相当强悍，而小红书、马蜂窝则从"社区+电商（服务类电商）"上另辟蹊径，打造自己的商业变现模式。

- 还有不少互联网公司做小额贷款，比如阿里巴巴小额贷款、360 借条等。这就好比在小卖部门口摆放了一台彩票机，引导进店消费者购买必需品之后顺手买一张彩票，想尽办法提高产品的单用户变现能力。

移动互联网产品的一个趋势是用户的消费时长到了一定值，即到达一个临界点，很难再获得增长。在总用户时间或者"国民总时间"（知名媒体人罗振宇于 2017 年提出，并认为时间会成为商业的终极战场，如图 2.3 所示）没有发生大的变化时，用户的消费时长中"块状时间"的占比越来越小，而碎片时间的占比越来越大，这也可以解释微博、短视频（如抖音）等产品为何能够快速崛起，因为用户大量的时间消费主动或被动地碎片化了。在这种情况下，适合以"块状时间"消费的内容大都转向了一次性或包月内容付费的方式，而适合以"碎片时间"消费的内容则转向了以点击与曝光为主的广告、电商、游戏等变现方式。

图 2.3　2017 年 3 月罗振宇提出"国民总时间"概念

3. 内容生态

内容生态就是平台提供给用户消费的内容，形式上有 PGC（Professionally

Generated Content，专业生产内容）与 UGC（User Generated Content，用户原创内容）之分。PGC 基本上就是机构媒体与自媒体原创加工的内容，如微信公众平台、今日头条头条号、一点号、凤凰网大风号，以及知乎、小红书、马蜂窝等平台就是比较好的 PGC 平台；而 UGC 一般来自普通用户，更加碎片与鲜活，像抖音、快手、微信朋友圈、微博都是比较成功的 UGC 平台。很多时候，二者并没有太明显的界限，可以"和谐"地存在于同一个平台上。判断一个内容生态的优劣，关键在于它是否具有持续生产鲜活的独特内容的能力。

UGC 平台有一个共同特点，首先平台本身必须是一个好的工具型产品，可低门槛地提供比较好的功能供普通用户创作内容使用。其次，平台要有一个良好的机制可以从海量的 UGC 内容中筛选出优质的内容供用户消费。如果只是工具而缺乏较强的分发能力和筛选优质内容的机制，平台也无法发展起来。

这里分享一个真实的故事，可能有助于加深大家的理解。

我（本书主编）曾受邀参加过一次华为手机新品发布会，在发布会现场遇到今日头条（字节跳动）公司的创始人张一鸣。在聊天过程中谈及我在搜狐的工作经历，他问了一个问题。从时间上看，搜狐新闻客户端比今日头条更早搭建了自媒体平台（如图 2.4 所示），但搜狐并未因此而占得先机，最后还是头条号做起来了；同时，搜狐新闻客户端也比今日头条更早地在 Tab（即标签页）里内置了短视频内容，但短视频也是今日头条真正做起来了。这是为什么？

图 2.4　搜狐媒体平台早期 UI 界面，已经更名为"搜狐号"

后来，我仔细思考了一下，找到了答案。搜狐新闻客户端最早开始做自媒体平台但没有成功，因为没有想清楚一件事，那就是自媒体内容在产品内的流量分配机制与利益分配机制应该如何设定。结果就是今天的局面，搜狐新闻客户端虽然最早花了很多的人力物力做了自媒体平台，但也只是给今日头条做了嫁衣。而短视频业务，本质上只是图文内容的二次元升级，也是一种信息流。图文内容生态没做起来，短视频也是做不起来的。再加上当时长视频更被看好的大环境，搜狐新闻客户端的主要流量入口都被划给了搜狐视频，短视频失去流量支持，就失去了成长的土壤。除此之外，为了商业变现，还在短视频前面加上只适用于长视频的贴片广告，分发效率也就生生被打了折。正是因为在信息流和短视频上缺乏优秀的分发与运营机制，才导致搜狐新闻客户端从当初的移动资讯 App 领头羊位置跌落，被今日头条反超，成为落后的追赶者。这种巨大的落差，令人唏嘘。

4. 内容分发

在内容生态中，有优质内容生产创造能力的平台比纯粹的内容分发（图文、视频、音乐等）平台更有价值，后者会有很高的估值，但估值本身更多来自内容的积累甚至垄断，而非平台用户本身。并且，平台估值和平台价值几乎是两个概念。

在实际运作中，内容平台会根据自身的特点去追求效率最高的分发方式，比如人工分发（传统编辑）、机器算法分发、社交分发等。这种筛选是综合的，是多种分发方式的组合，而不是简单地采用其中一种。在多种分发方式并行的情况下，平台也会有意识地根据实际情况调整分发方式的权重。原因也很容易理解，分发在信息与用户之间起着极其重要的纽带作用，分发效率是最重要的衡量指标，特别是当平台有海量的内容和千万级、上亿级的用户体量时，信息与用户之间的有效匹配具有更重要的价值。

2.2.2　信息流战争

用户获取信息不再局限于搜索引擎或者传统的门户网站，更多来自信息流。这可以说是移动互联网最大的变化之一，这种变化也对内容分发提出了更高的要求。一方面分发在承担信息与用户连接任务的同时，还对降低用户获取成本、提高产品变现能力起着重要作用；另一方面，分发方式和效率也影响着整个商业模式的成败与产品的兴衰。我们可以从搜狐新闻客户端与今日头条的故事中看到分发与运营策略对产品商业逻辑的重大影响。那么，什么才是最有效率的分发方式？下面我们以信息流为例，分析一下时下最流行的两种分发方式——算法分发与社交分发之间的关系。

信息流有社交流与推荐流之分，这两条流如同倚天剑与屠龙刀，堪称江湖双璧，交映生辉，得其一即可独步武林。两条流相互补充，交叉渗透，但不会相互替代，占有的都是用户的碎片时间。如图 2.5 所示，凤凰新闻客户端即采用了"人工编辑+算法推荐"混合分发方式，用户不仅可以看到由专业内容运营团队编辑推荐的内容，还可以看到使用算法技术根据用户兴趣及使用习惯推送的内容。

图 2.5　凤凰新闻客户端中新闻信息流与推荐流并存

可以给信息流下一个简单的定义：为了满足以某种形式持续地自动更新的需求而提供的标准信息出口，有信息、更新、可订阅三个特点。其中，可订阅在社交流中还可以沉淀用户关系进而形成入口，而在推荐流中只能增强内容的推荐权重并不能沉淀用户关系，也很难形成入口。

下面我们就几组关系，来看看社交流和推荐流之间的关系。

1．社交流与推荐流的内核不同

社交流主要是以朋友圈、微博等社交关系的相互关注为中心、按时间维度排序的 FEED 流，内容以用户原创的图片、视频（即生产方式为 UGC 模式）及分享的文章（图文、视频、直播）为主。信息相对发散，通过社交关系约束信息的水化、泛化。信息的水化与关系链的强弱相关，关系链越弱越需加强信息的过滤和干预，这样才能保证信息流的品质。

推荐流主要以机器算法为核心，综合信息与人的相关度、重要性、时效性通过机器来分发（头部偶有人工干预），内容多以 PGC 模式生产的图文、短视频、直播为主，也会穿插着一些来源于 UGC 模式的图片、段子、短视频。信息相对收敛，通过算法引擎来筛选推荐信息的品质。内容源与算法的精准度决定信息的质量。

2．社交流与推荐流的内容特点不同

社交流的内容较为鲜活、碎片和发散，强调个人动态与私人价值判断，用户会有较多的互动性功能，如赞与评论。社交流再分类筛选可得朋友圈热文、微博热门榜单，从信息获取效率看，显然推荐流比社交流更好一些，但从趣味性看，社交流更好一些。社交流对平台的价值主要是组织信息，在广告的商业价值分配上更偏用户一些，自媒体在社交平台上的变现更有保障，关系与流量可以有一定的沉甸，单信息流的广告价值给平台分配得更少一些。社交流的商业价值更多的是人的价值、平台的综合入口价值，在金融、游戏方面有巨大的商业价值。

推荐流的内容一般为公众热点，多以时政新闻为切入点，强调媒体价值判断、内容更丰富、更有品质（大都经过人工精加工）、相对更收敛。更强调内容的品质与实用性，如分享、收藏、相关。推荐流为了增加分发的精准度，会加入地理位置、关注订阅、信息的兴趣分类。

推荐流与社交流不一样，平台拥有对信息流的绝对分发权，拥有 100%信息

流的广告分发权益，且信息流往往占了用户 80%的停留时长。所以任何一个平台，如果按自媒体文章的内容阅读量来分广告收益，哪怕 100%都给自媒体，自媒体的收益都非常有限，在商业价值上与社交平台的 8∶2 原则是反相关的。信息流还能让原来的广告变成原生内容推荐给用户，在广告品质与分发精准度足够好的情况下，广告即内容，广告在信息流中拥有 100%的曝光率及与内容近似的点击转化率，价值巨大。

过去两年，移动互联网最大的变化之一就是手机浏览器也由链接网站向链接信息转型，包括百度 App（如图 2.6 所示）、UC 浏览器、QQ 手机浏览器及手机厂商内置的浏览器等。它们由单纯的工具导航转型为信息流分发，以提升用户体验为由头，通过直接转码聚合网站内容，变向让独立的网站变为平台的入驻自媒体平台，开始建立自己的信息流闭环。其核心打算是收割流量，进行商业变现，在增加变现能力的同时提升市场竞争力。

图 2.6　百度 App 已经全面信息流化

目前，H5 的流量主要集中在微信社交平台与百度搜索及浏览器上，随着百度与各大浏览器的转型，社交平台微博也已先行一步，转码和本地化分享到微博的图文内容和视频，未来 H5 的流量将走向枯竭。

3. 移动互联网生态将从开放分享走进垄断与封闭

无论是社交流还是推荐流，在封闭的趋势下必须建立自媒体平台才有持续的竞争力，这也是解决内容源问题的重要手段。自媒体平台的首要任务是成为一个创作平台，要具备为用户提供创作工具的基本产品能力，没有原生创作能力的自媒体平台最终都要走向衰亡。

而自媒体平台的核心竞争力在于分发与变现，没有足够的流量与有效的分发机制的自媒体平台对创作者缺少吸引力，没有变现能力的自媒体平台（偏社交自媒体平台的以自己变现为主，推荐流平台靠分成）生产不出源源不断的高品质内容。有优质内容创作能力的自媒体最终可能"逃离"或者谋求转型，去追逐版权与收益更有保障的短视频业务，还有一部分会流向付费的内容平台。在这个过程中，图文领域专业编辑生产的内容仍然会有较大的价值，全面驱赶编辑的门户与新闻客户端将走向衰弱，也将在与对手的竞争中，因流量不足导致媒体影响力衰减，进而失去市场竞争力。

从内容形态看，无论是社交流还是推荐流，用户消费内容的形式都逐步从图文升级到短视频。短视频与长视频、直播看似同一种内容形态，但消费场景与变现方式完全不同：短视频是图文的二次元升级，直播是长视频的二次元升级。短视频是碎片时间消费场景，已经慢慢变成信息流内重要的内容形态，快手、秒拍、今日头条等短视频产品用户增长迅速，时长占比也越来越高。长视频是块状时间占用场景，未来块状时间的占比会越来越低，相应产品的门槛会越来越高。

两种场景的升级不仅在内容形态上，更在用户对内容的时间投入与互动参与上。短视频内容的赞和踩，长视频加入弹幕，直播在弹幕的基础上加入互动打赏，都加强了用户的互动，本质上就是给内容加入了社交的元素。音频是伴随场景，伴随也是块状时间场景。长视频与直播可以无缝随机切换为音频。长视频也可以组织在一起成为在线直播流，熊猫直播的每一个自媒体就是一个直播电视台与电台。

4. 社交流与推荐流就是硬币的两面

社交流与推荐流对一个人来说，相当于硬币的两面：一个对外，社交流的信息往往带着装清高和炫耀，还有功利和售卖；另一个对内，推荐流往往带着焦虑和消遣，还有求知和不为人知的阴暗需求，如果没有一定的人工干预，那么低俗化、性爱化、猎奇化将泛滥成灾。两种流之间会相互渗透融合，但它们之间永远有一堵墙，很难逾越，今日头条的社交化道路，与百度的社交化一样，很难成功，最多只是泛社区化。

推荐流下的图文内容价值是被剥削的，同时也符合"二八定律"，任何一个推荐流下的所有内容只能分到不到20%的平台广告价值。无论是头条号还是一点号，对自媒体的吸引力都不会超过微信公众号，依附于推荐流的媒体平台也产生不了几家能挣钱的自媒体。所以，付费内容、订阅内容是有可能改变图文内容分发格局的，成为一个新的商业机会，优质内容的生产路径也会随之改变。

自媒体内容形式升级为短视频后，生产的门槛提高了，但如果短视频的变现方式与图文没有根本的改变，短视频较高的成本会拖跨信息分发平台。短视频时代对今日头条与百度的挑战才开始，因为这意味着在降低赢利能力的情况下，大幅增加成本投入来获取用户时间，但这也是决定谁最终将是老大的胜负场。

信息流的本质是一次商业价值的再次分配，信息流瓜分的是以百度为中心的搜索广告收入。这样我们就能够理解为什么现在百度的日子会这么艰难了，因为微信、微博在社交流上占领了用户，而在推荐分发信息流的争夺上，原来应该是搜索的下流生态的今日头条与各新闻客户端越过（OTT）了搜索，通过信息流分走了大量的时间和眼球。

现在作为搜索的上流生态的浏览器又要跳出来断掉搜索的核心枢纽价值，与今日头条、新闻客户端一样加入信息流的分发队伍。可以预见，随着百度回归信息流的分发，转战信息流，360与搜狗也将加入信息流的战争，但对这两家搜索时代活得不错的公司来说，信息流给它们的时间与机会真的不多了。

商业广告下的信息流战争，最本质上是对用户时长的争夺，流量与内容源就是产品各自竞争建立的门槛，这两者都要大量烧钱，而产品烧钱的效率由用户获取效率、内容分发效率、商业变现效率交叉影响，它们决定这场战争最终谁成为胜利者。

2.2　如何理解用户增长的模块和角色划分

2.2.1　你是否真正认识产品经理

产品经理在乔布斯、雷军、张小龙、周鸿祎等行业大佬功成名就之后，逐渐成为移动互联网行业最具标志性的职业。曾几何时，"人人都是产品经理"几乎成为整个互联网行业的风向标，挂在从业者的口头，他们都想在产品方面为公司出谋划策，试图在产品上注入自己的思维。但实际上，多数都有盲人摸象的嫌疑，无法真正把握产品的精髓和发展动向。

那么移动互联网的产品经理究竟是什么样的角色？

相信很多人对产品经理的印象还只停留在写 PRD（Product Requirements Document，产品需求文档）、画产品原型图、做项目管理等日常工作上。随着行业的发展和工作的细分，产品经理的职业定位也在发生着巨大变化，其内涵也变得日益丰富。这个时代的产品经理是什么样的角色？我们试着借鉴手机游戏《王者荣耀》中英雄的段位来进行诠释，把产品经理分为几个段位：

- 青铜段位——功能型产品，主要工作以画产品原型图、写 PRD，兼职不专业的项目管理为主，连这些都不会的话，想装产品经理都很难，基本技能就不多解释，移动互联网早期的产品经理以这个段位为主。

- 白银段位——运营型产品，主要为某个功能的运营指标来考虑功能迭代，除青铜段位的技能外，需要具备较强的数据分析能力和运营思维，数据的提升是产品经理的核心工作。

- 黄金段位——商业化产品，通俗来说就是如何让流量赚钱及赚更多的钱，需要具备一定的商业思维，虽然从战略层面来看产品的变现方式早已确定，但是里面的环节非常多，需要产品思维来不断完善和优化，对产品经理的要求是思路需要更开阔。

- 铂金段位——用户增长型产品，这是近几年来最热门的产品方向，现阶段移动互联网的用户红利已经消失殆尽，每获取一个用户都是在抢，单个用户的获取成本越来越高，产品经理的主要职责是通过产品的手段低成本获客和保活。

- 星耀段位——产品负责人，具体的产品负责人，具备将一个产品从 0 做到 1 的能力，也可以是从 1 到 200，带领执行团队把产品战略、策略及操作细节落地。

- 最强王者——产品掌门人，顾名思义，需要从市场、数据及公司战略层面为整个产品定下基调，并把握整个产品的发展方向，这种大神级别的产品经理本书不多做评论，在移动互联网行业，这种段位的玩家肯定不会像《王者荣耀》中一样满大街都是。

以上段位的划分构成了产品经理段位金字塔，如图 2.7 所示。

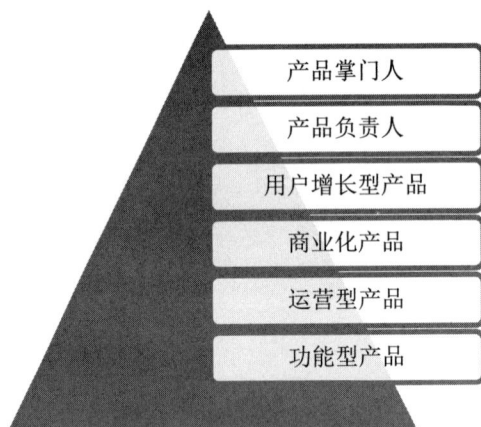

图 2.7　产品经理段位金字塔

产品经理需要具备各方面的综合能力，不同时期不同业务方向的产品经理发挥的作用也不相同，只在某一方面有专长势必会被其他"队友"竞争下去。从行业大环境来看，当前对产品商业模式的要求越来越高，商业化和用户增长也成为当下产品经理最热门的工作方向。

2.2.2　你是否真正认识运营经理

很多人都说运营是"万金油"，什么都需要会一些，入门门槛低，但若要精通或者升级到大神段位则需要多年磨炼。很难有人能真正说清楚运营到底是做什么工作的。我们以时下依然火热的移动互联网媒体行业的运营经理的工作职责来说，一名合格的运营经理至少需要具备以下 4 方面的条件。

- 敏锐的数据处理能力。以数据为导向，快速发现产品和运营过程中存在的问题并为下一阶段的工作提供支撑。

- 良好的沟通能力和执行能力。运营需要和产品、技术、设计、数据分析等各个工种进行密切的配合，有效调动各方面资源用以实现数据目标，包括流量、拉新和用户维护等。

- 极强的策划和构想能力。能够独立或者带领团队策划出优秀的运营活动方案。

- 优秀的文案写作能力。不仅需要把工作目标拆解并文字化，还需要利用优秀文案吸引用户，并传递营销或品牌传播诉求。

如果完全具备上述基本能力，你完全有机会进阶为"运营大神"。我们再通过对运营经理工作进行拆分，加深一下运营经理的外化形象。总的来说，运营工作的核心无外乎四大类：流量运营、用户运营、内容运营和活动运营。

1. 流量运营

流量可以说是运营工作最核心的指标，流量运营也是运营经理最主要的工作职责。我们知道，流量对一个网站或者产品的重要性不言而喻，运营经理需要通过推广、置换、活动等各种手段来提升网站或产品的流量，这是其赖以存在的基础。运营经理需要重点关注 PV、UV、转化率等关键数据，把日常工作细化到每一个数据项目中，分析每个渠道的流量增减情况，快速查漏补缺，并对下一阶段的工作做出预判和提出方案。

在移动互联网流量红利逐步触底的时候，流量运营对运营经理提出了更高的要求，传统方法论下的盯着推广位、更换推广内容等手段已经很初级，需要有更多的用户增长思维和策略方案。

2. 用户运营

对于一款有了流量、用户的网站或产品来说，运营经理的工作除了要继续拉进新用户，还需要思考如何持续有效地提高用户的活跃度与留存率。在这个过程中，为了提高效率，进行用户分层分级，精准画像，找到其中的种子用户和有价值的用户，就是用户运营需要做的事情。

在这个过程中，运营经理需要依据用户需求，制定完善的运营方案或者活动机制，以提高用户的活跃度、留存率等数据。比如 ZAKER 新闻 App 上的签到功能，除了常规的签到得积分（ZAKER 称之为"守护力"），还设置了进阶机制，刺激用户更多地参与其中，提高该产品的打开率、增加用户停留时长。具体来说，用户运营就是要实现吸引新用户、留住老用户、刺激用户活跃、唤醒沉默用户等工作目标。

3. 活动运营

活动运营很好理解，就是设定一定的数据目标，通过独立策划活动、联合资源活动，进而带动某一项或者某阶段数据指标的快速提升。相较于其他运营方式，活动对互联网产品短期数据的带动十分明显。这也决定了活动运营是用户增长团队中必不可少的重要岗位。

在实际工作中，活动运营承担着很多职能，可以为产品功能探路，比如拼多多重新带火的拼团，消费者通过拼单、团购享受低价，大受欢迎。很快拼团已经成为京东、苏宁易购等电商平台的固定功能模块了。

活动运营还可以为营销传播提供跳板，最典型的案例莫过于 2018 年"双 11"前夕，国庆购物热潮期间，支付宝联合 200 多家全球合作商家在微博发起"祝你成为中国锦鲤"活动，几乎创造了企业微博社会化营销的"吉尼斯纪录"：单条微博阅读量超过 2 亿，周转发量超过 310 万，涨粉 200 多万，互动总量超过 420 万。支付宝靠一张购物清单就击穿微博生态，收获了几十亿的阅读量及更大范围的社会影响。"锦鲤"一词入选相关机构评选的 2018 年度词汇。这次活动也给支付宝甚至整个阿里巴巴的用户运营提供了落地场景，在整个阿里巴巴产品生态中注入了新鲜血液。

4. 内容运营

内容运营应该是运营经理必备的技能，不管是文案、文章、图片、音视频还是其他内容形式，都需要有不同程度的掌握。并能够通过原创、二次加工、编辑让内容更加有价值。具体来说，最为人熟知的一个岗位即网络编辑，他们需要采写、原创、二次编辑内容，制作专题并把内容推荐给目标用户，然后根据数据或用户反馈进行调整与优化。

一般说来，内容在呈现形式上主要有三大类：

- UGC：User Generated Content，用户生产内容。
- PGC：Professionally Generated Content，专业生产内容。
- OGC：Occupationally Generated Content，职业生产内容。

在此基础上，还衍生出 PUGC（Professional User Generated Content，专业用户生产内容或专家生产内容），指在移动互联网音视频行业中，将 UGC 和 PGC 相结合的内容生产模式。UGC 和 PGC 两种模式的区别主要在于内容生产者有无专业的背景或知识积累，也可以通俗地理解为草根与精英的区别。而 OGC 以职业为前提，创作内容属于职务行为。

当然，现在的内容形式已经不局限在图文上，随着短视频平台及电商平台的崛起，短视频、电商品类成为新的内容形式，需要运营经理有更多的思路和创意，持续为平台和用户创造有价值的内容。在 UGC 平台，内容运营需要挖掘用户原创的价值信息。而在 PGC 平台，内容运营则需要考虑如何把优质内容推送到受众手中。

2.2.3 用户增长经理与渠道经理的区别和联系

很多人会把用户增长经理和渠道经理混为一谈，因为二者在部分工作上有相似之处，并且在用户增长概念尚未普及时，渠道经理所做的绝大部分工作的核心指标就是用户增长。

从岗位职责上看，什么是渠道经理？顾名思义，其主要工作就是拓展业务渠道，主要工种为商务 BD。根据业务场景的不同，渠道可以分为线上渠道和线下渠道。同时，线上渠道和线下渠道在不同的行业有不同的定义，我们暂且只探讨移动应用行业的渠道经理。

移动应用渠道经理负责的线上业务工作包括但不限于：应用商店投放、信息流维护、渠道换量、SEO、SEM、ASO 等。线下业务工作包括但不限于：线下刷机渠道维护、线下预装渠道维护等。他们的主要工作职责就是寻找业务合作伙伴，与合作伙伴进行商务洽谈、签约，分类型、分区域搭建渠道网络、管理渠道和维护渠道关系等。

那么，什么是用户增长经理？从岗位名称看就能知道其主要工作目标是用户增长。一般由产品经理担任，有的公司也由运营经理或者渠道经理担任，这主要取决于产品所处的行业阶段、业务主要驱动力及主要的用户获取路径。比如一款社交产品，在初期打磨时，用户增长经理的工作会主要交给渠道经理来做，进行流量采购、置换，想尽一切办法为产品获得一批原始用户，而运营经理和产品经理则需要考虑如何把这批用户留下来。

那么，不同的人担任用户增长经理驱动用户增长有什么不同的表现？

- 渠道经理担任用户增长经理的情况：在行业的流量红利期，用户增长经理多数由渠道经理担任。既然在流量红利期，产品还可能只是一个需要市场验证的雏形，这时候需要迅速获取一定规模的用户小规模验证产品的业务逻辑是否可行。甚至在之后大规模获取用户的阶段也会由渠道经理来负责用户增长，在增长黑客、病毒营销、社交裂变等概念提出及普及之前，通过渠道获取用户是可以迅速规模化获取用户的主要路径，所以渠道经理就担任了用户增长经理的角色。本质是付费购买用户。

- **产品经理担任用户增长经理的情况**：在流量红利期过去之后，尤其对于强用户体验的产品，比如工具类、社交类等多数产品会由产品经理来担任用户增长经理。因为产品经理更熟悉业务的核心价值，能够有效衔接各个部门，制定一系列有效的产品策略，通过线上、线下的团队进行多渠道推广，快速、高效地获取用户。本质是创新和运营获取用户。

- **运营经理担任用户增长经理的情况**：如果一个产品的经费有限（多出现在产品初创期或者成熟期），会出现运营经理来担任用户增长经理的情况。初创期和成熟期有一个共同特点，即阶段性付费获取用户手段失效。一个是没有预算，另一个是有预算花不出去（此阶段一般用户的 LTV<CAC，且公司战略严格需要执行用户的 LTV<CAC），只能靠运营创新手段来刺激用户增长，包括增长极客的策略实践。

当然，以上所阐述的用户增长经理的情况是相对而言的，用户增长经理一定是由拥有丰富经验的高阶人员来担任的，高阶产品经理一定熟知运营经理、渠道经理的岗位职责，同理高阶运营经理和渠道经理也一样。由哪个岗位的人担任用户增长经理需要结合公司每个阶段的业务状态、业务重点等多方面因素，以及现有人员的经验来具体安排。

那么，渠道经理和用户增长经理到底有什么区别和联系？

二者既有相互协作的部分，也有相互独立的部分。渠道部门的职责是铺设用户获取管道或产品分销渠道，为用户增长或销量增长的策略执行和落地做铺垫。用户增长部门明确针对用户的增长，包括用户多项行为数据指标的增长，一般不涉及销量的增长，只有电商等付费行业或者存在付费业务时才有可能在制定用户增长计划的同时结合销量增长等 KPI。

渠道经理主要和企业（广告公司、代理商公司等）进行对接，通过面向企业或团体的服务合作，达成具体的工作指标，并考核工作质量。比如，用户增长部门的渠道经理的主要工作职责就是批量导入用户，并考核渠道导入用户的效率和质量；供应商的渠道经理的主要工作职责就是寻找更多高效的产品分销渠道，并考核销量，同时需要具备对流量"纯度"（指流量的真假和"掺水"情况）的甄别能力。

用户增长经理主要面向用户，围绕产品的核心价值结合用户行为的数据指标制定一系列面向市场的用户获取解决方案，并考核用户获取效率和质量，多数用户增长经理比较推崇增长黑客或增长极客的用户增长方法，这就需要在增长创新和传播效率上深耕。在电商行业还会考虑首单成本、ROI、复购成本等。

2.2.4　技术在用户增长中的作用

技术红利在任何时期都是流量增长的法宝之一：推荐系统让内容的分发更有效率，从而提高了 App 内的流量，效果类广告也随之而来；通过 Android 客户端进程保活使 Push 能够更好地到达用户和拉起用户量，将 DAU 和 MAU 拉近，提升 DAU；通过 H5 的 Deeplink 拉起是最有效的将端外流量转化为 App 流量的手段；手机的锁屏同样可以作为新的 App 入口。技术不单单指数据库、后台系统、App 开发等，它的商业价值在不同阶段甚至高于产品、运营等任何手段，这里我们不做赘述，后面会有一个章节来介绍相关技术手段在用户增长中的应用。

2.3　打破"筒仓效应"，搭建高效运转的用户增长团队

索尼（Sony）是一家全球知名的大型综合性跨国企业集团，头衔特别多：世界视听、电子游戏、通信产品和信息技术等领域的先导者；世界最早便携式数码产品的开创者；世界最大的电子产品制造商之一；世界电子游戏业三大巨头之一；美国好莱坞六大电影公司之一。

大而全往往意味着公司组织架构臃肿，这种情况也出现在索尼身上。当时索尼跨多个行业，员工人数高达 16 万，为解决日益复杂与庞大的组织问题，索尼选择将公司划分成许多各自独立的部门，企图借由各部门的权责区分，提升运营效率。这项改革让各部门就像"内部的新公司"，拥有各自的管理高层、自负盈亏，部门间不清楚彼此在做什么，就像一座座高耸又封闭的"谷仓"，仅专注于部门盈亏而非公司整体利益，最终导致企业走向衰败，这被《金融时报》形容为"谷仓效应"。

后来，"谷仓效应"也被称作"筒仓效应"，在管理学上用以概括企业内部因缺少沟通，部门间各自为政，只有垂直的指挥系统，没有水平的协同机制的现象。俯视公司运作状态，就会发现公司各部门像一个个谷仓，各自拥有独立的进出系统，但缺少了谷仓与谷仓之间的沟通和互动，扼杀了创新，甚至毁灭了企业。

有被"筒仓效应"围困的企业，当然也有打破筒仓结构优化企业组织效率的积极案例。比如 Facebook，它成功突破阶级和团队的界限跑得飞快。在《赋能：打造应对不确定性的敏捷团队》一书中，斯坦利 • 麦克里斯特尔上将也在诟病"深井"式的组织架构带来的战机延误，让很多有价值的情报沦落成无人问津的废纸。在增长之前要考虑现有的组织架构是否影响增长的效率，是否需要来一次变革重获新生。

有人会问，公司整体业务不就是为了增长，为什么还要搭建用户增长团队？

在传统的组织构架中（如图 2.8 所示），公司往往把增长任务拆解成大的指标，下发到各个部门，比如销售部门负责收入等指标的增长、内容部门负责用户时长等指标的增长。

每个部门都有自己的核心目标，那么一定会存在一种情况，有些部门的 KPI 需要调动其他部门的资源完成，那么作为资源的拥有部门也需要斟酌，比如资源的让渡是否会影响自己的 KPI 的完成，比如广告铺设太多影响用户的阅读体验是否会导致用户流失。即使不影响自己的 KPI 的完成是否会额外增加跟自己无关的工作量，比如为了增加广告收入需要内容部门提供内容创意等。甚至有时会跳出公司业务层面考虑问题。因而在进行跨部门沟通和资源索取时经常会比较被动。

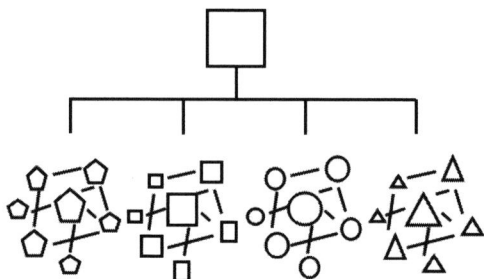

图 2.8　传统的指挥控制式架构

　　单独组建的用户增长团队是小团队组成的大团队（如图 2.9 所示），是为了从宏观角度去关注增长路径，可以更加灵活地调动资源进行用户增长的测试，每个任务小组都拥有标准配置的产品规划、设计、开发、数据分析等资源，小组为某一个具体指标负责。

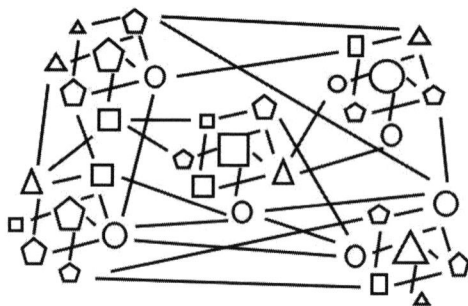

图 2.9　小团队组成的大团队

典型的用户增长团队的基本架构如图 2.10 所示。

如果说打破简仓结构有利于公司的业务增长，那么是否要完全实现去简仓化？

　　我们来看用户增长团队和传统公司部门结构有什么区别。传统公司部门结构好比集团军，用户增长团队好比各个业务类型的骨干组成的特种部队。组织扁平化是进步，但也加大了跨组织交流的难度，降低了交流的频次，通过骨干组建的用户增长团队对业务的深度理解和小组内充分交流及灵活资源调度，提高了业务增长效率。那么如果增长团队是特种部队，和集团军就有共存的必要，集团军需要职能化，特种部队负责业务关联部门的充分沟通和资源调度衔接并实现业务增长，解决两军结合部的信息不对称问题。

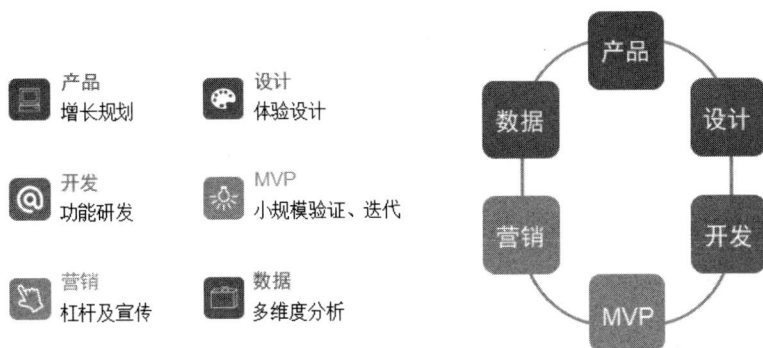

图 2.10　典型的用户增长团队的基本架构

用户增长团队常见的人员构成是怎样的？

多数公司没有单独设立增长 VP（副总裁），一般由 COO 或者 CMO 担任。也有公司取消了 CMO，改为 CGO（首席增长官），比如可口可乐公司。越来越多的公司开始把首席增长官（CGO）变成驱动公司业务增长的核心。可以预见的是，未来越来越多的公司会用 CGO 替代传统的 CMO、CSO、COO，成为公司重要的增长负责人，这是趋势。

增长 VP 将分管业务分拆成多个业务线（如图 2.11 所示），每个业务线都是一个独立的项目小组，除了产品经理、研发工程师、设计师，还要增补数据分析专家。高效的用户增长团队一定是数据驱动用户增长的，那么数据的分析深度、分析宽度及数据获取的准确度等都将直接影响产品经理的决策和效果评估。以往的扁平化组织结构一般对于数据的支撑来自对核心数据指标的关注，数据的颗粒度比较大。而针对分支业务线单独增补的数据专家，可以针对当前负责的业务线，有针对性地提出数据获取需求、数据统计需求、数据挖掘需求、数据分析需求、数据趋势预测需求等多项数据延伸需求，从更细的颗粒度全面考量和评估用户增长路径。

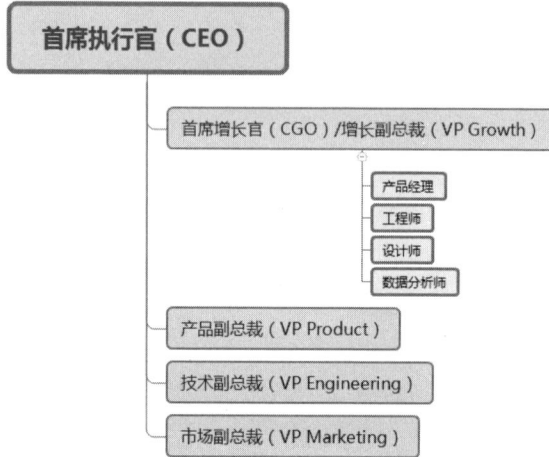

图 2.11　增长团队业务线拆分示例

如果目前是筒仓结构，如何快速组建增长团队？

即使目前团队结构是筒仓结构，多数部门内部对于业务线也存在分工，首先需要做的是，将各个部门负责同一个业务线的组员进行小组"整合"，强化跨部门之间的业务交流和工作输出。其次是 KPI 协同，在 KPI 的制定上建议保持方向性一致，然后根据自有职能岗位进行拆解，或者采用 OKR 的方法，如图 2.12 所示。

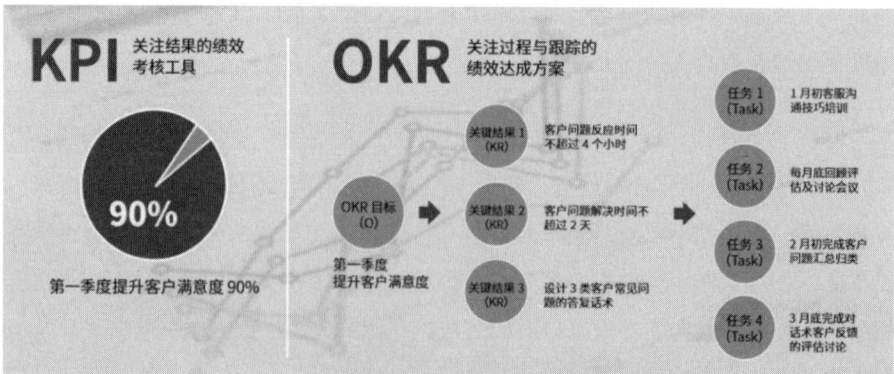

图 2.12　增长团队跨部门分工协同示例

增长不是只有少数人关心的话题，未来每个人都需要关心，没有增长也就没有进步，更不会有突破，所以首先要让每个人都有增长的意识，其次需要培养增长的文化和精神。

全民关注增长的前提，首先是获得老板的支持，老板支持才可能推进组织架构的改革和资源部署。其次是团队之间的紧密协作，行动要迅速，不要等待最优解决方案，一定会有更优的方案取代当前的最优解决方案，最优解决方案也是不断试错试出来的，可以借鉴同行业或者其他行业的成功经验，在更优的解决方案出来之前，当前验证可行的就是最优解决方案。当一个最优解决方案变成一个行业解决方案的时候，爆发点已经过去了，如果要始终保持领先，就需要勇于尝试，当然所有的尝试都需要基于一定的理论和数据，试错也是需要成本的。

增长是不变的话题，但是从未被如此放在聚光灯下去关注和探讨。想要保持稳定持续增长，需要关注阶段性的策略和现象后面的底层逻辑，不断积累和沉淀有效的增长体系来驱动业务发展，剩下的就是去增长吧。

3

第3章

两种流量获取模型下的用户增长方法

前面我们提到一个观点：所有移动互联网产品的本质都是一种商业模式。这种商业模式更现实的基础是流量生意，这也是移动互联网赖以存在的基础，流量能带来注意力，注意力可以提升影响力，而影响力可以通过各种渠道变现，这就是大家常说的"注意力经济"，实质是流量经济。如果把流量当成货币，那么它必然是互联网的硬通货，类似于黄金在现实生活中的角色。也可以说，一切互联网商业模式都是建立在流量基上的。

流量似雨水，分散又无处不在。我们通过对各种流量进行比对、归纳和研究，发现流量可以分为两类：采购型流量和分散型流量。

下面将进一步阐述这两种流量获取模型下的用户增长方法，也就是行业内说的：内拉新与外拉新。

- 内拉新是指通过社交裂变拉新的方法，这方面趣头条玩得出神入化。它的核心在于用户增长里的运营，由运营负责出方案，定位为人的"大脑"；由产品负责 PRD，定位为人的"手"；由运营指挥产品，双方配合。关注拉新、短留存、长留存、促活、召回等几个重要环节，数据驱动，产品与运营实时监控效果。

- 外拉新就是渠道买量，通过采购的方式在各应用商店与信息流投入广告来获取用户。

3.1　采购型流量的获取方式与用户增长

采购型流量，顾名思义，就是像买商品一样购买流量。流量本身也是一种商品，最常见的便是广告投放及厂商预装等，交易双方以一定的购买原则，在多个渠道进行多种交易，最终实现流量变现。这类流量大都比较稳定，可以集中采购，但随着互联网红利逐渐被吃透，采购型流量的获取成本越来越高，很多实力不济的公司或产品纷纷削减预算，寻求其他流量获取方式。那么采购型流量主要有哪几种获取方式呢？

3.1.1　应用商店下载与用户增长

应用商店是在传统软件销售模式之外诞生的一种软件分发方式，这是一种模式的创新，它极大地提高了平台运营方对软件分发渠道的流量控制能力，也提高了第三方开发者的积极性，成千上万款精彩应用如雨后春笋般涌现。并且，围绕应用商店形成一个庞大的经济链条。比如苹果应用商店 App Store 推出至今已满 10 年，2018 年 6 月，在苹果全球开发者大会上苹果 CEO 库克介绍，App Store 每周有 5 亿访问者，开发者从 App Store 累计收入超过 1000 亿美元。

移动互联网时代，按手机操作系统划分，目前最主流的应用商店有两家：App Store 和安卓应用商店。其中，由于政策限制，国内手机市场上的安卓应用商店主要指 Google Play 外的第三方应用商店，比如小米应用商店、华为应用商店和豌豆荚应用商店等。

我们可以把应用商店的推广分为两类：自然增量和付费增量。

自然增量很容易理解，绝大多数应用商店都有自己的开发者后台。这个后台一般承载着应用程序的上下架、更新迭代、用户维护等。大量用户会通过自然搜索来下载应用程序，这基于该应用程序的市场品牌及其他形式的导流。

另外，在开发者后台还有一个推广后台，开发者独立使用或与平台方共同使用，并通过付费形式做推广，获取自然增量外的额外曝光，增加目标用户外的摇摆用户，这部分就是付费增量。

如图 3.1 所示为安卓平台商店类推广渠道，目前主要的应用商店和广告形式基本都在其中。

平台	商店分类	商店名称	广告形式
安卓平台商店类推广渠道	厂商商店	华为应用市场	CPD CPT CPM
		OPPO 应用商店	
		VIVO 应用商店	
		小米应用商店	
		魅族应用商店	
		三星应用商店	
		易用汇商店（金立）	
		Google Play 商店	
		联想乐商店	
		锤子应用商店	
	第三方商店	百度手机助手	
		应用宝（腾讯）	
		360手机助手	
		阿里云OS商店	
		搜狗手机助手	
		PP助手/豌豆荚	
		安智	
		木蚂蚁	
	运营商商店	联通WO	
		移动MM	
		电信天翼	

图 3.1 安卓平台商店类推广渠道

一款新应用问世，在用户量自然积累到一定瓶颈时一定需要借助外力实现增长，推广便是不可缺少的增长来源。这就催生了新工种——ASO。ASO 即 App Store Optimization，应用商店优化，职责是提升 App 在应用商店或应用市场排行榜和搜索结果中的排名，利用应用商店的搜索规则和排名规则，自然增强曝光，让应用更容易被用户搜索到或看到，增大用户下载应用的概率。这类似 PC 网站针对搜索引擎的优化，也就是 SEO（Search Engine Optimization）。

如何挑选合适的推广方式就是需要学习和掌握的基本功了，如下是应用商店中最常用的推广形式，我们进行一个类比，假设你在一家农家乐鱼塘钓鱼，可以采用这几种方式进行结算。

- CPA（Cost Per Action）：按想要的鱼的数量付费，买 5 条草鱼付 5 条草鱼的钱。

- CPC（Cost Per Click）：按起竿次数付费，不管钓起来鱼没有，起一次竿付一次钱。

- CPD（Cost Per Download）：按钓起来鱼的数量付费，钓起来几条鱼给几条鱼的钱。

- CPT（Cost Per Time）：按时间付费，付一个位置的钱后随便钓，不管钓上鱼来没有、钓上来多少条鱼。

- CPM（Cost Per Mille）：带你去鱼密集的地方钓，根据想要的密集程度付费。

- CPS（Cost Per Sales）：他出场地你钓鱼，钓起来的鱼俩人分。

这样是不是好理解？我们再具体看看常用的方式。

1. CPD，按下载量付费

在品牌基础薄弱时一般会选择按下载量付费，若转化率不错，按下载量付费的成本将远低于购买推广位置。一般应用商店的后台都按下载量竞价，根据资源位的下载效果出价才能获取相应的曝光，用户增长团队需要根据激活转化率（激活/下载）及时调整出价，控制各种资源的配比，以获取更合适的获客成本，追求 KPI 的最优化。比如，可以在凌晨流量低谷、竞争低谷时选择调低出价，在流量高峰的 9 点、12 点、21 点等调高出价来争抢曝光，错峰调整，从而均衡下载成本。

在 CPD 模式下，用户增长团队需要注意几个投放关键词，即盯出价、盯转化、实时调控成本、避免无用消耗。

如图 3.2 所示是应用商店资源位和广告位的优缺点对比，我们可以依据这些特征来有机地组合投放方式，以控制投放成本。

商店资源	广告位	优点	缺点
首页	列表	高曝光、高质量	成本高、转化靠品牌
各类排行榜	列表	垂直、质量好	曝光有限
搜索	品牌词	防止竞品抢占	抢占自然量
	行业词	搜寻目标用户、吸引摇摆用户	预算浪费、用户质量不稳定
	竞品词		
激励位置	安装有礼/装机必备	量级大、成本低	用户质量差
	还喜欢		
	红包		
	专题		

图 3.2　应用商店资源位和广告位的优缺点对比

现在应用商店的首页大同小异，并没有太大差别。如图 3.3 所示，你能看出两者的差别吗？

用户搜索关键词大致可以归纳为三类：

- 行业词，比如新闻、社交、工具等。

- 品牌词，比如凤凰、腾讯等。

- 竞品词，比如今日头条在投放时，呈现搜狐新闻客户端、腾讯新闻客户端等竞品词，如图 3.4 所示。

图 3.3　应用商店首页对比

图 3.4　投放关键词对比

2. CPT，按时长计费投放广告

这是拼预算、拼品牌投入的一种投放方式，可以根据自身要求选择投放时间为一天、一周、一个月不等，更倾向于品牌广告。在相同曝光量的情况下，品牌的吸量（吸引流量）程度、广告的质量程度决定最终转化情况。一般配合"大事件"和关键时间节点使用，扩大品牌曝光量。比如，如图 3.5 所示为凤凰新闻客户端在世界杯期间在华为应用商店的投放，形式即为 CPT。该位置为竞价广告位，原则是价高者得。凤凰新闻客户端用户增长团队根据对该位置曝光量的调研和先期出价的测试，初步估算出该位置的竞价成本。在成本可控范围内，考虑到首屏位置曝光量很大，便选取 CPT 方式进行了投放。

图 3.5　凤凰新闻客户端在华为手机应用商店的投放

3. CPM，按曝光计费投放广告

CPM 一般指千人成本，它有一个基本的计算公式：

$$CPM=（花费/曝光量）×1000$$

怎么理解呢？比如，一个内置广告横幅的单价是 10 元/CPM，意味着每一千人次看到这个横幅广告，广告主就需要向平台方支付 10 元费用。这种投放形式一般在大广告主（比如电商平台）大促宣传、移动资讯 App 冲量等情况下使用，目的是抢占主要流量入口。

3.1.2　SEM、CPC 与用户增长

SEM（Search Engine Marketing），即利用搜索引擎向目标用户传递广告，可认为是搜索引擎营销，主要针对用户的搜索习惯进行优化推广。SEM 与 SEO 类似，但又有很大区别，最简单的一个区分标准是 SEM 的范围比 SEO 更广。这类广告相对精准，更加考验搜索结果的准确性和广告落地页的吸引力。

在 SEM 模式下，用户增长团队也需要注意两个关键点，即投放关键词的选取、落地页的制作，二者相辅相成促进用户点击。

以百度为例，SEM 大概有以下几类，如图 3.6 所示。

- 自然收录，可通过 SEO 进行关键词的优化，提升收入和搜索排名。
- 品牌专区，向媒体询价，涉及专属品牌专区，按 CPT 方式付费。
- 关键词 SEM，长尾词，根据用户搜索匹配特定落地页，吸引用户点击下载。

图 3.6　百度 SEM 示例

CPC 即按点击计费投放广告，多见于信息流、原生广告，可支持多维度的定向选择，一般建议在投放前期不做限制，先铺量，待数据稳定后再根据后端转

化情况、留存率等进行定向调节，从
而降低成本、提升质量。同时，针对
此类投放还可选择应用直达
（Deeplink）等，便于已安装未激活用
户转化，提升从点击到安装的激活转
化率，降低成本，还能达到提高留存
率的效果。

CPC 模式投放的关键是素材。在
这里素材的 CTR（Click Through Rate，
点击通过率）决定获取的用户量，素
材契合度决定获取用户的质量，示例
如图 3.7 所示。

在 CPC 模式下，用户增长团队要
十分了解信息流渠道的转化漏斗（如

图 3.7　新浪新闻极速版的 CPC 模式投放

图 3.8 所示），做好每个环节的监控，才能更有效地获取用户。

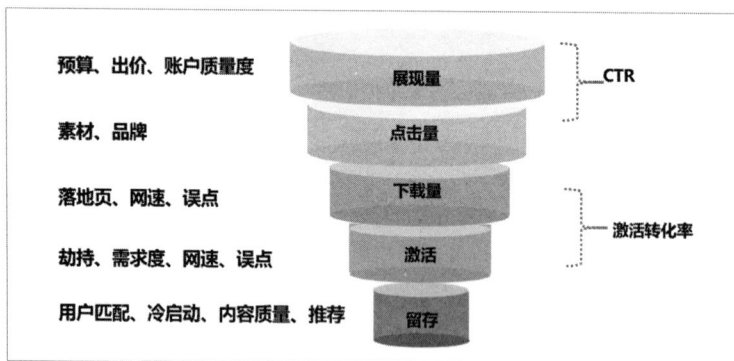

图 3.8　信息流渠道的转化漏斗

3.1.3　厂商及方案预装与用户增长

手机预装软件一般是手机在出厂时自带的软件,这主要出现在智能手机时代,

比如安卓手机会预装手机浏览器、应用商店等，比如小米手机预装有"小米全家桶"，iPhone 也会预装自家的 Safari 浏览器、邮件、备忘录等。同时，第三方刷机渠道也可以把一些软件预装到手机中。对于应用程序的推广，手机预装是获取用户最直接的渠道，这已经是一个很成熟的行业。

全球智能手机及中国智能手机出货数据如图 3.9 和图 3.10 所示，趋势图如图 3.11 所示。

全球智能手机出货数据（百万台）								
厂商	2010年	2011年	2012年	2013年	2014年	2015年	2016年	2017年
华为全球	——	——	29.1	48.8	73.8	106.6	139.3	153.1
小米全球	——	——	——	——	57.7	70.8	——	92.4
OPPO全球	——	——	——	——	——	——	99.8	111.8
VIVO全球	——	——	——	——	——	——	77.3	——
APPLE全球	47.5	93.2	135.9	153.4	192.7	231.5	215.4	215.8
SAMSUNG全球	280.2	329.4	219.7	313.9	318.2	324.8	311.4	317.3
联想全球	——	——	23.7	45.5	59.4	74	——	——
LG全球	116.7	88.1	26.3	47.7	——	——	——	——
诺基亚全球	453	417.1	——	——	——	——	——	——
中兴全球	50.5	66.1	——	——	——	——	——	——
其他全球	443.6	552.1	290.5	394.9	599.9	625.2	627.8	577.7
合计全球	1391.5	1546	725.2	1004.2	1301.7	1432.9	1471	1468.1
数据来源：IDC								
注1：2010年、2011年出货数据为全球手机出货量（包含功能机和智能机）								
注2：2012年以后出货数据为全球智能手机出货量								

图 3.9　全球智能手机出货数据（百万台）

时间	2014年	2015年	2016年	2017年
出货	423.3	434.1	467.3	444.4
增长率	0.0%	2.6%	7.6%	-4.9%
数据来源：IDC				

图 3.10　中国智能手机出货数据（百万台）

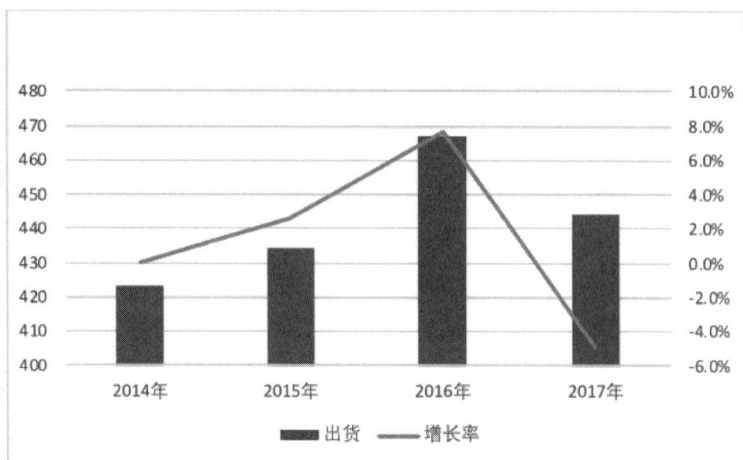

图 3.11　中国智能手机出货趋势图（百万台）

中国智能手机出货分厂商数据及趋势图如图 3.12 和图 3.13 所示。

厂商	2014年	2015年	2016年	2017年
华为	41.1	62.9	76.6	90.9
小米	52.7	64.9	41.5	55.1
OPPO	25.9	35.3	78.4	80.5
VIVO	27.9	35.1	69.2	68.6
APPLE	37.4	58.4	44.9	41.1
其他	238.3	177.5	156.7	108.2
数据来源：IDC				

图 3.12　中国智能手机出货分厂商数据（百万台）

　　截至 2017 年年底，华米 OV（华为、小米、OPPO、VIVO）四大厂商在中国手机市场上占比达到 67%，寡头厂商的话语权集中在四大厂商手中，任何一家预装措施都会对其他家产生重要影响。特别是在 2017 年，中国智能手机市场基本饱和，四大厂商手机销量都出现不同程度的增长乏力、硬件利润薄弱的情况，厂商希望通过软件合作获取更多收入，不断降低预装准入门槛，提高预装价格。

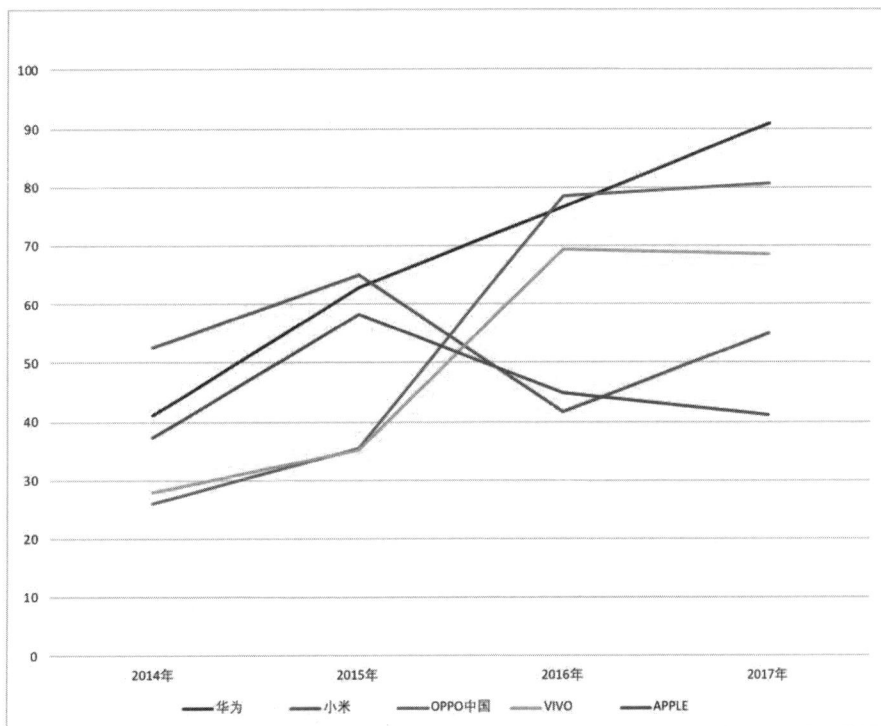

图 3.13　中国智能手机出货分厂商趋势图（百万台）

以新闻资讯产品为例，预装价格攀升，产品竞争激烈，激活转化率下降，预装效果变差。新闻资讯类产品的预装价格由原来的 0.5 元逐步攀升到 7 元，一款手机预装的产品个数逐渐从 1 个增加到两个。在激活转化率不变的情况下，预装价格的提高直接导致激活成本提升，如激活转化率为 20%，预装单价 0.5 元和 7 元的激活成本分别是 2.5 元和 35 元。再加上从原来预装 1 个新闻资讯类产品变为两个新闻资讯类产品，激活转化率会相应降低。假设预装的两个产品激活转化率降为 10%，则激活成本便会再次翻倍，激活成本将分别为 5 元和 70 元。

对于新闻资讯类产品来说，如果不能提升产品自身的能力，吸引用户打开，提高激活转化率，那么随着厂商话语权的集中，预装价格会越来越高，激活转化率会越来越低，激活成本会越来越高，企业购买流量的成本也会随之攀升。

在预装行业，最主要的结算方式是 CPA。这个与网盟渠道 CPA 计费方式（见下一节）还有点不同，在预装行业不同的场景里因"A"的不同可以演变为 CPI、CPA（可以区别标记为 CPAa）。

- CPI（Cost Per Install）：每次安装成本。

- CPAa（Cost Per Active）：每次激活成本——按场景不同，可以是每次进入 App 成本、每次注册成本、每次播放视频成本、每次购买成本等。

3.1.4　网盟与 CPA

CPA 是一种按广告投放实际效果计价的广告方式，目前主要可按下载、激活、留存、注册、付费等计算，广告主可以根据自身要求进行投放。市面上接受按 CPA 形式推广的一般为中小市场、小 App、H5、WAP 站、静默下载、积分墙、刷机等。

这种形式的投放关键是反作弊。网盟市场鱼龙混杂，黑产成熟，想在此领域低价获取流量需要强大的反作弊能力，辨别用户质量。示例如图 3.14 所示。

图 3.14　凤凰新闻客户端的 CPA 模式投放

我们从数据服务商个推处获得了一张黑产现状介绍图，如图 3.15 所示。可以看到，目前主要的作弊手段有手机卡商与接码平台、群控系统、改机工具、扫码平台等，从下载到注册，一应俱全。

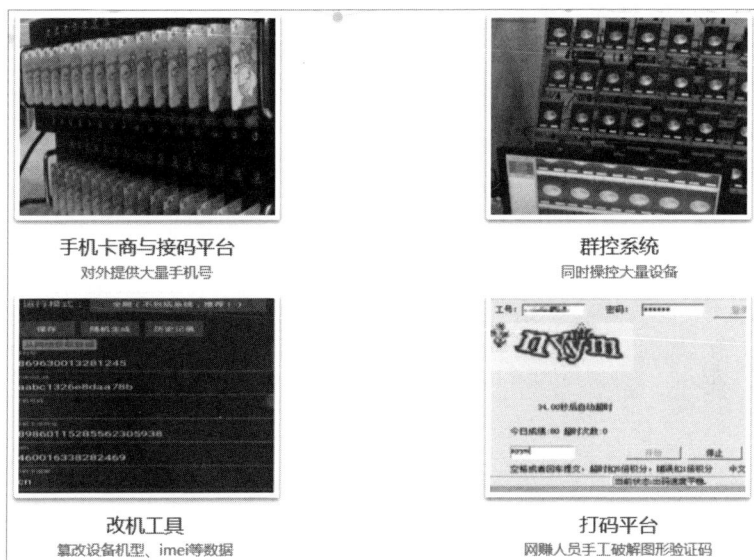

图 3.15　黑产现状介绍

在网盟渠道进行投放，除了自身要具备数据分析能力，还要借助第三方工具，应对机刷、篡改设备号、刷机工作室等。

3.1.5　浏览器、WAP 流量与用户增长

浏览器受移动互联网的冲击不言而喻，过去的入口价值正在发生变形，从功能到服务，从工具到内容，都在不断变化。广告的形式也在不断变化，从只有搜索和名站，到增加宫格，再到整体浏览器内容信息流化，用内容无限下拉实现广告收益最大化，如图 3.16 所示。

可流量的价格并没有随着浏览器广告位置的增加而得到有效降低，反而越来越高。甚至浏览器信息流化后，会将绝大部分资讯产品或有信息流的产品视为竞品而禁投，从而出现流量价格翻倍、量级急速下跌而流量竞争愈演愈烈的状况。

图 3.16　手机 QQ 浏览器、UC 浏览器首页的信息流化

　　主流浏览器主要包括厂商浏览器，类似华为、小米、OPPO、VIVO、魅族、金立等浏览器；还有第三方浏览器，类似 360 浏览器、QQ 浏览器、UC 浏览器、2345 浏览器等。这类浏览器的流量主要的售卖类型是固定位置按天（CPT）售卖，也有部分浏览器按点击（CPC）售卖或按收益分成（CPS）售卖。

　　我们常说的 WAP 流量主要有两种。

- 一种是，一些有能力的网站为使用手机浏览网站的用户定制专属 UI 界面，提高用户体验，我们暂且称其为有效 WAP 流量。比如常见的小说、图片、动漫、新闻资讯类网站都会使用 HTML 5 来兼容手机浏览器的访问。这类流量相对比较有价值，页面访问深度也不错。

- 另一种是，一些更加专注于 PC 流量的网站，当用户使用手机浏览其网站时，用户看到的还是 PC 版的网站 UI，因为站长专注于 PC 用户体验，更注意的是内容本身，而手机用户只是其附加流量，我们暂且称其为附加 WAP 流量，比如常见的电影网站。

投放这种网站的形式大致有几种：按固定位置采买（CPT）、按曝光采买（CPM）、按 PV 或者 UV 采买，以及通过 JS 的方式输出内容给网站按点击（CPC）采买。无论使用何种采买方式，最终考核到产品的都是激活成本及留存指标。因此前期都需要通过测试，看从曝光到点击，到下载，再到激活安装注册，每一步的漏斗有多大，沉淀到最后的实际用户有多少。再回头优化各个环节，提高转化率，最终达到以最低成本获取最多真实用户的目的。

3.2　分散型流量的获取与用户增长

前面我们比较详细地描述了如何通过采购有效地获取流量，这些可以集中采购的流量具有聚群效应，能够通过大规模的资金支出来有效并且稳定地获取用户，简单地说，就是花钱买用户。这在移动互联网流量红利尚未被吃透的时期，先入场、手握大笔资金的公司或者产品大举买流量，百试不爽，彼时的流量获取成本相比今天，简直就是白菜价。但从 2018 年开始，传统的流量采买方法已被各家公司玩到烂熟，更致命的是国内移动智能设备的增长基本陷入停滞状态，用户红利和流量红利已经触底，整个市场也从增量市场转向存量市场，获取流量的战争场面惨烈。

流量开始变得极其稀缺，手机厂商预装、应用商店投放等传统渠道的价格也水涨船高。应用程序之间的渠道竞争，也开始由用户体验和痛点之争，演变成流量变现之争。自然而然地就出现了这样的局面：谁家的变现能力强，可以出的价格更高，流量就会进入谁家的池了。对变现能力和资金能力都较弱的中小企业而言，找到一种全新的途径以较低成本获取用户成为一个巨大的挑战。

这时候，分散型流量成为用户增长团队争夺的焦点。

分散型流量更多是采用社交平台或者拼多多去中心化的方式获取的，不再是传统的直接付费购买，可降低流量获取成本。最典型的就是网赚模式的趣头条App 的流量获取方式，它把平台的广告收入和流量获取规模绑定，去掉平台中间商，采用收徒拉新这种分层营销的方式迅速获取大量用户，一时之间，成为创业公司和初创产品追捧的移动互联网新贵。

这就像一棵果树，长在低处容易摘到的果实已经被采摘完，剩下的挂在高处的果实就是新的收获来源，是一个新的增长点。

3.2.1 如何通过社交裂变实现低成本引流

在传统渠道，手机厂商是流量大户。根据 IDC 的数据，2017 年中国智能手机市场共出货 4.4 亿台，其中出货量最高的是华米 OV（华为、小米、OPPO、VIVO）四家，占据国内市场 2/3 以上的份额，排名第一的华为（包括荣耀品牌）手机出货量达到 1.53 亿台。这看起来是一个非常高的数据，但与另外一个流量帝国相比，简直就有点"弱爆"了。

这个流量帝国就是腾讯。其旗下拥有两款几乎覆盖了全体中国网民的社交产品：微信和 QQ。2018 年春节期间，微信和 WeChat 的合并月活跃用户数超过 10 亿。仅凭每日打开次数一项数据，微信就是四家在全球都能排得上号的国产手机厂商的流量之和。

这个庞大的流量池自然不会被创业者和用户增长专家放过，他们会制定各种增长策略，依托微信或者 QQ 的社交生态，通过社交裂变来触达用户，让用户对产品形成初步的印象和认识，再逐步转化成自身的新用户，完成用户增长的目标。

通常，通过社交裂变完成"流量变现"（这里是指从微信获取流量，让其中的用户变成自家产品的用户）需要具备几个必要条件：核心功能爆点、病毒式传播、转化路径清晰、传播渠道合适，如图 3.17 所示。

图 3.17 社交裂变需要具备的必要条件

1. 核心功能爆点

一个优秀的社交裂变项目，必然具有一个核心功能爆点。这个核心爆点需要满足用户的某种心理，比如猎奇心、有趣好玩或者竞争攀比。只有在满足用户的某一个需求点时，用户才会有兴趣去尝试，并持续地进行转发和分享。

2017 年 12 月 24 日，一款直播类应用悄然上架。这款 App 在短短两周内，便生猛地冲到 App Store 应用总榜前十，下载量超过百万，超过一众知名大牌应用，它就是冲顶大会，一款直播答题瓜分现金的应用，如图 3.18 所示。其核心功能爆点就是在规定时间内，用户按规则参与直播答题，万人同台直播，瓜分固定的高额现金奖励。这个玩法并非冲顶大会首创，它直接模仿美国的名为 HQ Trivia 的答题节目并进行本土化，相当于直播版本的开心辞典或一站到底。它的另一个爆点在于拥有电视节目式的场景背书，巧妙地和当时正火爆的全民互动直播相结合，让所有的用户都成为游戏参与者，而不仅仅是观众。

图 3.18　火爆一时的答题 App：冲顶大会

直播答题式的产品，不仅精准地击中了用户物质和精神的需求，让用户既有紧张的参与感，又能满足获胜后获取高额物质奖励的刺激和投机心理。此外，在整个游戏过程中，主持人"洗脑式"地不断重复平分 10 万元/百万元现金大奖，就是一剂刺激用户兴奋点的良药。

当然，核心爆点通常不一定是产品本身的功能，它有时候也会以一个活动作为载体。比如全球领先的独立第三方支付平台支付宝，本质上是一款很私密的工具型产品，没有社交基因，在裂变和传播上相较于微信处于明显的劣势。但支付宝的产品运营团队就借助一些运营活动作为爆点的支撑场景，也能比较完美地进行社交裂变获取流量。

2016 年春节期间，支付宝推出集五福活动，依托社交产品和产品自身微弱的社交关系链沉淀，引导用户收集福卡，交换福卡，集齐福卡，最后平分 2 亿元现金奖励。虽然这个活动本身有较大的缺陷，遭到大量用户的吐槽，但通过活动场景来进行社交裂变，在获得可观用户量的同时，也很漂亮地完成了对微信支付侵蚀的阻击战。

2. 病毒式传播

病毒式传播，并不是传统生物学上的概念，是指利用社交关系让营销像病毒一样快速扩散和传播。从产品的角度看，病毒式传播也可以理解为让一个活动或者产品功能拥有自传播的能力，借助用户的主动分享来让更多的人了解并接受，同时带出更多的主动分享者，进而获得更多用户。

新世相曾制造了一个卖课程刷屏的爆款营销。这次刷屏实践的最大亮点就是实时涨价、实时滚动收益，以及让那些不购买课程也参与分享的用户拿不到收益。参与者通过一级购买返利，二级购买进一步分成，组成层层分销的网络，再配合实时涨价营造出的紧迫感，让用户疯狂转发，争当下线进行传播。

我们不提倡制作带有传销性质的活动来欺骗用户，但是有限度的用户返利，依旧是用户传播的最大动力。

3. 转化路径清晰

转化路径清晰主要体现在设计社交裂变项目的具体流程上。最简单的说法就是让用户通过最简单、最自然的路径进行分享和传播，大到分享奖励策略是否具有吸引力，小到登录转化流程在哪一步需要进行处理，都是路径优化。否则，在任何一个环节设置不必要的门槛，都会像在高速公路上胡乱设置隔离带一样，造成传播的"交通事故"，影响效果。

在这个过程中，有几个原则需要遵守：

- 用户能点击完成操作就别让用户输入。

- 功能或流程能在一个页面内完成，就不要用两个页面。

- 缩短用户的转换路径，降低操作成本。

- 不要强行要求用户输入敏感信息。

- 能看到更多其他人，特别是熟悉的亲友的动态和消息，以便进行信息互动。

4. 传播渠道合适

对于产品或营销策划的社交裂变，传播渠道的选择也尤为重要。结合活动本身，需要针对不同的传播渠道进行策略匹配，针对其不同的特性进行选择或者组合，有侧重地进行投放。以下是几个常规社交渠道的不同特性：

- 微信朋友圈——较为私密的封闭社交圈，需要用户熟人式的分享，且对用户的社交信用成本消耗较大，但目标用户精准，适合较为高大上的、能显示用户品味和气质的营销活动。

- QQ 空间——相对开放的社交圈，用户更为年轻和开放，适合向年轻用户发起新鲜好玩或者竞争类活动。

- 新浪微博——最开放的社交圈，用户的组成基于兴趣爱好和娱乐八卦，可以做偏娱乐和流量明星相关的互动活动。

以上社交渠道并没有先后顺序和重要程度的区分，类似的渠道还有很多，比如陌陌、抖音等。在产品或活动需要进行社交渠道传播时，不妨根据实际情况择优使用，也许就可以事先评估出即将推广的方案的基本传播效果。

3.2.2 通过活动商城提升产品运营能力

产品运营工作的展开，除了结合应用程序本身的基础功能和用户分层画像制定针对性策略，还需要采用实际有效的运营工具来刺激用户，并获得用户增长。在这些运营工具中，活动商城的建立和打磨能极大地提升产品的运营能力。

在具体实施过程中，不同类型的应用程序，活动商城承担的任务和表现均有所不同。

电商类应用的活动商城与产品本身结合得非常紧密，如常规的积分兑换+现金换购、限时包邮等业务，将活动商城与产品的售卖合二为一，既提升了用户的实际体验、增加了使用动力，又提高了自身商品售卖的GMV（成交总额）。代表性的应用如拼多多，它利用社交渠道的流量通过组团砍价的形式引导用户进入对应的活动商城，购买运营团队精心筛选出的商品。分享商品邀请好友砍价一方面能提高产品本身的曝光度，另一方面还能确保商品有较高的成交量，如图3.19所示。

在其他类型的应用程序中，活动商城更多承载着与用户体系结合的功能。用户在活动或者应用程序内通过完成一些任务来获取相应的积分或等级奖励，这些激励所得可以兑换

图3.19 拼多多"喊好友砍一刀"功能

一些实物奖品,也可以直接折算成现金。如今,金币商城基本成为各应用程序的标配,运用好金币商城能有效地增加用户停留时长、提升新用户增长等数据指标。这里有几点需要重点关注。

1. 商品的选择

选取符合应用程序或平台气质、贴近用户喜好和需求并且能刺激用户积极兑换的商品,需要运营团队不断调研、试错,花些心思。当然,也有一些常规的思路可以套用:

- 可以从当下热点爆款商品中筛选,如苹果手机。

- 众人皆渴望而需要付出巨大努力或成本才能实现的愿望,如汽车、轻奢商品等。

- 日常可以用到的商品,如手提纸和话费抵用券。

- 符合平台气质,死忠用户所需体现特质的产品,如品牌文化衫和笔记本等。

2. 积分体系是否完善

积分体系是用户激励的有效手段,目前主要有会员等级和虚拟货币两种形式。前者多用于社交类、阅读类产品,如咪咕阅读设置有 10 级会员体系,每个级别的会员享受的福利各有不同;后者则更多存在于电商类应用中,多数需要真金白银的投入,如京东京豆,目前的兑换比例是 100 京豆等价于 1 元人民币,可在购物中抵扣,不可提现,而现在趣头条等网赚模式的资讯类应用也开始把这种模式移用过来。

总的来看,一个完善的用户积分体系是活动商城存在的基本前提,也能够给用户提供一条持续获得收益的路径,进而引导用户消耗积分进行商品兑换。

3. 商品的兑换规则和价值转化是否明确

不同时间段或者特殊情况下的商品，兑换规则应有所不同。基本类型有以下几种：

- 纯积分消耗兑换商品。

- 积分和现金混合兑换商品。

- 特殊活动或动作限定兑换商品。

- 特殊经验等级限定兑换商品。

评估商品价值和用户的成本付出时，可以先简单地测算商品的制作或者购买成本，以纯实物的现金价值来对应用户付出的成本，再评估用户是否愿意支出这些成本，最后再来衡量这个兑换流程能够带来多大用户价值。这里的价值不仅包括实际变现的价值，还可以包括潜在的用户黏性和口碑价值等。

3.2.3 如何用金币系统建立良好的用户生态体系

金币已经超出原有的价值货币的概念，成为用户运营体系里一个极为重要的流通道具。它被赋予了特殊的衡量价值，即让用户可以直观地感受到自己通过付出或完成某些动作可以获得什么样的正向反馈。我们不能把所有的应用程序或产品打造的虚拟积分体系中采用的代币都称作金币，金币系统更贴切的定位是应用程序内流通的虚拟代币获取、转化和消耗体系的统称。

金币系统发轫于游戏行业，特别是网络游戏。根据有关规定，同一企业不能同时经营虚拟货币的发行与交易，并且虚拟货币不得支付购买实物，防止网络游戏虚拟货币对现实金融秩序可能产生的冲击。也就是说，用户在游戏过程中是不允许直接使用人民币进行交易的。但游戏中又需要一套物品流通的价值衡量标准，于是虚拟代币体系应运而生，这套游戏内的货币体系就是金币系统。

进入移动互联网时代，金币系统开始更广泛地被各应用程序或公司使用，作为用户运营体系的基础设施添加到自家产品中，如百度的百度币，腾讯的 Q 币、Q 点等。其中，趣头条更是在移动资讯行业把金币系统运用到了极致，掀起一波"看新闻赚钱"获得用户增长的风潮。趣头条 App 用户在使用过程中的所有行为都可以获得金币，并且平台支持金币与现实货币的兑换，即按一定的"汇率"进行兑换进而提现，这让用户明确感知到自身的使用行为是有价值的，可以不断获得物质奖励。

图 3.20 为趣头条某个版本的金币商城，采用"金币+现金"模式吸引用户，让用户在不断产生赚到便宜的错觉中持续使用趣头条，不断地浏览金币商城，保持活跃以求获得更多金币，大大降低了用户获取成本。

那么如何打造一个良好的金币系统呢？

首先，要从应用或产品本身出发，契合应用或产品的特点和气质，制定主要功能路径上用户行为获取金币的反馈机制。如趣头条类网赚模式资讯 App，用户在完成文章阅读、下拉滑动、分享评论、视频

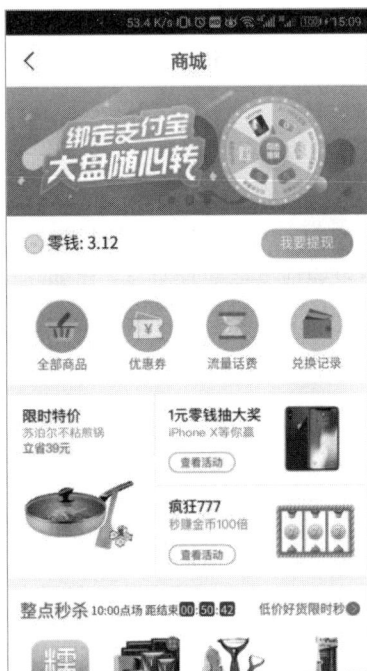

图 3.20　趣头条金币商城截图

播放等操作后都可以获得金币奖励。这些金币随机或者有规律地发放，不断刺激用户提高期望，由持续的正反馈来提升用户行为的反馈。

其次，金币的体系价值要有衡量标准，要明确金币的直接兑换价值或者辅助兑换价值，即金币的兑换"汇率"。例如，另外一个网赚模式资讯应用快头条，设立的金币兑换比例为"2000 金币=1 元"，即 2000 个金币兑换 1 元人民币，前

面提到的京东京豆的兑换比例为100∶1，如图 3.21 所示为其使用规则说明。

金币体系的价值货币化可以加速用户对自己使用该产品获得正反馈的判断。如果用户能快速判断出自己的使用行为的价值，那么这个金币系统的流通基本就完成了。

再次，在常规的稳定的获取路径之外，适当配合限时、限次的活动来大量发放金币以刺激用户积极参与可完成某些短期目标，比如年底 KPI 指标，这种手段屡试不爽。如某资讯产品用户增长陷入瓶颈期，各项数据指标增长乏力时，通过金币翻倍、视频播放获取金币不设上限等手段大力刺激，最终的效果比较满意，应用的各项数据迅速上涨。

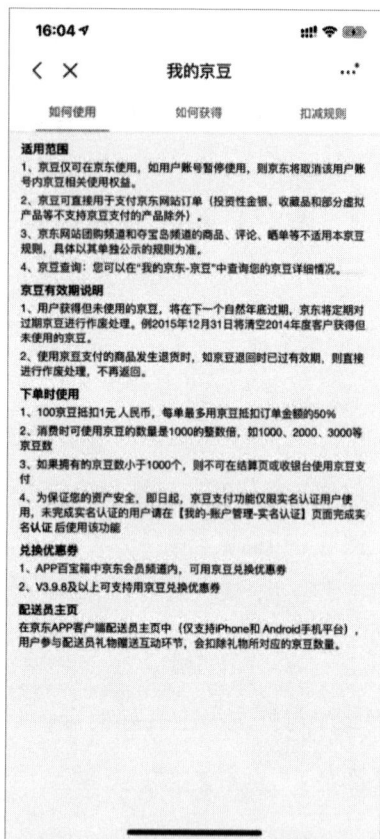

图 3.21　京东京豆的使用规则说明

最后，金币的获取路径和价值衡量标准确定之后，就需要完成整个闭环，即重要的一步：金币消耗路径确认。发出的金币只有消耗掉，用户的行为数据才会被引导增长，否则只是一组数字，没有任何价值。

一般情况下，金币消耗有几种手段：

* 金币直接兑换现金，如趣头条的金币可兑换成现金，并设置一定的提现门槛。

* 金币兑换实物奖励，一般结合活动商城（也叫金币商城），以纯金币或者

"金币+现金"的形式鼓励用户使用金币进行兑换，消耗掉用户手中囤积的金币。

- 金币配合现金购买，一般用在电商类应用或者推广类应用中，直接用金币抵扣部分现金或者兑换优惠券进行使用。在双 11 网络购物狂欢节中，天猫以用户积分兑换优惠额度就属于此类。

- 金币抽奖，用金币作为抽奖活动的门票，一定量的金币获得一次抽奖机会。比如东方头条和凤凰资讯之前做的金币大转盘，通过金币抽奖来消耗用户的金币。

鼓励用户消耗金币，主要目的是完成用户所获取的金币在产品内的流通流程并体现价值。同时，还可以承担一些业务合作的功能。比如，第三方商家代金券的推广，可以通过金币兑换或者抽取达成推广或资源互换的合作。整个流程必须遵循一个基本原则：金币消耗的形式不论是抽奖还是实物兑换，企业在整个项目中所需要付出的成本不能大于其带来的实际价值。简单来说，就是要努力降低金币的兑换成本。

综合来说，金币系统就是一套产品内用户行为价值流通的基础货币体系，用户增长团队需要通过调节用户行为产生的金币价值和数量，来满足对用户动作的预期。其中，用户的每一个行为动作都需要定义一个物质价值或者即将产生长远利益的价值。所以，金币系统能否正常运行的一个极为关键的要素便是支撑成本与期望动作之间的价值对比关系，即要核算产品的 ROI，保证金币的发放成本在保活成本的可控范围内。

3.2.4　网赚模式大行其道下的收徒拉新策略

趣头条的横空崛起让众多移动互联网从业者大跌眼镜，其招股书显示，截至 2018 年 8 月趣头条 App 的安装用户总量达到 1.81 亿，平均月活用户达到 6200 万，平均日活用户为 2100 万。在互联网流量见底、用户获取成本高企、用户增长工作难做的大环境下，这款 2016 年 6 月才上线的资讯类产品取得的成绩可谓太过耀眼。而且很快，它便登陆美股，进入资本市场，完成自己的成人礼。

很多人都分析过趣头条的商业模式和获取用户的策略，有一个共同的认知：网赚模式是趣头条初期获取用户的撒手锏。趣头条将现金激励融入拉新、激活、活跃、留存等一整套用户增长流程，搭建完善的金币系统。注册、签到、阅读新闻、邀请好友（收徒）、分享新闻都可获得一定数量的金币激励。在这套金币系统里，金币与人民币的汇率每日都会上下浮动，趣头条将这个汇率与广告收益挂钩，广告收益越高，金币就越值钱。图 3.22 是媒体绘制的趣头条用户增长策略，可以明显地看到金币在整个增长模型中的核心作用。

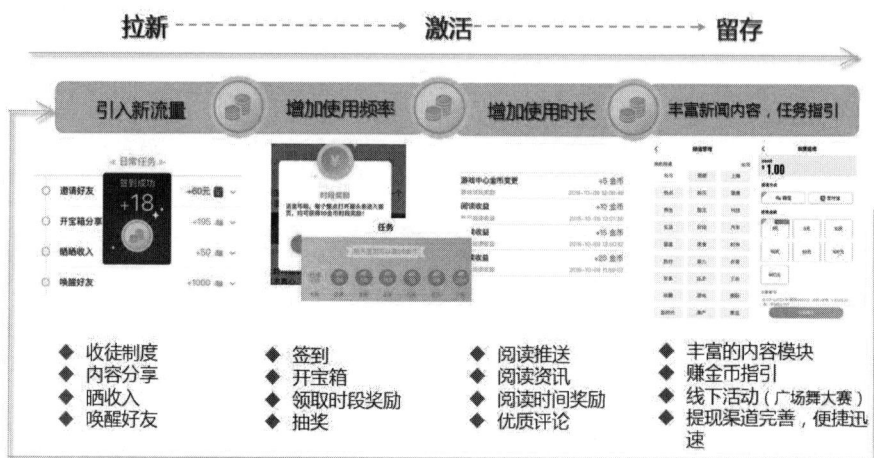

图 3.22　趣头条用户增长策略

在个人网赚金币的基础上，趣头条利用"传销方法论"化收徒模式，点对点收徒激励用户不断拉新、发展下线：用户将自己的拉新二维码或者链接分享到微信朋友圈、好友、QQ 空间等社交应用中，引导新用户下载激活，一旦好友通过你分享的二维码或邀请码注册了趣头条，你就能够得到一定的现金奖励，多拉多得，不设上限。

不仅如此，师傅用户在拉徒之后，徒弟在端内获得的行为金币奖励也会进贡部分到师傅的账户中，即将师徒之间的行为进行分成强绑定，通过收益进贡，让师傅对徒弟的行为进行强干预，顺势提升徒弟用户的留存、阅读等行为指标数据。

进入 2018 年，趣头条明显感觉到了竞争对手释放的压力，进一步加大用户补贴力度，每个新增用户只要完成全部新手任务，就可获得大约 3.5 元的现金奖励。在招股书里，趣头条把这种获取用户和用户留存方式称为"创新的用户账户系统和游戏化的用户忠诚度计划"。

事实上，网赚模式的拉新策略最早起步于积分墙和任务众包平台。该平台直接给安装过此类应用的用户分发任务，刺激用户下载、激活获得返现，达到给对应任务产品引流拉新的目的。趣头条对这种模式进行了改造，它把任务平台的功能直接嫁接到自身的产品上，去掉任务平台这个中间商，直接击中用户贪小便宜的心理。同时，师徒拉新策略具有点对点沟通、实时拉新实时现金到账的优势和特点，由于是拉新激活成功后才给予奖励，可以明确做到一个实际拉新成本对应一个新用户下载，保证了投放成本的完全可控和可预期。

而在此之后，此类资讯应用在师徒拉新上又增加了阶梯奖励等辅助玩法，即邀请人数越多，达成某一个目标值后可领取额外奖励，来进一步刺激有能力拉新的用户拉到更多的人以获得更多的物质奖励，示例如图 3.23 所示。

活动说明

活动期间，每邀请1名有效好友，即拆一次红包。邀请好友越多，单个红包的现金奖励越高，最高可领取288.88元。如果不领，则无法获得活动奖励。活动结束12小时后，没有拆开的红包奖励将不予发放，请注意及时领取。翻倍红包奖励：每个阶段的首个红包额外获得翻倍奖励。

有效徒弟	单个红包金额	额外翻倍奖励
第1~3个	3~4.8元	第1个翻倍
第4~11个	3.18~6.8元	第4个翻倍
第12~23个	3.38~8.8元	第12个翻倍
第24~39个	3.58~12.8元	第24个翻倍
第40~58个	3.78~26.88元	第40个翻倍
第59~99个	3.98~36.8元	第59个翻倍
第100~199个	4.08~58.8元	第100个翻倍
第200~799个	4.18~88.8元	第200个翻倍
第800~2999个	4.28~158.8元	第800个翻倍
第3000~无限	4.38~288.8元	第3000个翻倍

图 3.23　某资讯 App 师徒拉新活动说明

可以看到，示例中设定了不同的拉新奖励门槛，在初次拉新时给额外奖励，提升师徒拉新的诱惑力，之后累计 4 人、12 人、24 人的奖励，则给予了多劳多得者更多的刺激，可在短时间内迅速增加传播量，完成拉新任务。

3.2.5　使用一元夺宝模式精准获取用户

以小搏大的赌徒心理是社会中普遍存在的一种心理状态，用户增长专家经常利用这种心理，诱惑用户付出微弱的代价获得激励，间接达到分享拉新、精准获取用户的目的。一元夺宝便是这种模式中典型的例子。

一元夺宝是网易首创的，网易夺宝平台将极具吸引力的奖品分成等价的若干份，用户每支付一元钱，就可以获得一组固定编码的获奖资格，购买者可以购买一份或者多份。在所有份数售罄之后再进行抽奖，抽中的幸运者可获得这个奖品，而其他购买者所持有的抽奖编码将无效，他们投入的购买资金也不予退回。

很多平台在宣传的时候会把一元夺宝包装成众筹，误导用户。实际上，二者之间有明显的区别：一元夺宝必然有特定的用户获得所售的商品，但其他购买者损失了投入的资金；众筹则有群体性投入损失的风险，即所有人均无回报。一元夺宝模式在很大程度上与赌博类似，只是没有赌博定性上的物品对赌属性，所有投入均为用户众筹购买一件物品，通过抽签的方式来给到特定用户。

国家互联网金融风险专项整治工作领导小组办公室发布的相关意见指出，网络"一元购"主要有两种表现形式：一是表面上是销售实物商品，实际上销售的是中奖机会，中奖结果由偶然性决定，是一种变相的赌博行为；二是经营机构以网络"一元购"为名，采取抽奖造假、以次充好、不寄送奖品甚至卷款潜逃等方式，骗取参与人钱财，是诈骗行为。

之后，包括网易、京东、小米在内的互联网公司相继把类似一元夺宝的业务下线、关停。我们不提倡使用灰色手段获益，但是这种模式的玩法还是值得借鉴的。

比如，一元夺宝玩法中用户参与抽奖需要投入自有资金，这个方式放在网赚模式、师徒拉新模式的流量获取环境下，可以刺激用户以金币方式参与类"一元夺宝"的活动，用户可以通过自己在应用内的行为来获取金币等虚拟代币，再使用金币夺宝抽奖。这样，用户的消费行为全部发生在应用内，而不涉及用户投入金钱对赌。

在拉新层面上，一元夺宝的玩法也可以进行演化。在社交类应用中，就有微信公众号设置预设号码抽奖的方式，即用户参与活动，获得一个编码，活动结束后，按照一个提前注明的计算方式抽奖，抽取获得编码中的一位或者几位用户给予奖励。在抽奖活动进行的过程中，活动运营方通过规则不断刺激参与的用户邀请朋友参加，一旦邀请成功，即可获得新的待开奖编码。这不仅可以提升活动的分享率，还能把活动精准地投放给真实用户，提高投放价值。而提前公布抽奖规则，也在一定程度上躲过了不透明、不公正的信任问题。

在需要下载的应用（特别是电商类应用）的拉新、拉活上，平台会筛选特定产品作为奖品，邀请新用户参与活动领取获奖编码来进行刺激。

比如，拼多多曾做过汽车夺宝活动，在拼多多 App 内，用户可免费或者仅花 1 分钱获取一份抽奖编码。接下来，用户通过分享给好友或微信群来确认参与资格，拉新一个用户参团即可获得中奖概率翻倍的奖励。新拉来的用户也可以参与夺宝，支付 1 分钱后再重复上面的游戏规则，参与汽车夺宝活动，如图 3.24 所示。在整个玩法中，分享用户与被分享用户不停地分享，参与活动。拼多多把本应该投放到其他渠道支付给用户下载激活的成本，汇总作为一项高额有诱惑力的大奖开出，极大地刺激了用户的赌徒心理，完成了拉活、拉新的目的。

图 3.24　拼多多汽车夺宝活动

4

第 4 章
数据驱动的用户获取能力

在日常工作中，很多人都可能会遇到下面几个问题。

- 如何快速了解并分析一款移动 App？

- 这款移动 App 的生存现状如何？当前发展存在什么问题，有没有什么解决方案？

- 如何从产品迭代、运营策略等方面调整优化用户体验？

- 这款移动 App 的市场发展空间如何？是否有比较好的赢利模式？

大多数人对这些问题都束手无策，不知道从哪里着手破题，找到有效的解决方案。为什么？因为他们缺少系统的数据分析思维，对于客观问题不能从方法论的角度套用模型进行复盘，刻画出产品原型。用户增长团队的成员需要有敏锐的数据触感和思维，并且能够结合具体案例解决问题，带动用户增长。

4.1 用户运营过程中的数据分析指标

一般来说，用户增长团队中的运营经理的核心任务主要有两点：流量引入与流量维系。再对具体工作进行简单的切分，可以归纳为三类：内容运营、用户运营、活动运营。这三类工作的"总和"即常规认知下的"产品运营"，如图 4.1 所示。

图 4.1 产品运营基本工作

区别于新产品，成熟阶段的产品已经有了稳定的流量和用户基础，运营经理的工作要集中在如何持续有效地提升用户的活跃度和留存率上，并从中发现有价值甚至有高价值的用户，再根据用户需求，制定有效的运营方案，刺激这批用户持续地为产品带来价值，产生收益，促使产品有质量地存活下去。这很容易理解，抖音早期的运营策略和现在肯定是不同的。

那么如何来衡量运营方案或者运营策略的成效呢？如何根据运营情况来调整未来的方向呢？这就需要运营数据的支撑了，数据导向的用户获取能力可以引导用户增长不偏离跑道。

用户运营的主要目标是提升产品的用户活跃、留存、消费等数据，依据用户需求，制定相应的运营方案，刺激用户产生价值。该项工作需要根据不同生命周期的用户活跃数据指标，制定不同的留存策略。换言之，用户运营最终要落实到运营收益上，这是整项工作的落脚点。

如果我们把用户运营进行拆解，可以分为几个阶段：寻找种子用户→挖掘核心用户→吸引更多用户→实现用户自运营→挖掘用户价值（包括付费或消费广告等各种可创收行为），如图 4.2 所示。

图 4.2　用户运营阶段任务

这是一个比较完整的流程，每个阶段的工作看似独立但又可能影响整体工作的推进。所以，我们需要考量几个数据指标，来判定工作成效甚至纠偏。

4.1.1　用户留存率

用户留存率是所有产品运营工作中必须关注的核心指标。留存用户对应的概念就是流失用户，留存用户可能是那些无意中接触并使用该产品后，发现这个产品满足了自己的需求就停留下来且不断使用，直接或者间接持续带来价值的用户。自然，流失用户就是在使用一段时间后，对产品的兴趣减弱，降低使用频次，逐渐远离直至彻底丢失的用户。一款互联网产品有留存用户，就必定有流失用户，这种用户新老交替是不可避免的。弄清楚二者之间的关系后，就很容易理解到，做用户增长就是处理留存用户与流失用户之间的比例。

一般都用产品的用户留存率来衡量用户增长的效率和结果。常用指标包括次日留存率、3 日留存率、7 日留存率、15 日留存率和 30 日留存率，如图 4.3 所示。

有一个计算公式，可以测算用户留存率，即：

第 1 天的新增用户中在往后的第 N 天依然在使用的用户数/第 1 天的新增用户数

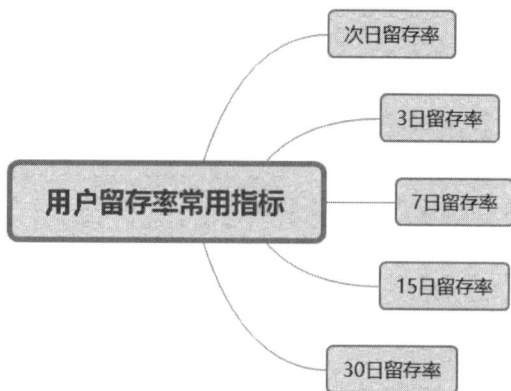

图 4.3 用户留存率常用指标

其中的 N 对应的就是留存率指标中代表天数的 2、3、7、15 或 30。

在这个公式里，我们设定用户留存率为 UR，第一天新增用户数为 NU，往后第 N 天依然在使用的用户数为 SNU 那么可以得到一个更直观的公式：

$$UR=（SNU/NU）×100\%$$

注：SNU 对应的是留存率指标中 2、3、7、15 或 30 天依然在使用的用户数。

在这几个数据指标中，每一个数据的意义都有所不同：

- 关注产品的次日留存率，可于第一时间发现产品新版本的品质变动，冷启动内容对用户的吸引力，以及产品的黏性。通常可采用新手引导设计和新用户转化路径来分析用户的流失原因，通过不断地修改和调整来减少用户流失，提高次日留存率。

- 3 日留存率可用来观察和判断渠道的优劣，以便筛选渠道和调整投放。

- 7 日留存率则可反映出用户完成一个完整体验周期后的去留情况，判断用户的忠诚度。

我们再通过一张统计图具体了解一下上述概念。图 4.4 是从某行业前五的移动新闻 App 统计后台获得的用户留存率数据。该 App 对新增用户留存率的时间统计维度划分为：1 天、2 天、3 天、4 天、5 天、6 天、7 天、14 天和 30 天，颗粒度相当精细，用户增长经理需要从这些统计数据中找到用户留存的规律，并针对实际情况制定相应的运营策略。

时间	新增用户	1天后	2天后	3天后	4天后	5天后	6天后	7天后	14天后	30天后
2018-02-01	654	42.51%	32.42%	27.83%	26.91%	26.91%	27.06%	25.99%	22.02%	24.46%
2018-02-02	667	40.03%	27.44%	24.74%	23.54%	24.89%	21.89%	20.84%	17.09%	18.74%
2018-02-03	643	43.7%	33.59%	28.93%	26.13%	25.82%	25.51%	24.26%	24.11%	21.46%
2018-02-04	633	42.81%	31.28%	28.59%	27.33%	26.22%	24.64%	24.8%	20.22%	22.59%
2018-02-05	596	43.62%	34.23%	27.52%	27.18%	27.18%	24.33%	24.33%	22.65%	25.84%
2018-02-06	662	40.18%	26.28%	26.89%	21.9%	23.26%	20.54%	19.03%	16.92%	15.71%
2018-02-07	722	42.11%	30.61%	26.87%	27.29%	24.93%	21.47%	21.75%	17.17%	19.39%
2018-02-08	837	39.31%	28.79%	28.32%	24.25%	22.34%	20.55%	21.27%	17.68%	17.8%
2018-02-09	927	40.45%	31.07%	27.83%	24.92%	23.52%	21.68%	22.76%	20.39%	18.88%
2018-02-10	308	39.6%	31.73%	27.98%	26.15%	23.55%	23.17%	20.49%	19.95%	18.43%

图 4.4　某 App 在一段时间内的用户留存率数据（数据做过处理）

从次日留存率和 30 日留存率数据来看，该 App 的用户忠诚度相当不错。

4.1.2　用户行为指标

在 PC 互联网时代，用户行为数据的获取主要通过对用户在网页上的点击进行统计而得出。进入移动互联网时代，统计目标值就变成了用户在 App 上的点击。这些基于用户行为获取的数据能够用来判断用户对产品的喜好及期望，数据分析师可以据此反推出用户画像。所以，分析用户的行为数据对于做精准营销、制定用户增长策略及迭代出符合用户喜好的产品非常重要。

但在实际操作中，用户行为数据庞杂浩瀚，用户增长及运营人员在有限的时间内很难投入太大的精力毫无遗漏地一一分析。所以，我们很有必要对用户行为数据进行简单又方便的划分，以便更高效地处理这些数据。

本着简单又全面的原则，可将用户行为数据分为黏性、活跃、产出三类。这些数据可用于衡量用户在网页及 App 中的行为表现，进而区分用户的行为特征，给用户打分。在此基础上，再对不同类型的用户进行分群精细化营销推广，可提升运营推广的价值。

我们对用户行为分析做一个图解，如图 4.5 所示。

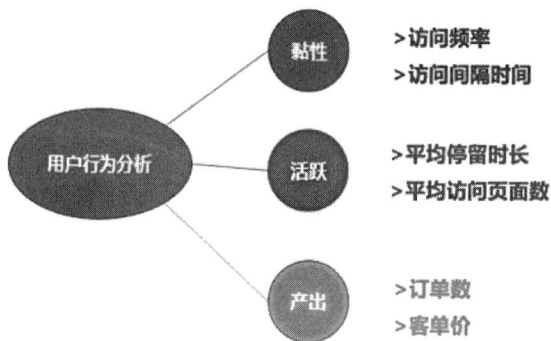

图 4.5 用户行为分析图解

- **黏性**：主要关注用户在一段时间内持续访问的情况，是一种持续状态，所以可将"访问频率""访问间隔时间"归在黏性中。

- **活跃**：考察的是用户访问的参与度，一般对用户的每次访问取平均值，可将"平均停留时间""平均访问页面数"用来衡量活跃指标。

- **产出**：用来衡量用户创造的直接价值，例如新闻类产品主要体现在广告曝光、广告点击、广告转化等方面。

当然，可以基于用户行为的三大类，在每个大类上再添加不同的行为指标，只要能够体现其分析价值并且不重叠即可。比如，黏性里面包含了"访问频率""访问间隔时间"，访问次数越多，访问页数也就越多，如果加上 PV 就存在关联性，进而对分析结果产生影响，所以这里选择"平均访问页面数"，并把它放在

"活跃"里面，即基于行为分类和指标的独立性，才能体现不同的分析价值。

下面我们针对三类用户行为细化一下数据标准。

1. 黏性指标：打开次数

在所有用户行为指标中，用户打开次数是第一重要指标。因为只有用户存在打开 App 的欲望和动机，才有后续指标提升的可能性。

这个指标怎么理解？我们可以想象一个场景。移动互联网时代，智能手机已经普及，人人都能感受到手机的吸引力，但手机对用户到底有多大的吸引力，我们很难进行量化。然而，这并非无解。此前，有一家国外的数据研究机构发布了一份报告，数据显示，人们平均每天按压、滑动和点击手机的次数为 2617 次，普通用户手机屏幕的亮起时间为 2.42 小时，重度用户则为 3.75 小时，这组数据足以说明手机在用户生活中的重要地位，也反映了用户对手机产品的忠诚度。

2. 活跃指标：使用时长

使用时长是一个产品活跃指标的集大成者。用户愿意花在产品上的时间越多，对产品产生价值的可能性就越大。增加使用时长，第一要素当然是产品符合用户的预期且使用方便，但这里要探究的是如何运用运营手段来增加用户使用时长。

在苹果公司最新发布的 iOS 12 系统中，新增加了一项很重要的功能：屏幕使用时间。iPhone 用户可以通过它来查看自己在一些应用上花费的时间，家长也能通过该功能在 iOS 设备里管理孩子如何使用 iPhone 和 iPad，虽然这是苹果"防沉迷系统"的解决方案，但对于用户增长经理来说，这也是一个衡量用户活跃度的指标。

对于内容产品而言，图文（新闻资讯）、音视频（短视频）等是当下最主要的内容呈现形式。在内容平台上，像新闻客户端，常用的手段是通过内容的个性化推荐，不断加强算法积累，实现千人千面，用户越喜欢的内容会得到更多的推荐机会，进而吸引用户停留，增加使用时长。

3. 产出指标：人均曝光和点击

产出指标在不同形态的产品上有不同的含义。在电商行业，产出指标就是订单，是客单价，也是复购率。对新闻资讯类产品来讲，产出指标就是广告的曝光量，以及广告的点击量和后续的转化量。

新闻资讯 App 里提高曝光量和点击量数据的主要手段有两种：一种主要靠产品内容的推荐，包括图文、视频等多种形式，推荐给喜欢看的人，增加下拉或上拉的次数；另一种用金币、红包等奖励的形式刺激用户相应的行为。

以上这些指标设置本质上都遵循了一个基本原则，即触及人的兴奋点，以最小的投入获取最大的用户量，即满足用户的心理需求。我们可以通过对用户需求心理金字塔的分析和理解来判断用户的消费心智，如图 4.6 所示。

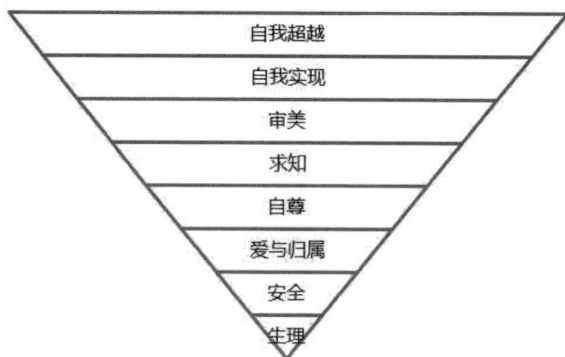

图 4.6 用户需求心理金字塔

4.1.3 活动运营数据分析指标

活动运营就是利用运营手段,结合各种热点事件,以活动的形式推送给用户,最终促进用户转化,实现增长指标的提升。活动运营需要有很清晰的目标,它取决于产品的定位,可以是增加新用户,也可以是增加销售额,还可以是增强用户对产品的依赖。换句话说,活动运营要有的放矢,不能乱放炮。

要明确的一点是,活动运营一般只起"催化剂"作用,无法对数据的增长起决定性作用。所以，通过活动带来用户增长需要遵循两个原则，即稳定可持续带量和长期可持续执行。在此基础上，我们需要从数据上评估活动的效果。

1. 系统复用评估效果

在日常的活动运营中，我们常常会发现很多活动设计是类似的，虽然不同的产品的运营重点不同，但是从活动种类来说，都大致有以下几种。

- 抽奖类活动：满足一定条件的用户可以参与抽奖，抽奖的方式可以是礼盒、转盘、彩票开奖、股市指数等，时效可以是即时的和延时的，奖品可以是虚拟物品、现金和实物，如图 4.7 所示为中国移动 App 里的抽奖活动。

- 红包类活动：满足一定条件的用户可以获得红包，红包中有一定金额的代币、代金券或者现金，有些可以提现，有些不可以提现，红包可以限制使用场景。

- 收集类活动：用户通过特定行为进行物品收集，收集后的物品可以组合或者单独进行兑换，如图 4.8 所示为快头条 App 里的集英雄卡活动。

图 4.7　中国移动 App 里的抽奖活动

图 4.8　快头条 App 里的集英雄卡活动

- 返利类活动：满足一定的消费金额或笔数，用户可以获得返利，返利可以设定限用场景。这个很好理解，最常见的就是餐饮企业或者像中国移动这类运营商鼓励消费者充值，比如充 100 元返 100 元，返还的 100 元可以是优惠券，也可以是等值流量。

- 竞猜类活动：用户参与活动，进行竞猜，赢取奖励，如图 4.9 所示是一点资讯联合 A 站做的世界杯猜球活动。

不管是我们自己做活动，还是看别人做活动，活动的方式和方法基本上殊途同归。但是，如果我们并没有从运营层面研究出新玩法，仅仅在不同的时间点进行不同的包装，那么我们应该对活动运营或者活动策划本身抱以什么样的态度呢？

对于活动运营者来说，如果不系统地思考活动的设计和策划，往往会做很多重复性工作。

图 4.9　一点资讯联合 AcFun（即 A 站）做的世界杯猜球活动

比如，我们在国庆节期间蹭热点做了一期大转盘抽奖活动，两三个月后的春节便想着做一期九宫格翻牌的抽奖活动。如果活动运营人员能够系统考虑，可以对开发人员提出需求，提供一个通用的自动抽奖后台，然后根据实际情况灵活包装。在这个过程中，如果只是单一地针对某个活动提出需求，可能会在下次还有类似的活动时让开发人员重复相同的工作，徒耗时间和资源。

所以，以系统的观念来对待活动策划给活动运营人员提出了要求：考虑"系统复用"，同时还要求活动运营人员有周期性活动策划的意识。

2. 活动效果评估

做活动，就要有效果。一个活动的数据是评价活动效果的唯一标准。

通常情况下，我们会关注的活动指标有 PV、UV、点击率、转化率、分享率、人均时长、ROI 等，基本上关注的都是用户行为、成本及产出的相关指标。

这里特别要关注的是 ROI 指标，即投资回报率，ROI = 收益/成本×100%。正常情况下，ROI 越高越好。

在活动执行过程中，要有效地控制成本，同时积极关注最终的转化率，即有多少用户通过活动下单或购买了，或者带来了多少新用户，每个用户的投入成本又是多少。讲到成本，其实活动可以联合第三方一起举办或进行资源置换，这样第三方可以为你带来一定的自身流量或活动奖品，从而分摊活动成本。这就是为什么网络上的活动有各种品牌露出，很多视频节目结束后有很长的"主持人口播"介绍。

回到数据上来，假如某个活动的规则是老用户邀请新用户注册后，就可以免费获得产品 VIP 会员 1 个月。那么在这个活动里我们要关注的数据有：活动页面的老用户转化率、老用户邀请新用户的转化率、新用户的注册转化率、新用户的行为轨迹、老用户的续费率等，这些数据都可以通过调整投放的渠道、推送的内容和产品的流程得到进一步优化。

作为活动运营人员，在活动结束时要复盘整个活动，明确要分析的数据指标，整理出一份活动数据报告，列出活动的要素、活动效果、成本支出、总结等。总结时要归纳这次活动的经验，指导以后的活动。进行多次活动后，要建立数据模型，作为未来活动的标准。如图 4.10 所示是某新闻 App 的活动数据统计结果，详细列出了活动运营经理需要统计的各项数据指标，并在最后计算出了新增用户数及活动下载转化率。

日期	进入活动UV	参与活动人数	转化率	分享转发	分享转化率	分享落地页UV	新增用户数	下载转化率
2018/7/9 周一	74998	67101	89.47%	21472	32%	6196	178	2.87%
2018/7/10 周二	80962	72076	89.02%	27389	38%	6342	154	2.43%
2018/7/11 周三	79165	71026	89.72%	20598	29%	6472	202	3.12%
2018/7/12 周四	79752	72038	90.33%	22332	31%	6975	221	3.17%
2018/7/13 周五	95500	75962	79.54%	25067	33%	7144	107	1.50%
2018/7/14 周六	77945	67169	86.17%	21494	32%	10483	212	2.02%
2018/7/15 周日	77239	69906	90.51%	25166	36%	8772	194	2.21%
2018/7/16 周一	80704	72252	89.53%	39016	54%	14726	308	2.09%
2018/7/17 周二	85133	75074	88.18%	36786	49%	26093	754	2.89%
2018/7/18 周三	84890	75108	88.48%	39056	52%	29144	1097	3.76%
2018/7/19 周四	87434	76404	87.38%	38966	51%	29762	986	3.31%
2018/7/20 周五	85980	74729	86.91%	35123	47%	27701	932	3.36%
2018/7/21 周六	86744	72338	83.39%	40509	56%	31625	1031	3.26%
2018/7/22 周日	80983	70584	87.16%	37410	53%	28006	904	3.23%

图 4.10 某新闻 App 的活动数据统计结果

4.2 用户增长过程中的几种数据模型

上一节着重介绍了产品运营中用户运营和活动运营的数据指标，其中每一个数据指标都是下一阶段工作的指路灯，而这些指路灯的运行则离不开几组数据模型的支撑。

4.2.1 财务模型

排在第一位的自然是财务模型，顾名思义，财务模型与钱有关系，要花多少钱，又能挣多少钱，必须要有个"明白账"。建立财务模型首要考虑因素是公司有多少资金可用于创收，这就是预算，我们要在预算范围内将相关目标进行拆解，从而预测最终的盈亏。财务模型的框架和数据指标不是一成不变的，需要根据实际运营情况不断进行修正，分析实际消耗和预测目标产生偏差的原因，使得最终的模型慢慢趋于精准。

如图 4.11 所示为某新闻 App 在广告变现过程中搭建的财务模型，从中可以看出，一套完整的财务模型的基本构成要素如下。

- 预算：包括渠道采买、用户补贴、市场宣传、运营活动等方面所需要的费用。

- DAU 目标：历史用户、新增用户、留存用户等数据目标。

- 赢利目标：品牌类、效果类等的赢利情况。

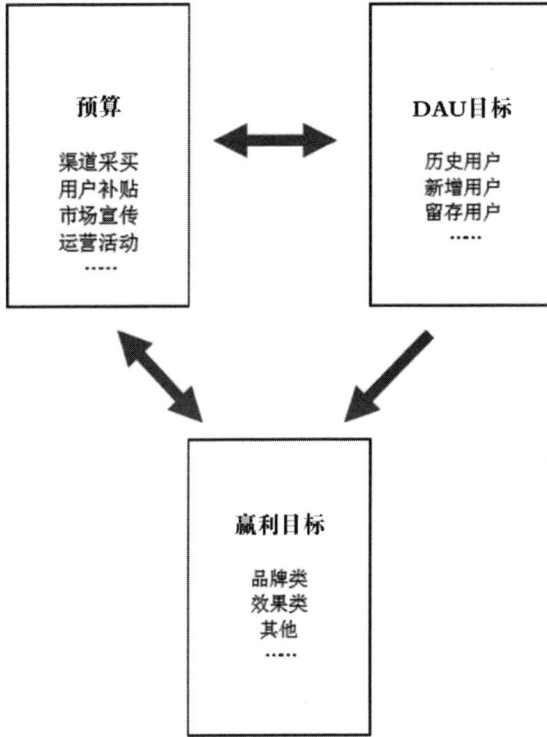

图 4.11　某新闻 App 在广告变现过程中搭建的财务模型

　　这三个要素构成的财务模型也是用户增长策略实施、调整及取舍的先决条件，如果没有这个模型，所有的用户增长方案都是空中楼阁，无法落地执行。

　　除此之外，某新闻 App 还有一套从渠道费用到广告收入模型，如图 4.12 所示。这套模型主要呈现出渠道部、产品运营部及广告部三个重要业务部门之间的分工和配合，并且在 SMART 原则指导下制定各部门的执行 KPI。从流程上看，每个部门的业务独立但又互相关联，共同促进整体目标的完成。

- 渠道部：关注渠道推广费、新增用户和 DAU 三个数据指标。在分渠道大类下核算激活单价和留存率，在实际月份产生的效率指标下，预测未来月份的指标，对新增用户和品牌广告进行业务预计。

- 产品运营部：最核心的数据就是分页面 UV、PV 及总库存，综合考虑 PV、UV 的比值及 Ad load（广告量，推动收入增长的重要因素）。

- 广告部：重点关注品牌曝光和品牌广告，系统广告和第三方 DSP 广告（Demand-Side Platform，需求方平台）组成的总广告，在售卖率和 ECPM（Effective Cost Per Mille，每一千次展示可以获得的广告收入）两项指标的管控下，最终推动收入增长。

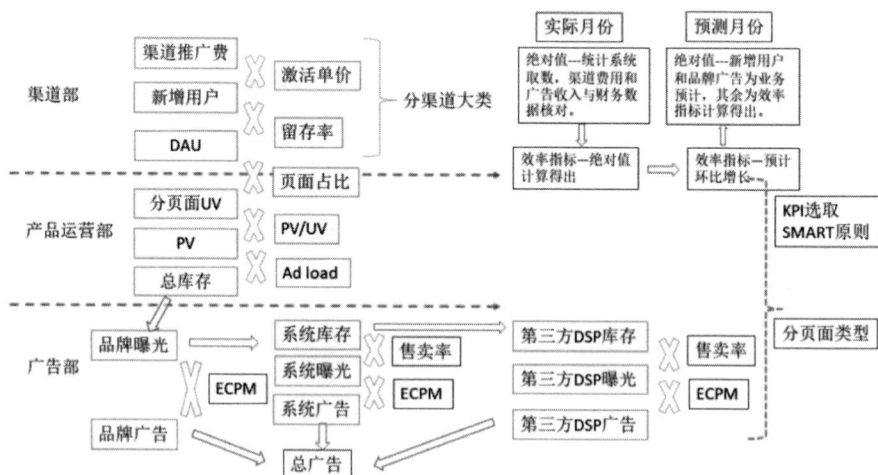

图 4.12　某新闻 App 从渠道费用到广告收入模型

了解了财务模型后，我们再来熟悉两个数据：

- DAU：Daily Active User，即日活跃用户数（下称日活）。

- MAU：Monthly Active User，即月活跃用户数（下称月活）。

二者通常放在一起使用，这两个指标一般用来衡量服务的用户黏性及服务的衰退周期。其中，DAU 决定了产品的生命基础，而 MAU 决定了产品的潜在生命力。如果说 DAU 是战术层面的数据指标，MAU 则是战略层面的数据指标，二者分别从宏观和微观两个维度给营销活动、用户增长提供数据支撑。

通过对手机厂商渠道的数据增长进行统计，我们可以得出一个基本的公式：

DAU = 每日启动应用的独立设备数

= 直接打开 + 推送打开 + 第三方打开的去重设备数（想办法让用户打开）

= 月活用户 / 使用频次（增加频率）

= 当日新增 + 新增 × 留存（N-1）

对于用户增长团队而言，一项非常重要的工作就是提升日活与月活比，通过提升月活用户使用频次来增加日活用户数。

常见的一个困境：在月活是日活数倍的情况下，有足够的新增用户却没足够的产品黏性，导致月活用户使用频次不高。这里建议从以下方面来解决问题。

1. 运营杠杆

调动运营杠杆指的就是用运营的手段来寻求解决方案。可以针对用户黏性数据做出漏斗模型，找出短板，提升月活用户使用频次；也可以为月活用户分黏性等级，从低频用户到高频用户，根据占比制定不同的策略，逐个击破。简单地说，就是先对用户进行画像，再根据现状制定相应的运营策略。

比如，可以通过对比试验挑选用户量占比最高的低频用户，用打电话、问卷等形式收集用户信息，推举为种子用户，为其量身定制活动，如月度签卡大礼包、月度分享 TOP 好礼、社群创意维护等。如图 4.13 所示，某移动应用对用户进行分级后对各个级别的用户实施不同的优化策略，产生了显著的运营效果。

2. 拉活手段

除用户主动打开 App 外，针对老用户及沉睡用户，还可以利用一些手段来进行刺激：Push、短信、进程互保、第三方拉活、邮件、电话等。

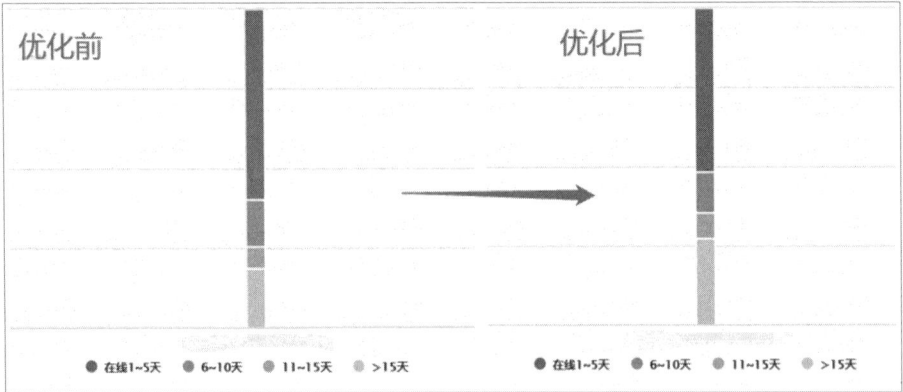

图 4.13　通过运营杠杆进行用户优化

在拉活效率上，Push 的影响范围在 30%～50%，第三方拉活在 10%～20%，短信之类的在 5% 以内。所以提升 Push 到达率、点击率是最好的手段，第三方拉活作为有效的补充也是不可小觑的手段。

针对 Push，提升到达能力是最重要的。单就手机厂商渠道而言，市面上各大手机厂商基本都有自己的 Push-SDK，免费的时候一定要趁早接入，对于 Push 到达能力的提升效果显著，特别是华为、小米。另外如果有能力开发，自家有技术是最好的，但需要根据系统、机型等做好不断更新的准备。自家没能力的，市面上不乏做 Push 的渠道，接入几家比对效果也是不错的选择。如图 4.14 所示，某移动 App 接入第三方 Push 服务，日均推送到达人数有了质的飞跃。

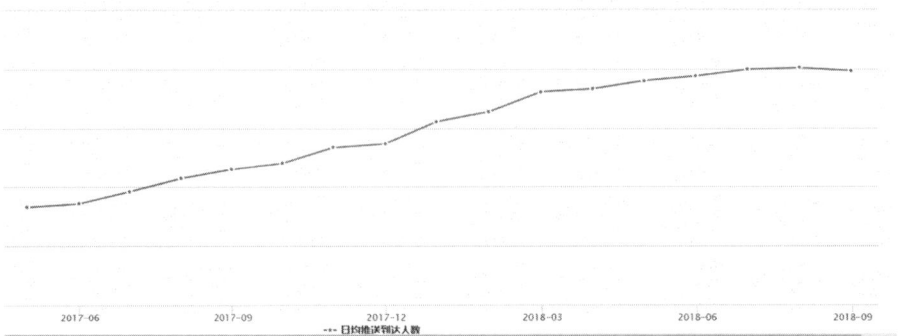

图 4.14　某移动 App 接入第三方 Push 服务后，推送到达人数有了质的飞越

针对第三方拉活，还有一个效果显著的手段，利用Deeplink促使用户打开App。

Deeplink 又称深度链接。举个简单的例子，你在大众点评找一家餐厅，点开地址选择导航时，大众点评会直接打开你手机上的地图为你进行导航，这就属于 App 间的 Deeplink 合作。再比如，你在朋友圈点开一条内容，看到某个很感兴趣的商品，点击相关位置后会直接打开你的购物 App 中该商品的购买页，这属于分享页 Deeplink。再有，你如果做过相关推广，对于应用直达这种资源一定不陌生，即你推荐了什么内容，用户下载完会跳到什么内容，这也受益于 Deepink。

所以当你有能力时，可以考虑做付费的第三方拉活，让拥有相同资源的渠道帮你拉活沉默用户或低频用户。市面上一般有几种手段：普拉、API 接口、App 间的进程互保，选对合适的方法你将会迎来数据量的飞跃，如图 4.15 所示。

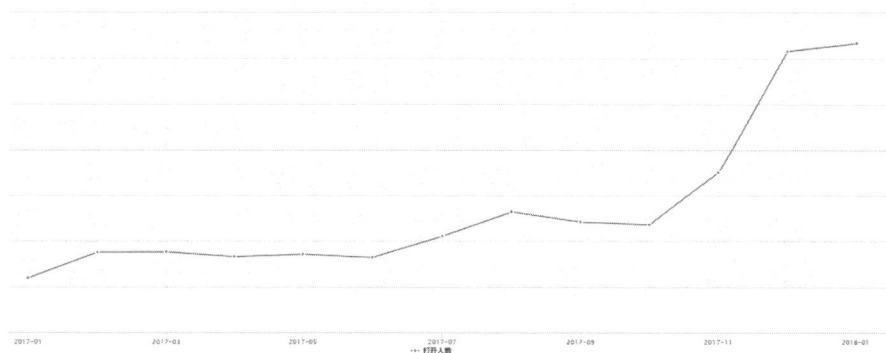

图 4.15　多种手段下的第三方数据拉活效果

3. 两组核心数据的关系理解

在财务模型下，有两组核心数据的关系需要重点理解一下，它们关系到用户增长团队对业务目标和效果的预判，并对执行策略产生影响。

（1）DAU/MAU，即日活与月活比

它代表的是用户黏性，该数值越高，用户黏性就越高，如图 4.16 所示。

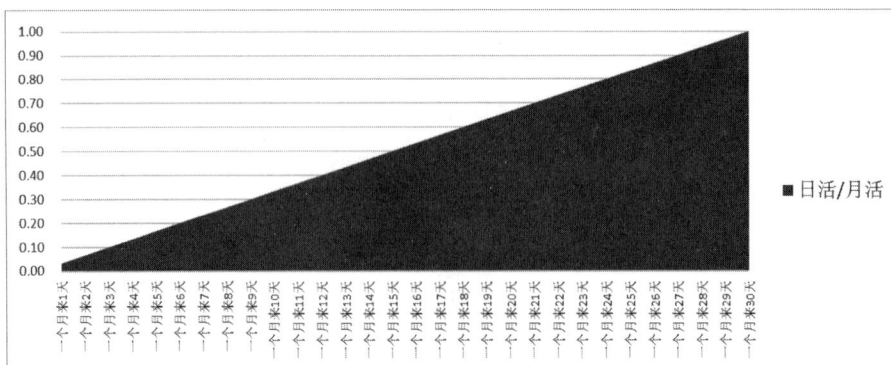

图 4.16　App 黏性走势图

对黏性的简单理解：假设一款 App 的月活用户为 1000 万，单日活跃用户也有 1000 万，说明在这个月用户每天都打开该产品，产品的用户黏性相当高，但这种状况在拥有较大体量的移动应用中基本上是不可能的，新增用户 100%留存的产品恐怕还没有问世。

一般聊天、视频、在线支付、社交、导航、资讯类应用为网民使用较多的应用，聊天、资讯、游戏、社交、炒股类应用有较高的使用频率。对于高频应用，提升日活与月活比尤为重要，但对于一些体量比较有限（增长阶段）的应用，日活与月活数据非常接近反倒不是什么好事情，可能说明这款应用的拉新能力存在问题，当然如果日活和月活数据同时在增长就另当别论了。日活与月活数据差距特别大则暴露了更严重的问题，产品、渠道选择、留存可能存在巨大失误。日活与月活数据差距居中的 App，则有非常大的空间。平衡好日活与月活数据的比例对于 App 的发展尤为重要。

在不同时期，日活与月活比也会呈现不一样的态势。

- 萌芽期：产品上线初期，新增用户占比较多，日活与月活比会相对低。

- 发展期：产品上线一段时间后，用户基数扩大，用户增长率会下降，日活与月活比会慢慢提高。

- 平稳期：产品经过探索迭代，用户黏性有所提高，新增用户数减少，老用户占比提升，这时的日活与月活比会再一次提高。

● 成熟期：产品稳定用户群体足够庞大，新增用户数大幅减少，这时的日活与月活比达到最大，且与用户的使用周期近似相等。

拿时下最火的短视频产品抖音来说，在其萌芽期和发展期，用户增长率随用户体量增长而呈下降走势，如图 4.17 所示。

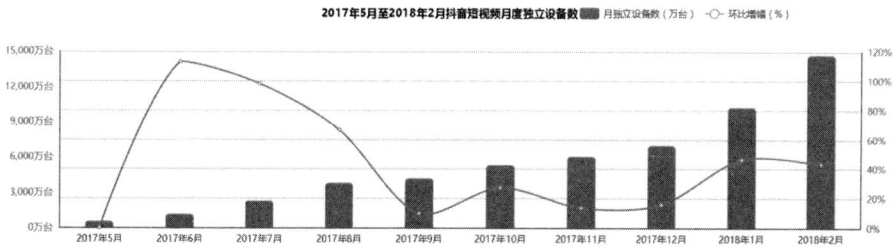

图 4.17　抖音短视频月度独立设备数（数据来自艾瑞指数）

（2）新增与流失的关系

实现真正的增长必须"入"＞"出"，"入"则抓两手，新增和老用户召回，"出"则找漏斗提升留存率。流量示意图如图 4.18 所示。

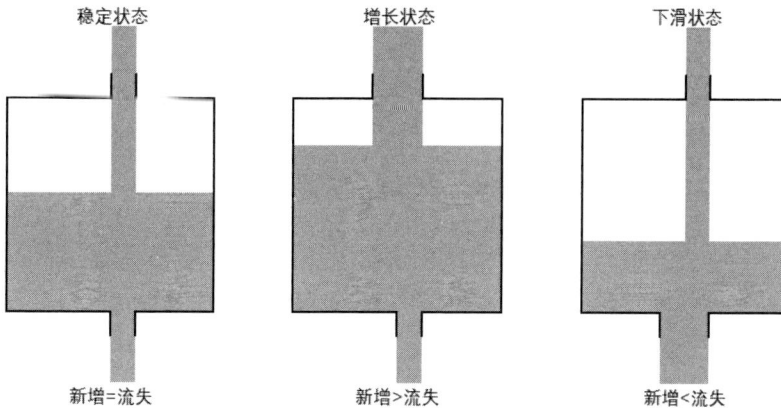

图 4.18　流量示意图

87

若要实现用户增长必须找到影响用户量级的关键点，只有新增用户量大于流失用户量时才能实现真正的增长。老板最关心的是什么？本质还是盈亏，毕竟公司上下都靠他"养活"，各项业务做得如何，前景好坏，最终还是会落到挣钱上，无外乎几种结果：花的钱挣回来了（短期见效），花的钱能挣回来（放长线），还有一个比较难看的局面就是花的钱挣不回来。无论是哪一种结果，都关系到公司的生存和发展。

所以，在了解影响收益的关键因素时要考虑广告变现能力，其次是用户量级，如何高效地利用预算做用户增长为变现做基石才是用户增长部门的首要任务。

如何搭建简单的用户增长模型？你需要了解你的增长手段，依靠采买、用户裂变、品牌影响力、运营活动，还是有个强有力的"爸爸"，确认手段后就要针对手段的具体形式建立财务模型，预测花费和可达到的DAU。

4.2.2　增长模型

在梳理清楚财务模型之后，用户增长策略的制定和实施不再是无根之水，无本之木。有了强有力的"财务爸爸"的支持后，我们就可以着手搭建增长模型了，需要重点关注几组数据。

1. 新增用户量

影响新增用户量的因素主要有预算（多还是少）、成本（高还是低）、质量（各种数据维度把控的程度）、渠道选择（是否能迅速找到目标用户、发现别人不知道的渠道）、渠道流量（渠道的流量大盘情况）、市场情况（手机的出货量、售卖）、统计数据（统计定义、维度）、政策限制（上下架、各种证）、人员能力（商务和运营）、口碑（账期、结算）等。

根据你能做的推广类型预估每种推广手段能带来的新增用户量级，目前较为常见的渠道采买类型有预装、商店渠道、广告联盟（流量平台、中小市场、小联盟）、刷机、地推、积分墙、自然增强、换量等。在这个过程中，需要不断根据数据变化更新迭代你的渠道，将劣质渠道淘汰，保留优质渠道。

举个例子，比如在手机厂商渠道，采购团队需要了解全年的流量构成，合理分配每月新增 KPI，制定单月推广策略，你的脑海里就可能有一个大概的全年流量走势图谱，如图 4.19 所示。

- 2 月、3 月、4 月竞争淡季；

- 5 月、6 月电商抢量期；

- 7 月、8 月暑期流量高峰；

- 9 月、10 月流量淡季，出行类抢量期；

- 11 月、12 月、1 月电商节且年底全产品冲量的属竞争高峰期。

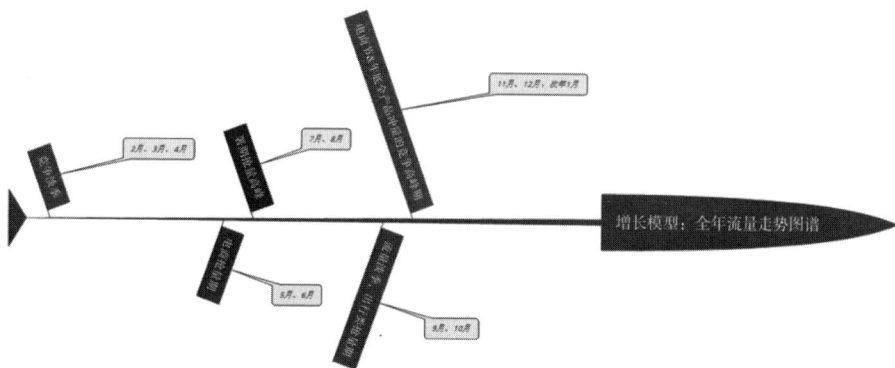

图 4.19　增长模型：全年流量走势图谱

如何在不同时期获取新增用户，保证 DAU 平稳或增长？针对每个月需要制定详细的补充策略，如图 4.20 所示。如果你的假期数据偏差，那么周末做个转盘，做个活动开奖可以有效提升周末数据；在流量淡季适时补充运营活动，将预算分配到最利于 DAU 增长的部分，会比盲目拉新效果好。

2. 用户留存

影响用户留存的主要因素如下。

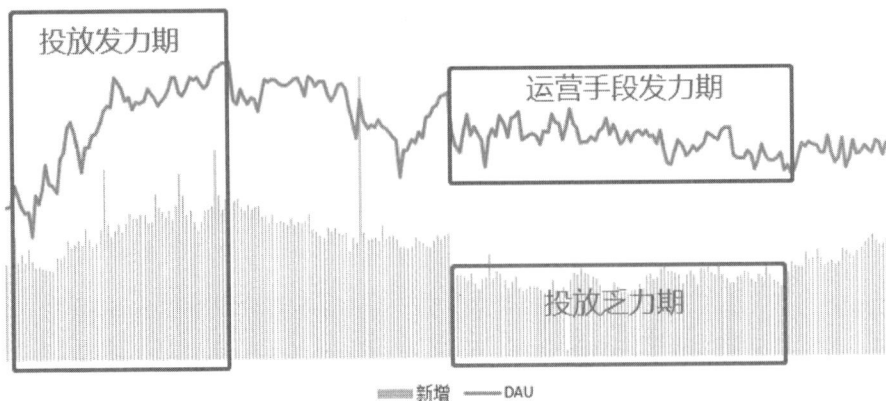

投放发力期

运营手段发力期

投放乏力期

▬新增 ——DAU

图 4.20　针对单月制定补充增长策略

首先是产品定位，该产品属于消遣服务类，还是工具类，对用户来说能不能满足其强需求等。

其次是产品的体验如何，比如内容是否吸引人、算法是否精准、个性化推荐是否准确、产品的交互体验是否友好等。

第三是渠道质量的好坏，比如推广渠道与用户属性是否匹配、推广手段是主动的还是被动的、推广渠道是否存在作弊行为等。

第四是产品的技术能力，这主要反映技术团队的功力，比如产品 Bug 出现频率、迭代速度、Push 能力、拉新拉活手段等。

第五是行业大环境，时下这几乎是关系产品生死的决定性条件，比如政策限制、新潮新兴 App 的问世等。

第六是用户口碑，在社交传播路径越来越短、用户心智日益成熟的时候，应用的评分、App 内外的活动及市场品牌的影响力都将会对用户的去留产生重大影响。

下面通过几个不同渠道的长期留存率曲线来分享一下我们的推广经验，如图 4.21 所示。

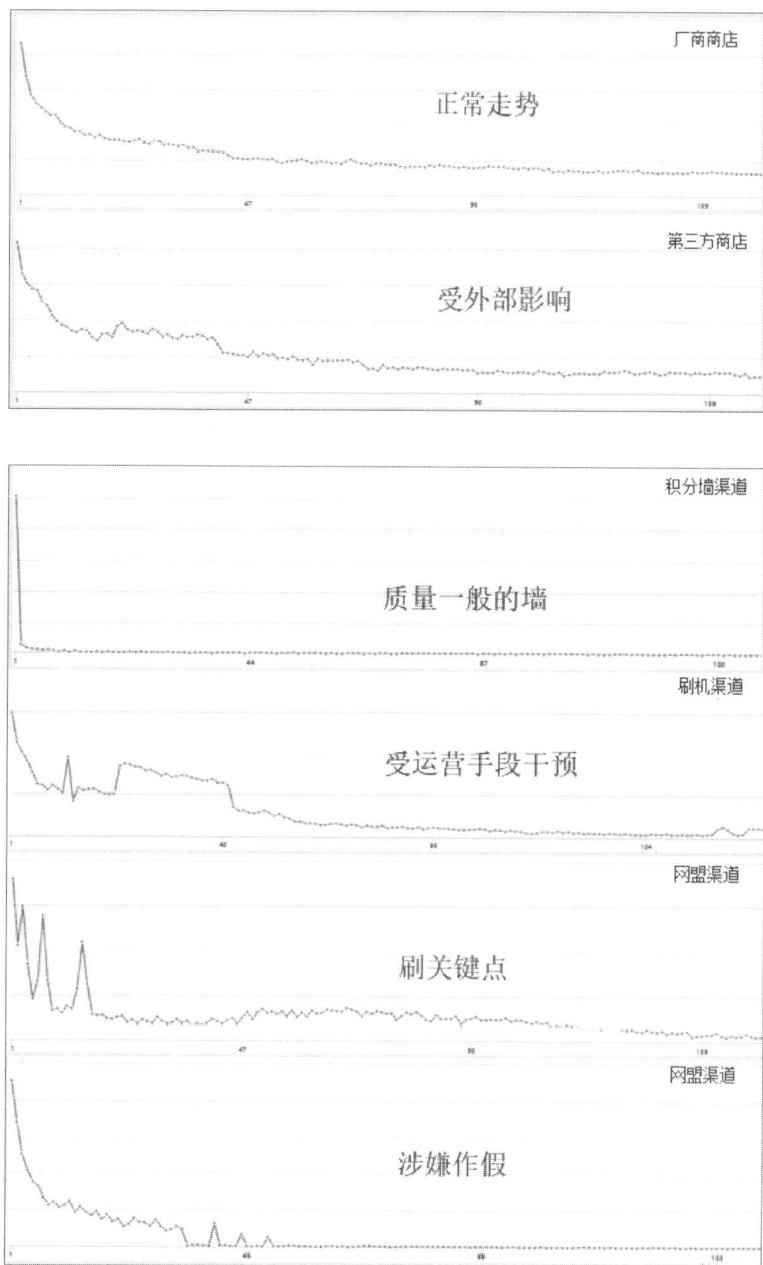

图 4.21　几个不同渠道的长期留存率曲线

我们认为渠道 7 日内的留存率，特别是次日留存率，受产品形态、用户契合度、内容质量、冷启动策略（即产品、技术、内容）影响最大，这个阶段也是留存率波动最大的，找到导致用户流失的原因最重要，因为这个阶段的用户量是最大的，调整也是最容易见成效的。

15 到 30 日甚至更远的留存率则和渠道质量有较大关系，特别是在反作弊层面上，已经留存下来的用户如果突然出现异常则比较可疑，如在一些关键节点上出现波峰、在某个时间点后用户全部消失。当然积分墙、运营手段干预、拉活、产品技术 Bug 等造成的可预期效果需排除在外。

那么，我们如何判断新增用户和历史用户的留存率？提供两个思路：

- 新增用户的留存率：根据可参考的已知数据预估每种类型渠道的留存率，根据函数推算新增用户的留存率。

- 历史用户的留存率：根据实际历史用户计算留存率，可根据留存率走势预估未来留存的用户数。

3. 预算

可以理解为增长预算，影响费用的主要因素有新增量级、CPA 成本、留存率，这 3 个因素组合起来可影响最终预算和目标，若 DAU 需求高，预算少，可以想办法降低采买成本，提升新增用户留存率。

理解了以上概念，大家可以更好地搭建增长模型。我们从某新闻 App 增长模型中简单截取了两个数据统计表，可以更直观地了解这些数据如何支撑增长模型，如图 4.22 和图 4.23 所示。

指标	天数	31.00	28.00	31.00	30.00	31.00	30.00	31.00	总计	日均
	渠道类型	2018-1	2018-2	2018-3	2018-4	2018-5	2018-6	……		
日均新增KPI（个）	XX类渠道	预估数	预估数	预估数	预估数	预估数	预估数	预估数		
日均新增实际（万）	XX类渠道	实际数	实际数	实际数	实际数	实际数	实际数	预估数		
DAU均值预计(万)	XX类渠道	实际数	实际数	实际数	实际数	实际数	实际数	预估数		
激活价格(元/个)	XX类渠道	实际数	实际数	实际数	实际数	实际数	实际数	预估数		
流量推广费(万元)	XX类渠道	实际数	实际数	实际数	实际数	实际数	实际数	预估数		

图 4.22　增长模型展示

A、预期新增用户:根据预算和目标假定的新增用户数。
B、实际新增用户量:实际获得的新增用户数。
C、预测未来新增留存:在给定的新增和留存率数组中,将数组间对应的元素相乘,并返回乘积之和。C=SUMPRODUCT(A1:A548,$H1:$H548)
D、实际548天新增的留存数:假定用户18个月更换一次手机,在此实际范围内总新增的留存用户数。
E、544天以前用户的留存数:未更换手机的历史新增留存用户。E=G·D
F、预测DAU:预测DAU数据。F=C+D+E
G、实际DAU:系统实际数据
H、预估未来新增留存率曲线,根据已知留存率预测未来留存率共548天,计算方式幂函数。y=xα(α为有理数)的函数,即以幂函数为自变量、幂为因变量、指数为常数的函数称为幂函数

日期	月份	新增用户	未来新增(留存用)	预期新增用户	预测未来新增的留存数	实际548天新增的留存数	548天以前用户的留存数	预测DAU	实际DAU	预估未来新增留存率
年月日	月	B		A		D	E	G	G	
年月日	月	B		A		D	E	G	G	
年月日	月	B		A		D	E	G	G	
年月日	月	B		A		D	E	G	G	
年月日	月	B		A		D	E	G	G	
年月日	月	B		A		D	E	G	G	
年月日	月	B		A		D	E	G	G	
年月日	月	B		A		D	E	G	G	
年月日	月	B		A		D	E	G	G	
年月日	月	A	A	A	C	D	E	F		H
年月日	月	A	A	A	C	D	E	F		H
年月日	月	A	A	A	C	D	E	F		H
年月日	月	A	A	A	C	D	E	F		H
年月日	月	A	A	A	C	D	E	F		H
年月日	月	A	A	A	C	D	E	F		H
年月日	月	A	A	A	C	D	E	F		H
年月日	月	A	A	A	C	D	E	F		H
年月日	月	A	A	A	C	D	E	F		H

图 4.23　增长模型明细

需要注意的是,在实际工作中,财务模型和增长模型在相关环节与实际数据很可能存在偏差,这可能会影响增长效果。为了更合理地做投放预估,用户增长团队需要考虑以下几个原因:

(1)预测的新增量是否有偏差?如果产生偏差,可以从渠道推广策略(新渠道拓展情况、停复投情况、预装变化、渠道的变化)、市场环境(竞争情况、市场保有量、政策)、媒体(自身流量升降、转化率高低、行业政策、变现改革)大事件、运营活动效果、数据统计方式等入手,分析偏差出现在哪个环节。

(2)预测的新增成本是否有偏差?导致新增成本出现偏差的原因可能是渠道构成、优化能力(CTR、转化率)、市场竞争等。

(3)预测的留存率是否有偏差?导致偏差的原因可能是渠道的质量、拉活手段、Push 打开率、内容、推荐算法、冷启动、口碑等。

(4)预测的推广花费是否有偏差?导致偏差的原因包含新增量级增减、成本控制、政策变化、市场环境、推广策略等。

(5)预测的 DAU 是否有偏差?导致偏差的原因可能是渠道推广新增用户问

题（量级、质量）、历史用户流失（内容质量、推荐精准度、换机、其他产品、产品体验）、大事件、拉活手段影响（运营活动、进程互保、第三方拉活、Push打开率）等。

4.2.3　数据波动分析的参考数据项

一款移动应用出现平稳的数据波动是极为正常的现象，它能反映出平台的实际运行状态。但数据出现大涨或者大跌时，用户增长团队就需要提高警惕，认真分析是不是哪个环节出现了问题，需要进行策略修补或者调整。在这个过程中，我们可以借助以下参考数据项进行预判。

1. 找问题人群——端龄

端龄：从首次下载使用客户端开始，按自然日计算用户的客户端使用日期，统计的不是累积活跃天数，而是激活的时间。用于分析 DAU 用户时间的构成，分析不同平台的用户黏性（如图 4.24 所示），针对用户特点对产品或渠道进行调整。

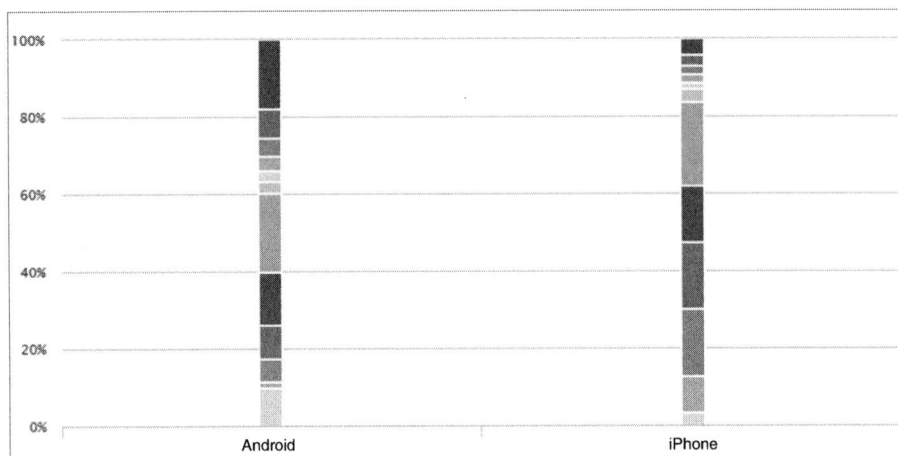

图 4.24　不同平台的用户黏性分析图

端龄构成走势图：用来源时间对用户进行划分，通过走势图可以很清晰地看出影响每日数据的是哪部分用户，是渠道推广的问题还是产品体验的问题，还是内容质量问题。可找到波动最大的部分用户提取出来进行专项分析。

如图 4.25 所示，此用户端龄构成走势图基于某新闻客户端相关数据整理，真实数据已做处理，在此作为原理演示图。在这个图中，横坐标为时间轴，纵坐标为 DAU 数据，数据内容为根据用户新增时间计算的 DAU 分布情况（统计的时间维度可根据自身 App 实际情况确定，如当日新增、2~7 日新增、8~30 天新增、31~90 天，90 天以上新增等），将每日 DAU 数据精细化拆分，每个时间维度都必须互相独立，每段数据选择时均需反映 App 实际状态，如 App 是黏性较高的产品，可根据留存波动状态或构成量级进行拆分，分段跟踪，以便快速定位影响 App DAU 起伏的原因。

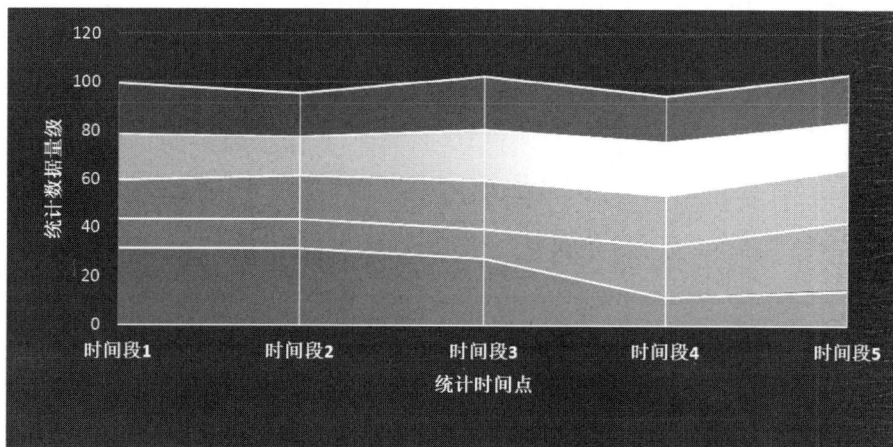

图 4.25　用户端龄构成走势图

2. 找问题位置

可能涉及内容/算法（曝光、点击 CTR 数据、用户反馈）、Push 能力（到达率、打开率、各厂商 SDK 情况、手机厂商 Push 政策等）、活动运营（用户参与度、活动效果反馈、用户评论、社交传播、羊毛党、作弊刷量等）、用户新增（新增量级、质量、渠道构成、应用商店评论等）、用户留存（流失节点、产品体验、市场口碑、被动刷量等）。

这也是对增长模型构成元素的综合分析，可以从数据层面有针对性地找到数据波动的原因。

4.2.4　数据报表

数据分析虽然只是简单的四个字，但用数字来具化时，就变得纷繁复杂。数据分析人员或者产品运营经理想快速有效地从海量数据中筛选出有用的信息，就需要用到数据工具，其中数据报表是必不可少的强大存在。特别是对理性产品，即便出现问题，也是目标稳定而且容易量化的，从数据报表里就能找到有效的优化手段。

我们以门户网站的数据统计后台为例，择选统计后台、渠道后台和商业后台三个模块来向大家揭示数据报表在用户增长工作中的重要作用。

- 数据后台：用于该门户网站内部数据监控和分析，包含各个业务线的详细数据展示，包括但不限于内容、推送、产品、渠道等精细化、定制化、日常化的数据计算支撑，主要用于内部数据分析。

- 渠道后台：用于渠道推广，主要做预算监控、成本核算、配返的记录、外部查看数据、生成结算等，可自由分配角色和渠道权限，主要用于外部渠道数据交流，包括以下功能。

创建新用户功能，首先确认好角色权限，然后根据用户情况进行角色分配，如图 4.26 所示。

数据查询功能，对于采买类渠道来说可以在很大程度上提高返回数

图 4.26　渠道后台的创建新用户功能

据的效率，同时减小出错率，如图 4.27 所示。

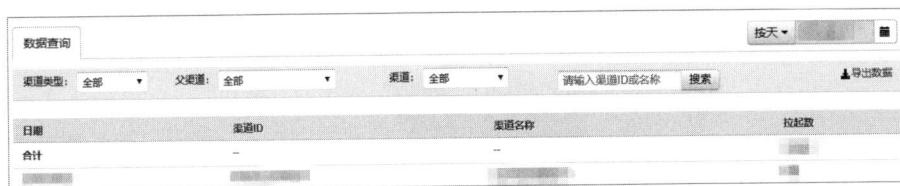

图 4.27　渠道后台的数据查询功能

　　结算功能，减少人工制作单据的时间，系统化生成，提高效率，保证精准，同时还可以得到反复验证，明确制单责任人，方便各方查询数据结果，如图 4.28 所示。

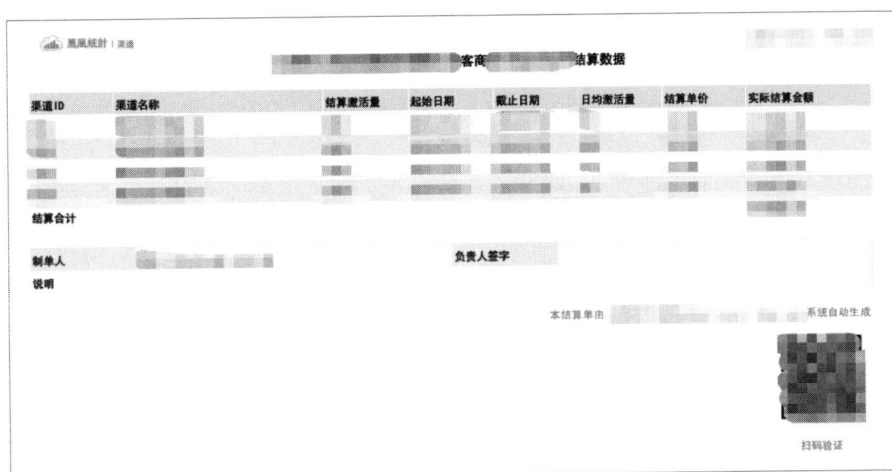

图 4.28　渠道后台的结算功能

　　渠道花费统计功能，可以像知晓激活数据一样，随时掌握花费、成本、转化率等数据情况，可以随时根据指标情况进行调控，如图 4.29 所示。

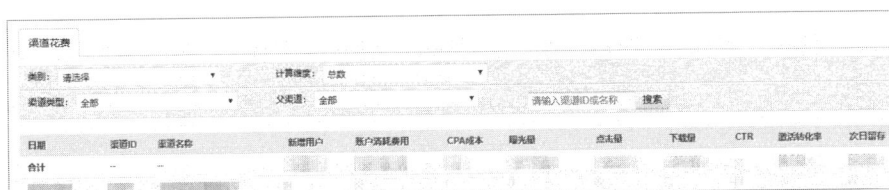

图 4.29　渠道花费统计功能

- 商业后台：供广告与推广部门使用，主要用于预测收益、记录预算花费、分析推广效果、计算 ROI。一般商业后台比较私密，示例如图 4.30 所示。

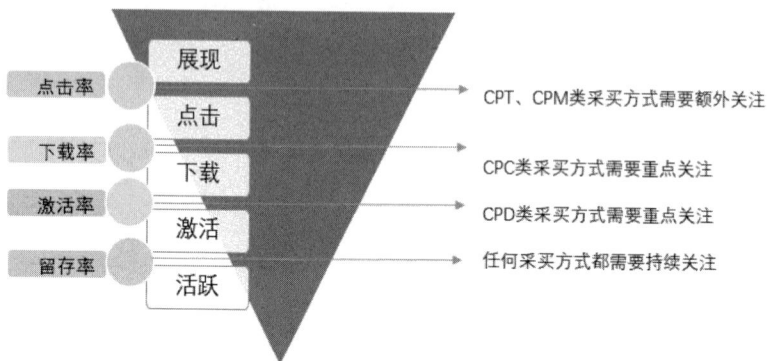

图 4.30　商业后台数据表示例

在上述后台里，有几组数据报表是在日常工作中经常用到的。

- 基础报表：用于汇总每日渠道投放情况，对渠道成本、转化率做监控，举例如下。

新增数据类：用于获取每日基础数据情况，分析波动原因，定位影响因素，如图 4.31 所示。

图 4.31　新增数据类报表示例

成本数据类：用于日常渠道管理，获取推广数据情况，判断各项数据指标是否正常，主要针对预算、成本、转化率等，如图 4.32 所示。

产品名称	日期	新增用户	推广费用	CPA成本	曝光量	下载量	CTR	激活转化率	增量	增量成本
渠道A										
	环比	%	%	%	%	%	%	%	%	%
渠道B										
	环比	%	%	%	%	%	%	%	%	%
总计										
	环比	%	%	%	%	%	%	%	%	%

图 4.32　成本数据类报表示例

内容数据类：可准确了解用户阅读行为，根据数据指标判断对外推广内容，提供素材来源，如图 4.33 所示。

转化率top排行

日期	文章id	标题	曝光EV	阅读PV	转化率	平均阅读率	分享次数	收藏次数	评论次数	分享地址

图 4.33　内容数据类报表示例

- 监测报表：用于对用户量进行监测，针对突发数据波动做预警，举例如下。

数据监测：根据设定的渠道留存情况进行阈值设置，在数据超出设置值时进行警报，如图 4.34 所示。

留存数据异常预警表

渠道	渠道号	渠道大类	差值(单位：%)

异常渠道：满足异常设定值后汇总提醒

渠道号	渠道名称	渠道类型	新增人数	人均打开次数	有时长人数	人均PV	人均单次使用时长

渠道新增异常数据

日期	渠道ID	渠道名称	当日新增	前五日日均新增	渠道类别

图 4.34　数据监测报表示例

市场监控：针对推广市场的数据监控，包括位置、排名、评论等，用于了解竞品及其他优秀产品的市场动态，如图 4.35 所示。

应用市场	xx商店							
APP推广	自身产品	其他产品	其他产品	其他产品	其他产品	其他产品	其他产品	其他产品
首页排名								
分类排名								
星级								
评论数								

图 4.35　市场监控报表示例

产品评论监控：针对用户在评论区的反馈做收集、回复和维护，特别是在发版后，用户的一手评论是最好的产品测试，同时也是用户运营的重要手段，如图 4.36 所示。

各主要市场评论汇总 (0828 - 0903)							
渠道	产品	评分	版本	评论类型	评论内容	数量	备注
渠道名称	产品名称						
	产品名称						
	产品名称						
	产品名称						

图 4.36　产品评论监控报表示例

盗版监控：主要目的是维护品牌利益，打击盗版，如图 4.37 所示。

盗版监测			
市场名称	应用名	所属公司	内容截图

图 4.37　盗版监控报表示例

- 汇报类报表：如渠道总结等用于汇报的报表，举例如下。

XX 渠道总结：一句话描述重点，加以下 4 项内容和数据情况，如图 4.38 所示。

① 具体投放策略情况：数据对比情况描述，挑重点，一目了然的不用写。

② 市场、媒体、竞品动向。

③ 顶级（Top）素材和点击率情况。

④ 下一步计划。

xx渠道数据情况										
投放时间	日均曝光量	日均下载量	下载CTR	日均新增	激活转化率	日均费用	CPA成本	ECPM	增量成本	次日留存率	留存成本
本周										
上周										
环比	%	%	%	%	%	%	%	%	%	%

图 4.38　渠道数据报表示例

预算报表：用于辅助制定推广策略，分配预算，制定 KPI，如图 4.39 所示。

总预算																	
消耗进度																	
时间进度																	
目标激活																	
目标成本																	
渠道分类	具体分类	渠道名称	渠道号	总消耗	日预算	下载成本	下载量	激活转化率	激活量	cpa成本	上月30日留存	上月30日留存成本	已消耗	消耗完成度	日均消耗	预计日消	剩余日消	合计
线上推广	1																
	2																
	3																

图 4.39　预算报表示例

渠道记录表：用于记录渠道推广情况，包括过审、结算情况、合作状态等，如图 4.40 所示。

渠道名称	渠道号	合作方	开始测试时间	报备位置	停推时间	结算情况	合作状态

图 4.40　渠道记录表示例

这是一个庞大的数据系统，对于成熟的公司来说，会选择自己搭建，把数据控制权掌握在自己手里。一些实力不足的公司或者创业公司，也可以把这部分需求交给第三方公司来完成。但无论是哪一种，数据驱动用户增长已经成为当下越来越重要的能力。

4.3　以 AARRR 模型为切入点，各项业务的关键数据指标

本书的开篇我们从概念层面简单讲解了 AARRR 漏斗模型，它囊括了用户增

长涉及的各个环节。对于用户增长团队而言，围绕各项业务的关键数据指标开展工作，才能达到事半功倍的效果。下面我们便以该模型为切入点，了解各阶段需要重点关注的数据指标。

4.3.1　用户获取阶段的数据指标

在这个阶段，我们通过对行业获取用户常用套路、竞品的优劣势分析及用户流量采买上的不同策略的对比，可以看出影响用户获取的关键因素有：统计埋点、渠道归因、数据异常报警（数据崩溃、统计无数据、异常涨跌、"串"包等）。可以通过涨跌趋势、转化漏斗、渠道、样本对比及新用户质量趋势等数据进行分析，为用户获取提供数据支撑。

对于用户增长团队的投放组而言，渠道选择至关重要。通常可以简单地分为"免费"渠道、付费渠道，有几个数据也需要注意。

1．"免费"渠道

这里的"免费"渠道并不是传统意义上不需要花钱的渠道，是指不直接付费的渠道，包括内部资源（内部产品矩阵的免费入口、广告余量）、分享页入口、社交渠道入口（常见的如微博、微信）、对外换量、应用商店优化等。不要小看这些渠道，暂无投放预算的初代产品，在早期做用户增长或冷启动时，种子用户的获取大都来源于此。

"免费"渠道的数据波动也会很明显，渠道位置的高低、投放素材的好坏、渠道包是否有错及统计埋点是否合理等关键要素，都会影响位置和素材的转化率、日常数据、事件数据和活动数据。这些数据也是运营人员判断是否值得在自己产品售卖的广告位上投放广告的依据。

2．付费渠道——直接付费渠道

对比"免费"渠道，这个渠道需要直接付费。付费渠道有很多门类，这里重点介绍 CPA 渠道，即网盟渠道。众所周知，网盟最是鱼龙混杂，积分墙、锁屏、静默安装、Push、插屏、市场推荐位等不一而足（如图 4.41 所示），而且越是质量好的渠道，数据量越少。一般情况下，激活一个用户费用为 1.5 元到 2 元，注册一个用户费用为 3 元到 5 元。寻找这些渠道的方法大同小异，关键在于如何择优选用。

推广来源	推广形式
SDK	Push
App	广告弹窗
小市场/商店	Banner位
下载站	浮层
WAP 资源	推荐位
H5 资源	预装
PC 助手	
系统类	

图 4.41　网盟渠道推广来源和推广方式

一般情况下，渠道投放可自行操作，也可以选择代理商进行投放。如果选择代理商，则需要与代理商及时同步投放的需求，像产品特征、预算分配情况、现阶段投放重点等。

相应地，代理商通常会将投放数据以表格形式反馈给投放需求方，各商店投放模块差异较大，举例如下。

（1）厂商渠道，多以下载量数据为统计依据，如图 4.42 所示。

投放产品	投放位置——A					投放位置——B					投放位置——C					合计				
投放日期	曝光量	下载量	下载率	消费金额	下载单价	曝光量	下载量	下载率	消费金额	下载单价	曝光量	下载量	下载量	消费金额	下载单价	曝光量	下载量	下载率	消费金额	下载单价
2018/10/19																				
2018/10/20																				
2018/10/21																				
2018/10/22																				
2018/10/23																				
2018/10/24																				
2018/10/25																				
2018/10/26																				
2018/10/27																				
2018/10/28																				
2018/10/29																				
2018/10/30																				
2018/10/31																				
2018/11/1																				
2018/11/2																				
2018/11/3																				
2018/11/4																				
2018/11/5																				
2018/11/6																				

图 4.42　厂商渠道数据统计表

投放产品 日报-分日报告							
日期	星期	推广位	曝光量（次）	推广下载（次）	转化率（%）	消费（元）	平均下载价格（元）
2018/8/1	星期三						
2018/8/2	星期四						
2018/8/3	星期五						
2018/8/4	星期六						
2018/8/5	星期日						
2018/8/6	星期一						
2018/8/7	星期二						
2018/8/8	星期三						
2018/8/9	星期四						
2018/8/10	星期五						
2018/8/11	星期六						
2018/8/12	星期日						

图 4.42　厂商渠道数据统计表（续）

（2）第三方和信息流渠道，多以下载量数据为统计依据，如图 4.43 所示。

投放产品	投放媒体	日期	曝光	点击	账面消耗	点击均价
		2018/8/10				
		2018/8/11				
		2018/8/12				
		2018/8/13				
		2018/8/14				
		2018/8/15				
		2018/8/16				
		2018/8/17				
		2018/8/18				
		2018/8/19				
		2018/8/20				
		2018/8/21				
		2018/8/22				

投放日期	投放产品——包名	展示数	点击数	点击率(%)	平均点击单价(元)	平均千次展现费用(元)	总花费(元)
7月4日							
7月5日							
7月6日							
7月7日							
7月8日							
7月9日							
7月10日							
7月11日							
7月12日							
7月13日							
7月14日							
7月15日							
7月16日							
7月16日							
7月17日							

图 4.43　第三方和信息流渠道数据统计表

在投放持续一段时间之后，需求方也需将后端转化数据及时同步给代理商，以便代理商对投放账户进行投放策略调整，举例如图 4.44 所示。

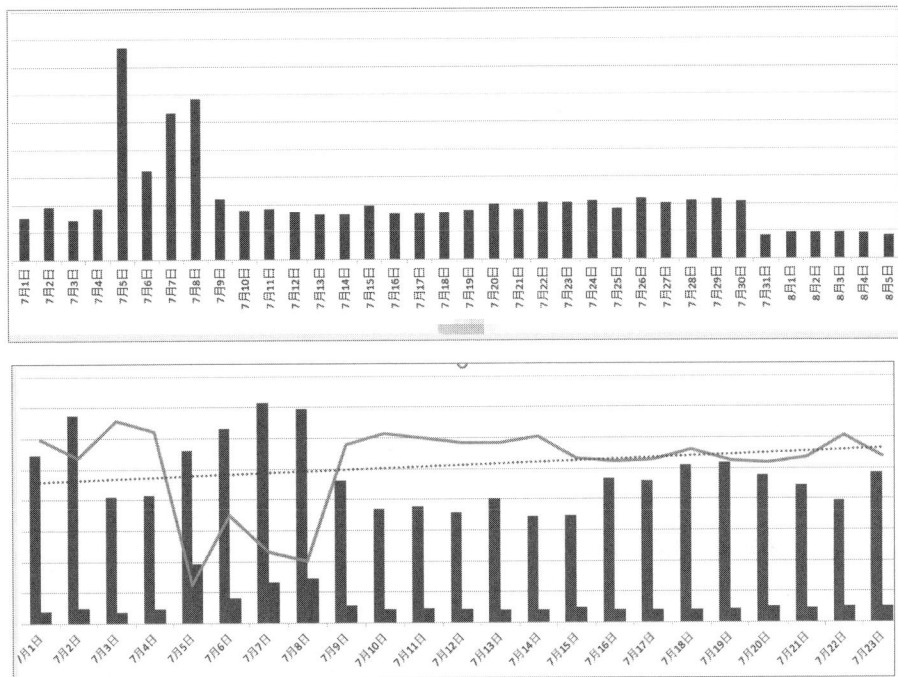

图 4.44　后端转化数据统计

4.3.2　提高活跃度阶段的数据指标

提高用户活跃度可以从 Push、短信、第三方渠道、运营商和冷启动 5 个方面入手，每个方面都有几组关键数据需要重点关注。我们根据某新闻 App 的日常实践，给大家提供一个参考，如表 4.1 所示。

表 4.1　某新闻 App 的日常实践

可用手段	关键数据指标
Push	用户集、转化率、文案、时机、频率、Push 系统开关、Push 软件开关、Push 到达率、各厂商 Push 政策
短信	用户集（自有）、用户集（第三方数据）、转化率、文案、时机、频率、短信通道、投诉率等
第三方渠道	SDK、个推（可以找个推要些数据）、信息流、App 联盟（关注数据指标：素材、文案、转化率、渠道筛选、渠道优化等）

105

续表

可用手段	关键数据指标
运营商	标签筛选、素材、文案、转化率、渠道优化等
冷启动	目标用户群、种子用户转化率

4.3.3 提高留存阶段的数据指标

渠道运营每天要做的第一件事就是看数据，无论涨跌都是一件令人头疼的事情。涨，要分析来源以便复制成功经验；跌，要分析原因找到方法避免。撇开市场需求、产品能力、推荐能力、内容质量，渠道运营最应该关注哪些数据？找到关键的北极星指标是用户增长的关键。

如图 4.45 所示为影响用户质量和留存率的因素，我们可以得出一个从渠道运营角度提升留存率的通用方法。

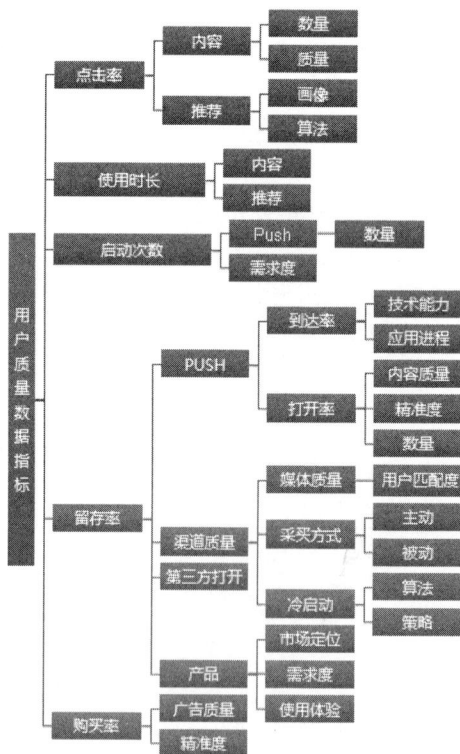

图 4.45 影响用户质量和留存率的因素

1. 从来源上提升：一开始便选择质量相对好的渠道

（1）明确目标用户，找到属性相匹配的渠道。

（2）明确推广形式，主动>被动，搜索>推荐。

（3）明确推广指标，留存率、成本、ROI。

2. 获取后提升：找到影响留存率的指标，逐个击破

（1）提升产品能力，在创新中求生。

（2）提升内容能力，解决核心黏性问题。

（3）提升推荐能力，满足用户需求。

（4）提升采买能力，严格控制质量。

（5）提升冷启动能力，抓住"啊哈时刻"。

（6）提升运营能力，运营用户是一门学问。

（7）提升外部能力，进程互保、第三方拉活必不可少。

（8）提升活动能力，增强用户的参与感。

4.3.4 增加收入阶段的数据指标

关于收入，大家最熟悉的指标就是 ARPU（平均每用户收入），它关注的是一个时间段内从单个用户所得到的收入。按常规逻辑，ARPU 值高，利润高。实际并非如此，特别是在移动应用的用户增长业务中，因为还要考虑用户获取成本，如果用户获取成本高，那么即使 ARPU 值很高，利润也未必高。

这时候，更关键的一个数据指标就是 ROI，即投资回报率。这个数据也是财务部门考虑预算的决定性数据。ROI 为正，表明业务健康，用户增长团队的工作富有成效，可以沿着现有策略继续推行，公司层面也愿意进行更大的投入推动业务发展。ROI 为负，则是用户增长团队的一道坎，不仅意味着现有工作需要重新梳理，而且财务投入也会相应缩减。

4.3.5　传播推荐阶段的数据指标

基于社交关系的自我传播，分享是其中的一项重要数据指标，一定不能忽略，它的重要性主要体现在几个方面：

（1）判断用户的喜好，对用户画像进行补充。

（2）是测算用户黏性的重要数据指标。

（3）判定内容质量。

（4）是打造 App 生态闭环的必要途径。

（5）提升品牌曝光效率。

（6）增强产品社交功能的重要手段。

（7）增强变现能力。

可以说，做好分享功能有百利而无一害。用户增长团队一般也会通过分享率、分享回流、分享统计埋点等数据的统计，来制定产品设计方案和传播策略。其中，分享页在拉新和拉活上一定是起至关重要作用的，做好分享页也是用户增长团队的重要课题。比如，我们曾通过修改下载方式，增加导流位置，来进行分享页的优化，效果如图 4.46 所示。

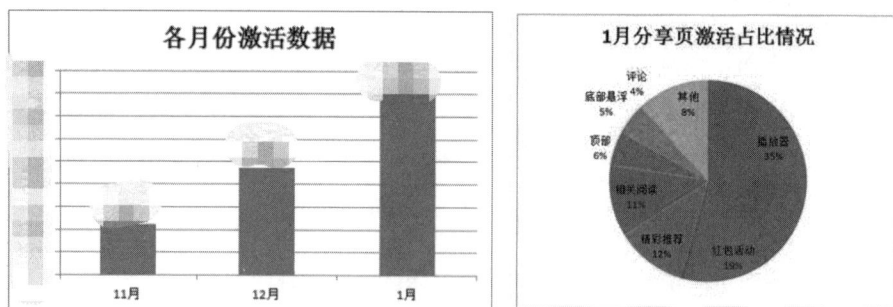

图 4.46　分享页优化效果

我们的方案如图 4.47 所示，方案准备完毕后，数据分析是一个非常烦琐的阶段，也是最关键的阶段。如何找到转化漏斗，在各项令人眼花缭乱的数据中发现蛛丝马迹，找到增长的关键点尤为重要。从图 4.48 中可以看出，分享内容中文章的占比最高，点击量最大，但是在转化时视频播放器的转化量最大，那么是否可以提升一下视频类内容的推荐占比，鼓励端内用户多分享视频以更大程度地提高新增量呢？于是增量的分析维度从小到大，再从大到精细，分享页的导流终于迎来了春天，我们也完成了不可能完成的增长任务。

第一期：
需至少满足以下条件中的3个条件
1、评论数过万（用户参与度高，话题够热门）
2、客户端首页推荐过的内容（经过筛选，内容更优质）
3、实时点击数据排名前10位的（当天热门内容的点击数据较好）
4、视频抓取凤凰卫视栏目（吸引喜欢凤凰卫视内容的用户）
5、包含一条相关内容（和分享页呈现相关性）
6、百度搜索指数排名前5位
7、发布时间在2天以内（保持时效性）
8、微博热门话题实时热搜榜单内的

第二期：
算法推荐后的内容可运营，市场相关维护同事根据推荐结果可修改头图及优化标题

图 4.47　我们的方案

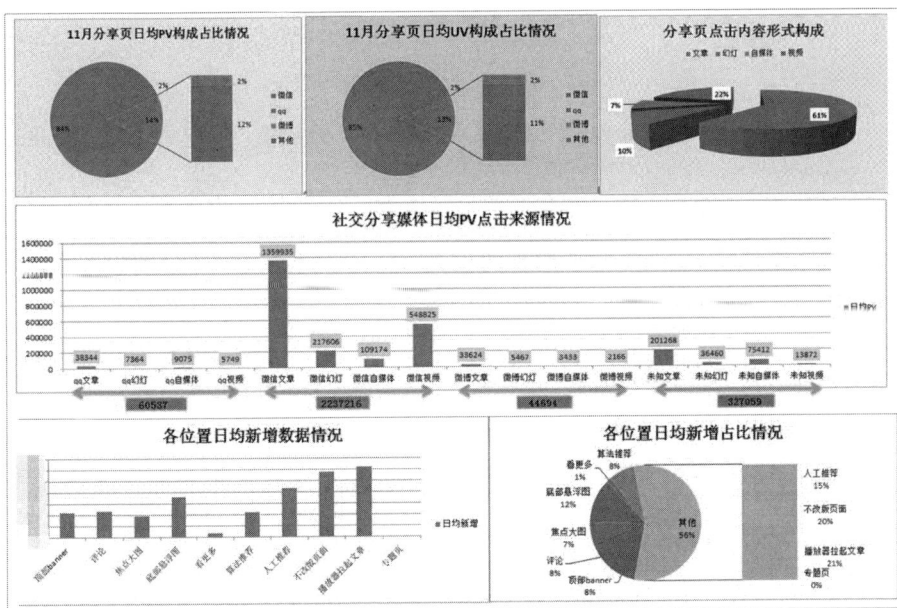

图 4.48　分享页各项数据统计

4.4 iOS 渠道用户增长关注的数据指标

4.4.1 App Store 的流量数据

1. 搜索

App Store 的流量基于各个产品的属性不同及可能存在其他曝光位而有所不同，但是根据苹果官方报告及多数产品的开发者后台显示，其主要流量还是搜索，如图 4.49 所示。

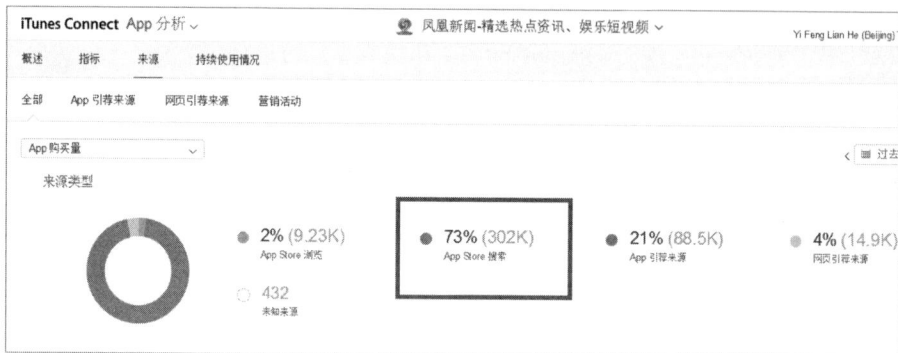

图 4.49 来自 App Store 开发者后台的数据

影响搜索带量的是产品在关键词下的搜索排名，所以这里的核心工作就是增加关键词覆盖和提高关键词的搜索排名。对于关键词的覆盖有怎样的策略呢？分为三阶段。

- **第一阶段**：一般对新产品来说，一个产品在上线时所有关键词的权重都比较低，可以优先覆盖核心词，将核心关键词前置，并加上分割符（逗号、顿号等）便于苹果搜索算法快速识别。比如电影、视频、影视、频道，4 个双字符的关键词占据 11 个字符。

- **第二阶段**：增加覆盖词，移除分割符。比如电影视频影视频道，4 个双字符的关键词占据 8 个字符。

- **第三阶段**：多词排序去重复字。比如：电影视频道，4 个双字符的关键词占据 5 个字符。

当然上面例子讨论的仅是如何实现双字符的关键词数量优化，从关键词覆盖的算法来看，依然会进一步组合更多字符的关键词，比如电影视频、电影频道、电影影视、影视频道、视频频道、电影影视频道等。如果需要强化"电影"关键词的延伸覆盖，还可以适当增加对"电影"这个词的搜索干预。

下面看一些 QA。

问：关键词覆盖越多越好吗？

答：并不是，可以参考第三方对关键词搜索热度的评估，如果大量关键词覆盖热度都在 5000 以下，甚至都是 4605，那么就需要慎重考虑覆盖。

问：如何提高关键词覆盖量？

答：善用标题、关键词、应用描述、评论。主要是前两个。然后不断观察分析预设关键词的衍生词覆盖量、热度，再在下一个版本中进一步优化。关键词覆盖是一个持续的过程，优化效果也是螺旋上升的，不可能一步到位。分析目前能够覆盖关键词的区域包括中文（简体）、英文（英国）。英文（澳大利亚）目前覆盖有波动，不建议放核心词。

问：迅速提高关键词覆盖的技巧是什么？

答：找行业大词、头部产品名字，放进去可立马见效。但是不建议如此操作。一个资讯产品，不应覆盖电商关键词。关键词搜索代表用户需求，匹配度决定搜索关键词带来的用户留存。除非你只有新增的 KPI，没有留存率和 ROI 的 KPI。

问：如何不花钱来提高关键词的搜索排名？

答：关注关键词的权重，标题>关键词>应用描述>评论，主要考虑前两者。标题的关键词权重最高，但是部分竞品词由于苹果的算法保护，在提交审核时无法通过，如何巧妙过审呢？不得不说中国的汉字文化博大精深。举 3 个例子，×××——最快手机直播软件、×××——有趣头条新闻资讯、×××——带你淘新闻头条，聪明的你在里面发现了几个产品呢？

问：关键词覆盖需要多长时间见效？

答：通过审核发布版本后，关键词会在 6 小时左右开始变动，大致在 48 小时内会趋于稳定，但是随着自然搜索或者人为干预搜索，苹果的关键词算法也会进行相应拓展。

问：为什么一做积分墙/肉刷/机刷，用户留存率等行为指标都下降了？

答：由于 ASO 带来的用户无法精准分拆，所以这部分用户也就落到自然量的统计中。我们说 ASO 做的是人为干预搜索结果展示的过程，那么在没做 ASO 前，搜索结果靠前的关键词主要是品牌词，相应的用户留存率最高！但是 ASO 是做搜索结果的延伸，行业词、竞品词、功能词、热点词等对应的用户都是非直接的产品用户，即产品的"摇摆用户"，这部分用户的行为指标数据要较搜索品牌词的用户低，综合两部分用户的数据后就拉低了做 ASO 前的数据指标。

举个简单的例子，如果自有产品的用户由于对产品有需求或者对品牌有认知，次日留存率是 70%，ASO 带来的用户是多选择用户，次日留存率可能是 40%，再根据两部分用户的量级不同，最后的用户整体次日留存率可能就是 50%，如图 4.50 所示。其他行为指标同理。对于摇摆用户，需要通过运营手段强化用户行为，用户增长可不是单一渠道就能完全胜任的，需要多部门协同。

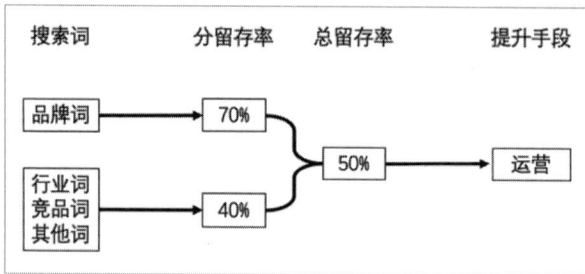

图 4.50　做 ASO 优化后留存率下滑的解释

问：ASO 如何计算增量？

答：由于 iOS 的封闭性，实际带来的增量主要是预估，常见增量预估有以下几种方法。

- ASO 投放前后差值法：根据投放前的增量均值，以及投放后的增量变化，估算增量变化。停投一段时间，等关键词回落后观察增量，再重启投放观察变化。弊端在于若关键词没有及时回落，增量变化难观察出。同时也存在自然量波动的情况。

- 实时新增变化法：观察实时新增变化。技术允许的话可以参考实时新增，统计维度精确到分钟就可以，观察关键词排名上去后的一段时间内实时新增的环比变化。弊端在于多数产品的激活存在延迟情况，所以产品用户量小容易发现增量变化，产品用户量大的话，ASO 效果容易埋没在自然波动中。

- 马甲包测词带量法：马甲包做 ASO 及测试关键词带量情况因不同产品效果不同。小产品准确度较高，大产品波动较大，主要原因是大产品已经有很强的符号标识（产品图标），多数大产品会直接放弃 ASO 获取流量的手段。由于主产品的增量来源多样化，用马甲包的形式相当于把 ASO 优化的效果单独用一个产品来统计。也有产品用马甲包进行机刷测试关键词大致带量数据，然后在主产品上进行 ASO 或者机刷。由于 2018 年年初机刷失效，用马甲包测试关键词带量效果成本太高，因为马甲包的关键词权重较低，把关键词排名优化上去需要更多量级。

- 开发者后台辅助评估法：结合苹果开发者后台的展示、销售、使用数的变化，关注关键词排名上去后，苹果商店的搜索转化率的变化。需要关联多个维度进行数据预估。从更多的维度，可以观察关键词上去后产品的实时增量变化。

2. 榜单

在 iOS 11 之前，存在多个榜单：免费榜、付费榜、畅销榜。由于"排行榜"这个一级入口在 App Store 中处于居中的位置，其曝光量不可小觑，是当时各家必争的流量之地。

在 iOS 11 之前的分类榜中排名第一的产品 icon（图标）作为该类别的 icon，如图 4.51 所示，由于当时凤凰新闻专业版已经处于新闻付费分类第一的位置，抢占了该入口的 icon 展示机会，进一步了增加了品牌曝光度。

图 4.51　新闻付费榜中排名第一的凤凰新闻专业版 icon 作为新闻类别入口的 icon 展示

那么位于分类榜 Top（头部）位置需要花多少预算？成本如何？以凤凰新闻（专业版）为例，如图 4.52 所示。

其中有几个重要节点。

- 2016 年 11 月：开始付费推广。
- 2016 年 12 月：在付费总榜稳定进入 Top 50，最高排名 No.5。
- 2017 年 02 月：在付费总榜稳定进入 Top 20，最高排名 No.4。
- 2017 年 02 月 23 日：在付费总榜稳定进入 Top 10，最高排名 No.2。

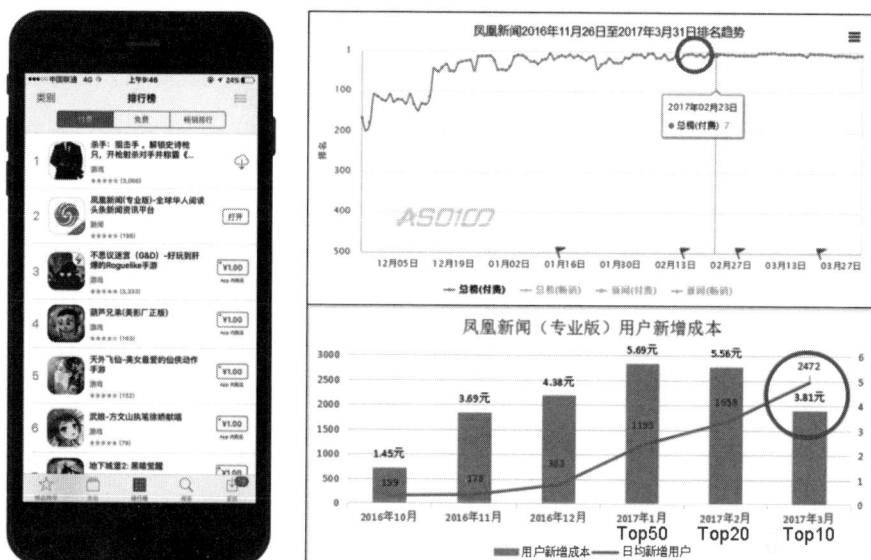

图 4.52　凤凰新闻（专业版）在推广初期的成本和量级

凤凰新闻专业版于 2016 年 11 月开始付费推广，故认为 10 月的日均增量为基础量级，后面的成本核算量级按照实际增量减去 10 月的基础量级。可以看到，在分类榜 50 名外的成本是不断攀升的，在进入 Top 50 之后，合理控制积分墙投放量级和不断选词优化，在进入 Top 10 之后的成本是下降的。

3. 积分墙

除了各行业的头部产品牢牢占据排行榜和关键词搜索排名位置，第二阶梯及之后的产品如何在排行榜上突围？积分墙、机刷、肉刷等灰色市场竞争也达到白热化的程度，2016 年到 2018 年机刷、肉刷都需要预约排期，最长排队时间甚至到了 2 个月！风险上：机刷>肉刷>积分墙。成本上：机刷<肉刷<积分墙。机刷有一定的技术壁垒，一般有固定的几个源头，考虑到风险性，源头几乎不直接对接需求方，都是业务代理进行业务传递。

积分墙：通过对指定产品完成指定搜索、下载、激活等一系列动作来获取虚拟、实物或者现金奖励。短时间增加该产品在 App Store 的"热度"，从而提升该产品在指定关键词下或排行榜中的排名。

机刷：是通过一系列计算机脚本控制批量设备终端完成对指定产品的搜索、下载、激活来短时间增加该产品在 App Store 的"热度"，从而提升该产品在指定关键词下或排行榜中的排名。

肉刷：又称人肉刷榜，是积分墙与机刷的结合，即在工作室中雇佣多个设备操作者，人为完成对指定产品的搜索、下载、激活等一系列动作。肉刷主要为了应对苹果对机刷的严查而制造人为痕迹。

4. 推荐和专题

在 iOS 11 及之后的系统版本，获得苹果编辑的青睐绝对能够给产品带来不少流量。获得苹果推荐的原因有：UI 设计的高颜值、产品交互的创意性、最快应用苹果新技术、简洁风格等。同时苹果也开放了自由申请苹果推荐（自荐）的入口，需要提前 6 周到 8 周准备，如果对被推荐有具体的日期要求，一定要预留充分的时间。申请苹果推荐的地址为 https://developer.apple.com//contact/app-store/promote/，如图 4.53 所示。

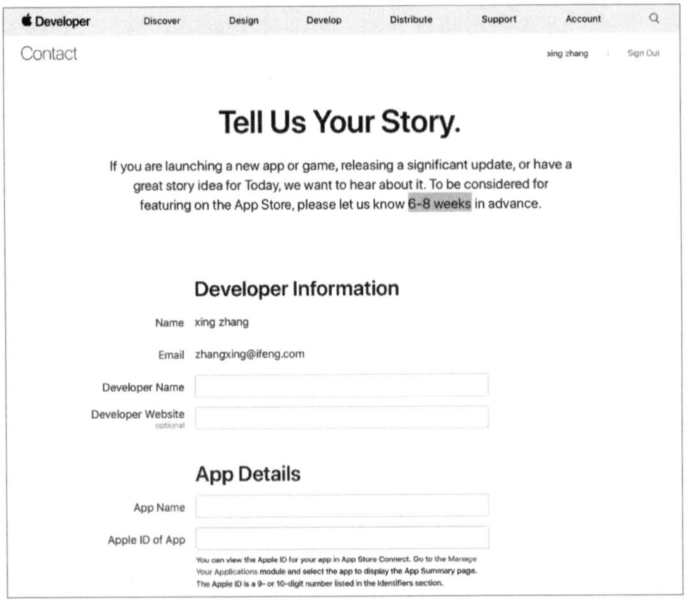

图 4.53　苹果自荐界面截图

5. 其他

- iPad 版本：增加 iPad 兼容，利用 iPad 上获取的用户增加 iPhone 上的权重积累。

- iWatch 版本：没有直接数据证明上线 iWatch 版本可以增加带量机会，但是 iWatch 版本交互优秀的话可以自荐苹果推荐，是一个很好的品牌推广机会。

- 其他产品评论区做广告：原本是用户自由对比产品好坏做评论，滥用的话属于恶意竞争，不建议如此操作。

4.4.2　信息流渠道流量获取关注的数据指标

1. 广告形式

多数 iOS 的信息流获取渠道与安卓相同，包括信息流广告的样式也没有太大差异。但是在这里想要阐述一下信息流广告的趋势，从文字形式、到图文形式、再到当下火热的视频广告形式，都是在增强用户的视觉感知。下一阶段的广告形式更偏向于体验式广告，即点击广告后可以直接在页面完成某一功能的交互，增强用户对产品的预使用体验。该广告形式已经在部分游戏产品中得以应用，需要一定的技术开发支持。

2. 广告效果提升

- Deeplink：应用直达的深度链接。对于已安装产品的设备，通过技术开发好的 Deeplink 可以直接调起 App，在 App 中打开详情页，用户体验更优秀。更重要的是，在用户点击返回按钮时可以选择返回 App 指定界面，实现用户的深度访问和深度运营用户，提高用户黏性。

- Deferred Deeplink：延迟深度链接，即对未安装被推广产品中应用的深度链接技术。Deeplink 技术在未安装 App 的设备上，点击广告后会跳转到 App Store 进行下载操作，然后需要返回广告页再次点击这个 Deeplink 才会在 App 内直接打开详情页，中间断路场景比较多，广告页找不到、用户下载未授权联网等都会导致调起失败。Deferred Deeplink 技术对比 Deeplink 技术精简了返回广告和再次点击广告的动作。

二者的对比如图 4.54 所示。

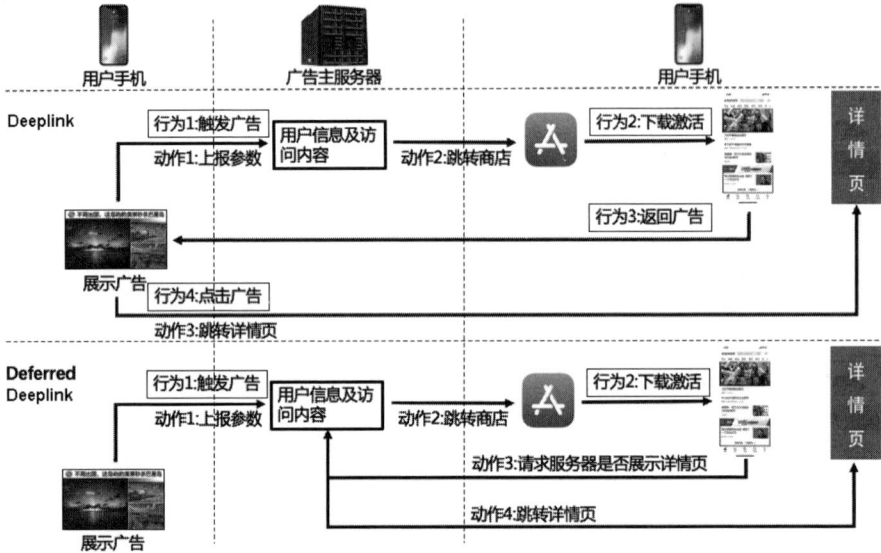

图 4.54　Deeplink 和 Deferred Deeplink 的对比

Deferred Deeplink 技术优化了未安装 App 场景下 90%左右的推广效果。为什么说是优化而不是解决呢？因为基于 Deferred Deeplink 技术的数据追踪存在误差。但是根据每个产品的技术支持程度可以尽可能减少误差，但是误差理论上是存在的，毕竟通过网页无法获取设备的唯一标识。所以会通过可以获取到的时间戳、系统版本、IP 等不唯一参数进行组合的"指纹识别"。误差在于，不唯一的组合重复了就会触发服务器数据请求，如果产品的用户规模比较小误差较小，在产品的用户规模比较大的情况下可以深度优化以降低误差。当然，如果流量主能够上报用户设备唯一标识那就太好了，这是唯一消除误差的方式，此时 Deferred Deeplink 技术的应用将极大地提升被推广用户的访问体验。

4.4.3　iOS 渠道的数据采集方式

iOS 和安卓（Android）是目前最主流的两大移动操作系统，在移动互联网版图中针锋相对，构建出两种不同的用户生态。对于用户增长团队而言，针对两种生态也需要有不同的用户获取策略。

由于苹果的封闭性和 App Store 的唯一性（第三方应用商店除外），所有推广最后都指向同一个商店——App Store。这导致了一个很大的问题：用户来源的统计很难。安卓可以用不同渠道包策略（渠道包：指对最后编译生成的安装包进行渠道编码，预先植入对应渠道参数，用户激活带有渠道参数的安装包会自行上报在当前渠道下的激活数据），iOS 却无法对安装包进行预处理。所以在 iOS 渠道的推广过程中进行数据统计时，需要对每个渠道进行数据上报对接的预处理。

1. 信息流渠道

1）S2S（Server to Server）

Server to Server 是指流量主和广告主的服务器进行上报/回传对接，流量主上报用户的设备标识和流量主标识，广告主对上报的参数进行激活监测，统计到用户激活之后就对当前激活的设备与推广来源的流量主进行匹配，如图 4.55 所示。

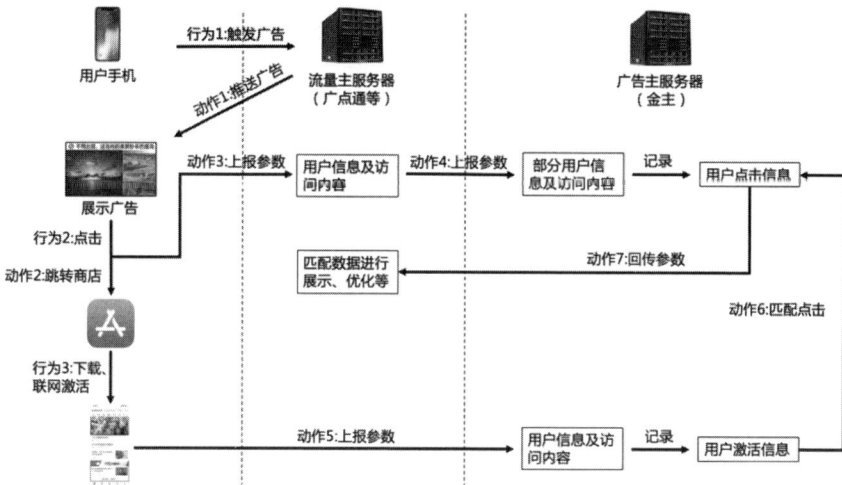

图 4.55　服务器对接逻辑分析

单一渠道推广可以通过以上策略进行渠道匹配找出推广的用户，但是如果在多个渠道进行推广，需要对多人渠道推广的用户有一个整体的数据管理，毕竟一个用户不能花多份推广费用，必须要指定一个有效推广渠道。那么如果同一个用户在激活之前存在被多个渠道进行推广的情况，我们如何进行渠道归属判定呢？此时有两种归因策略：First Click 和 Last Click。

（1）First Click

First Click 是指按照第一次点击有效进行激活归因。一般效果类广告采用的就是 First Click 归因策略，比如 Google 广告，如图 4.56 所示。

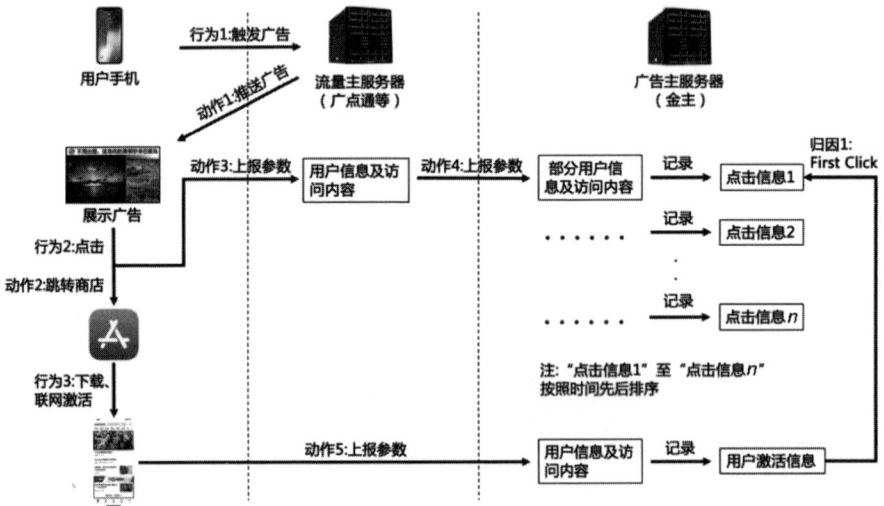

图 4.56　效果类广告的 First Click 归因策略

采取这类归因策略数据库会保持动态更新，今天看昨天的激活是 10 个，明天再看可能就是 20 个，Google 广告采取 First Click 归因策略的原因是广告推广存在延迟激活，用户可能在被推广当天没有激活 App，但是实际广告推广费用已经花出去了，所以必须采用 First Click 归因策略，来平衡前期投放的成本，否则会出现部分时间段成本异常高、部分时间段成本异常低的情况，此时采用 First Click 归因策略是合理的。

（2）Last Click

Last Click 是指按照最后一次点击有效进行归因。一般广告主对多渠道进行管理的时候采用这个策略。一个用户在激活之前被多个渠道推广，但是之后离激活最近的一次点击才促使用户最后激活了 App，前几次推广都没有让用户完成激活的动作，认为推广"无效"，如图 4.57 所示。

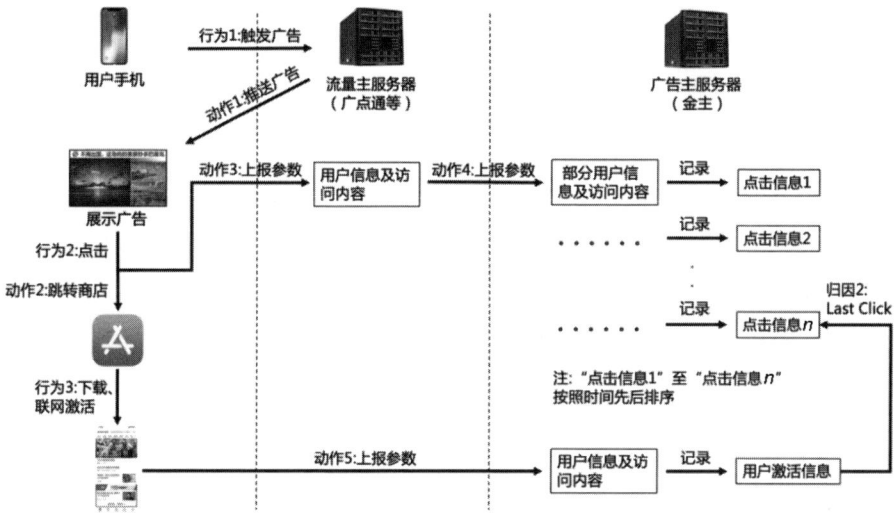

图 4.57　效果类广告的 Last Click 归因策略

当然这其中也存在误差，也许不是最后一次点击让用户激活了 App，只是在激活之前用户又刚好无意多点了几个广告，这种情况是存在的。

对于固定成本的渠道来说，用哪个策略都行，存在的分歧就是在停止推广后的一段时间仍然会有延迟激活的用户，这部分用户是否结算及结算周期多长需要进行协商，一般结算周期为 3～7 天。所以需要根据具体的业务采用不同的归因策略。

2）短链

短链是一种成熟业务，指的是将长链接置换成短链接形式。但在这里是指渠道圈子的另一种叫法，包含另一层含义，这里短链是指一条预设推广渠道标识的链接，为了便于推广经常会进行长度缩简，故又叫"短链"。该链接能够自动识别安卓终端或者 iOS 终端,在识别出安卓终端后能够跳转浏览器下载预设的渠道包或者跳转到应用商店，在识别出 iOS 终端后会跳转到 App Store。但是短链在 iOS 设备上的应用依然存在数据误差,因为通过浏览器无法获取设备的唯一标识,只要无法获取设备的唯一标识,数据误差必然存在。多数短链跳转页面是个预加载页面（预加载：只是向服务器上报一些参数,是个空页面,在完成数据上报之后立即执行跳转到应用商店的动作）。

2. 短信通道

一般采用短信通道对在 App 中已经注册手机号的用户进行再营销。但是短信通道是无法得知哪些用户参与了活动的,因为通过短信无法获取用户设备的唯一标识。一般来说营销类广告会植入一条链接,打开链接是网页,网页获取的参数有限，一般做"指纹匹配",即通过浏览器获取尽可能多的用户上网信息，比如 IP、OS、时间等参数,再与用户激活后的参数进行匹配,由于不能获取到设备的唯一标识,进行"指纹匹配"会存在误差,误差率根据对比的参数和精度在 20%～50%。主要应对策略是在落地页增加手机号登录验证或者社交账号验证。

对不同手机号投放链接时在链接末端可以分别添加不同的识别参数,有助于统计手机号的点击情况和效果追踪,再跟端内信息比对可以提高数据分析的精度,如图 4.58 所示。此时,如果开展需要多次短信触达进行的营销活动,有助于优化短信成本。同时也增加了防作弊识别手段和对用户身份的深度判断。

图 4.58 手机号和链接一一对应

5

第 5 章

通过产品分析确定用户增长策略

数据报表看似枯燥但却是最真实的结果呈现，并为产品的迭代更新提供最基础的依据，而产品的每一次改动都会带给用户不同的使用体验，并导致相关数据提升或下跌。用户增长团队也需要根据产品在不同渠道的表现来对用户进行层级解析，不断提升产品的用户体验，从而促进用户不断增长。本章选取当下或曾经流行的经典产品进行分析，来看看用户增长团队如何通过产品分析来确定用户增长策略。

5.1 字节跳动公司是如何做用户增长的

很多人都好奇字节跳动公司是如何做用户增长的。字节跳动公司之所以能在极短的时间内打造出一系列爆款产品，在于其强大的用户增长能力。我们先来看看其几款超级 App 的用户规模有多大。

- 今日头条：据 QuestMobile 统计，2018 年第三季度，今日头条的月活跃用户达到 2.54 亿。

- 抖音短视频：截至 2019 年 1 月，抖音国内日活跃用户（DAU）已经突破 2.5 亿，月活跃用户突破（MAU）5 亿。

- 火山小视频：据 QuestMobile 统计，截至 2018 年 9 月，火山小视频月活跃用户数为 9589 万。

- 西瓜视频：同样来自 QuestMobile 的数据显示，截至 2018 年 9 月西瓜视频月活跃用户数为 1.1655 亿。西瓜视频的用户数已超过 5 亿。

多闪的上线，让字节跳动公司再次证明了自己最擅长的是做用户增长。2019 年 1 月 22 日，多闪以"字节跳动公司首款独立社交产品"的身份在 App Store、安卓商店重新上线；1 月 24 日，多闪下载量超过 100 万，成为 App Store 中国区免费榜第一名。下载量从 0 到 100 万几乎就是在 24 小时内完成的，这种增长速度让无数用户增长团队羡慕不已。

字节跳动公司已经用这批超级 App 搭建了一个较完善的今日头条系流量生态。据 QuestMobile 调研，今日头条系独立 App 总使用时长占比，自 2018 年以来从 3.9% 猛增到 10.1%，增长了 1.6 倍，超过百度系、阿里系，稳居总使用时长占比第二名，如图 5.1 所示。

另外，我们从相关渠道了解到，字节跳动公司涉足的 App 在 70 个以上，而内部正在孵化或者打造的 App 数量可能在 100 个以上。其中用户量在千万级的超过 5 个，包括抖音短视频、西瓜视频、火山小视频，而它们都是 2016 年才有的产品，字节跳动公司成了"App 工厂"，这些产品形成了"字节系的葫芦娃"。更不可思议的是，这些产品这种突飞猛进的增长还在持续，今日头条 App 每天还能保持 100 万以上的新增用户。各个 App 之间的相互导流量能力也是非常强的，我们经常能在抖音、西瓜视频上看到皮皮虾、今日头条极速版的广告，也能在今日头条上看到抖音与西瓜视频的广告,它们在对方平台上也是按广告价格去投放的, 只要能做到比外面流量的价格更低或者 ROI 更高就可以。内部流量互导的一个好处就是, 用户画像与行为更清楚, 获取用户的成本更低, 用户留存率更高, 可以在不同场景满足用户不同的内容形态需求, 从而形成有更高壁垒的护城河。

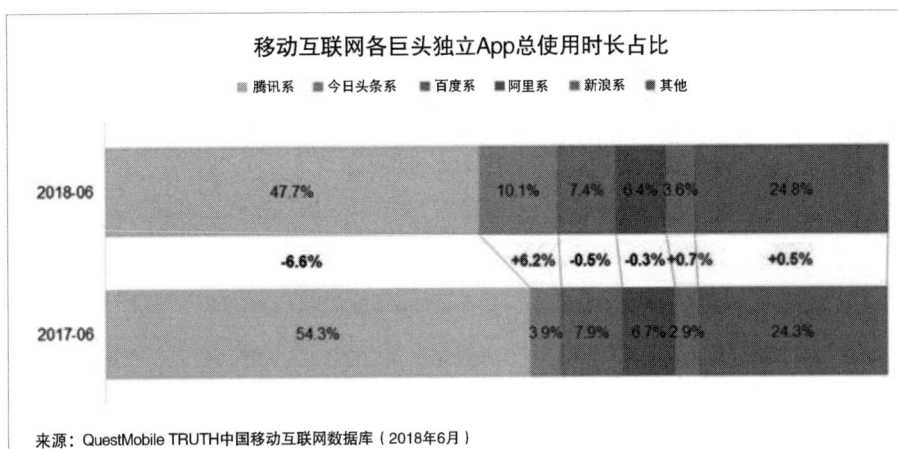

图 5.1 今日头条系独立 App 总使用时长占比超过百度系、阿里系

这是多么"恐怖"的用户增长实力!那么, 我们能从字节跳动公司身上学到哪些实用的用户增长方法论呢?接下来,结合公开信息与我们在行业内了解到的情况,简单和大家分析一下。

5.1.1 搭建一个独立的战斗力强悍的用户增长团队

本书前面提到过单独建立一个用户增长团队的必要性,这里再简单总结一下。

(1)产品、运营、技术、市场团队的 KPI 可能都是用户量,但每个部门的工作内容都不会直接带动增长,并且是割裂的。

(2)以产品或者业务线划分的工作模式,会导致"筒仓效应",需要用户增长团队作为项目组优化协作,解决效率问题。

（3）移动互联网红利期已过，单打独斗的新产品要大获成功几乎没有可能，大公司单纯的赛马机制相互消耗，有弊无利。"App 工厂"中脱颖而出的明星产品，更需要有公司层面的用户增长团队协同。

不难看出，在条件允许的情况下，单独建立一支敢打敢拼的用户增长团队有多么重要。下面是根据公开渠道整理出来的某当红移动互联网公司用户增长团队的具体组织结构，这支部队就是该公司各产品线用户增长的发动机。

该公司的用户增长团队叫 UG，即 User Growth。分为增长策略 PM 组、投放运营组、BD 组和技术团队四个"小分队"，如图 5.2 所示（这个架构图信息可能与实际情况有些出入，仅供参考）。

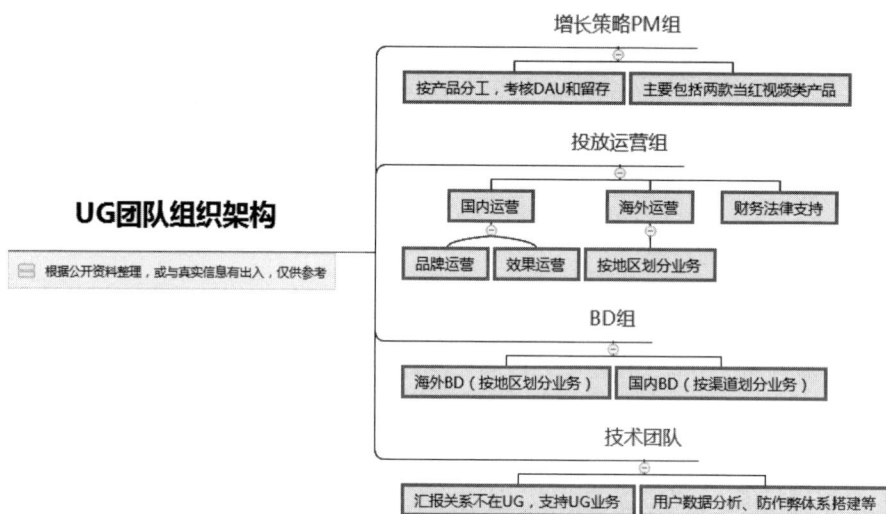

图 5.2　某当红移动互联网公司 UG 部门组织架构

其中：

- 增长策略 PM 组按产品进行分工，主要考核指标为 DAU 和留存。两个主要产品都有自己的海外运营团队，工作侧重点为内容和品牌宣传，用户增长则倚重 Facebook、Google、猎豹海外及海外运营商等新增渠道。我

126

们猜测该组的主要工作职责以用户的内裂变为主，就是从拉新开始的冷启动、活动、分享、召回、ROI、链路优化等，提升端内用户忠诚度相关指标。

- 投放运营组规模比较大，分为国内运营、海外运营及财务法律支持三个业务模块。主要工作任务是针对商务拉新提供运营支持，并对投放平台、数据进行管理，进行日常投放数据结算等。这些工作属于外裂变环节，目标就是从外面更多地低成本采量，针对采量渠道配合算法做冷启动、群体画像、留存优化等。

- BD 组也分为海外 BD 和国内 BD。海外 BD 按照地区进行划分，各管一片；国内 BD 则按渠道划分，每人负责一部分渠道。主要负责浏览器信息流（厂商、广点通、猎豹等）、SEM 搜索（百度、神马）、生态内容合作（超级 App、WiFi 等）、系统通道、产品技术合作、社交渠道回流及各类渠道拉活等。BD 一般负责签合同选合作伙伴，与运营相互配合与监督。

- 技术团队其实是系统效率部门，汇报关系不在 UG 团队，只是支撑 UG 业务。主要工作是进行用户数据分析（从进入、留存到流失的用户数据漏斗）、针对拉活进行用户定向（定位高、中、低频用户及效率）、防作弊体系搭建和不断完善 LTV 模型及内部产品、商业数据打通，以及 H5、Deeplink 等其他技术支持。

这个团队在公司层面的组织架构上属于产品体系中独立的一个部门，为所有产品的增长负责，也会根据各产品的数据表现和 ROI 分配资源。

除此之外，该公司还有一个独立的渠道团队，渠道团队的工作职责仅限于终端厂商合作，业务方向偏传统，我们可以通过一个架构图来具体了解，如图 5.3 所示。

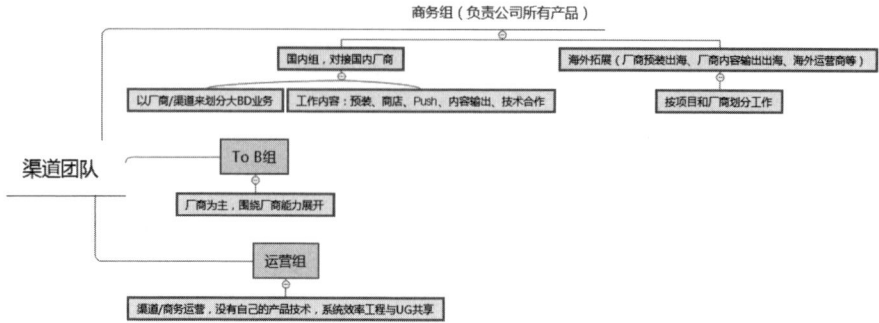

图 5.3　渠道团队组织架构

渠道团队分为三个小组：商务组、To B 组及运营组。

- 商务组的业务并没有按产品线划分，而是以厂商和渠道来确定 BD 的工作方向，分为国内组和海外拓展两个小团队。国内组主要负责该公司所有产品的预装、商店、Push、内容输出及技术合作等工作。而海外拓展组按项目和厂商划分工作内容，主要负责厂商预装出海、厂商内容输出出海及海外运营商等工作。

- To B 组规模较小，主要以厂商为主，围绕厂商能力展开。目前正在设法组建自己的产品技术团队，试图与 UG 团队抗衡。

- 运营组主要负责公司产品的渠道和商务运营，没有自己的产品技术，系统效率工程如数据、开发、LTV、拉活模型、防作弊等技术与 UG 团队共享。目前主要负责针对商务拉新拉活的运营相关支持、平台/数据管理和日常数据结算、内部财务审计流程等工作。

不难看出，该公司在用户增长团队的搭建上，并没有放弃对传统厂商渠道的重视。UG 和渠道两个部门利用各自的业务资源在各自的业务方向上相互着力、相互协同，比如两个团队会合作举办品牌拉新活动，驱动最终的业务目标的实现。

5.1.2　掌握有效的用户增长工作方法

字节跳动公司擅长用户增长，除了拥有一个战斗力强悍的用户增长团队，其用户增长工作方法也堪称教科书。2015 年 9 月 12 日,在虎嗅举办的听书会上,今日头条(现字节跳动公司)增长团队负责人与外界分享了 Growth Hacking(增长黑客)实战,从中我们发现字节跳动公司的增长秘诀如下。

- **强大的数据监控系统**:即花大价钱买数据,尽可能监控市面上所有产品的数据情况。在很早的时候,字节跳动公司就开始分析百度,并有计划地采购了大量新词。这些新词价格低、热度高,最终的 ROI 极高。同时,尽可能全面地收集市场上的关键数据,并且做细致的清洗。用户增长团队前负责人张楠认为,市面上可能只有 5%的数据真正值得分析。

- **完善增长引擎**:重视引擎基建工作,轻松应付不同领域的上千组 A/B 测试。进行颗粒度极细的实验,比如从 500 人到 1000 人的小范围层级递进。有接近实时的日志处理、分布式数据管理,多维度的交叉分析工具。举个简单的例子,今日头条的头条号提供了"双标题"功能,这其实就是 A/B 测试的一种实践。

- **细节优化**:比如对于一个引导用户下载的页面,增长团队通过不同的策略进行了实验。

实验 A:仅换下载按钮上的文案,其他不变,如图 5-4 所示。

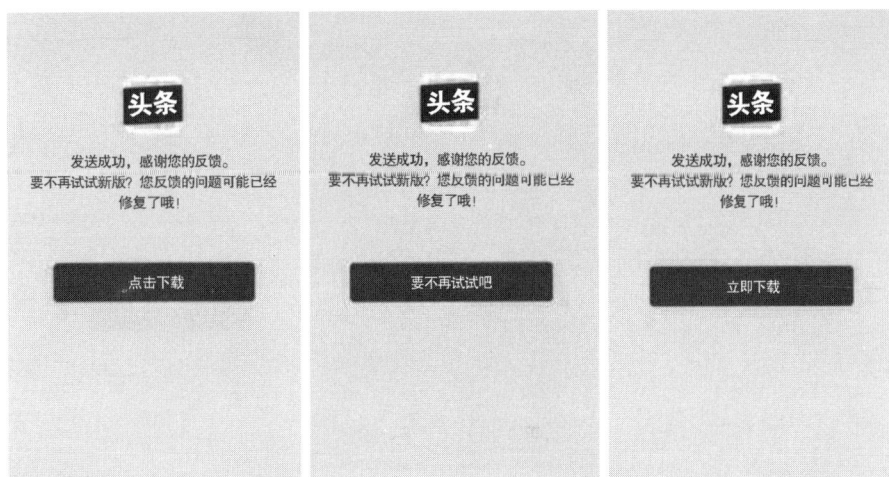

图 5.4　今日头条下载功能按钮测试案例一

实验 B：仅换下载按钮的颜色，其他不变。

实验 C：下载按钮文案更换为"请再给我们一次机会"吧，如图 5.5 所示。

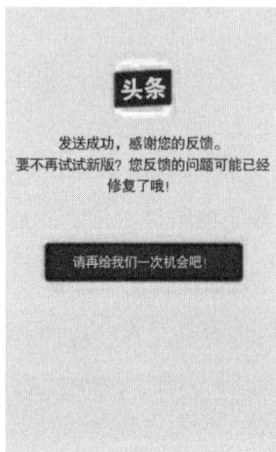

图 5.5　今日头条下载功能按钮测试案例二

大家猜，最终的转化效果如何？通过测试，最终的转化率提高了 57%。

实验还未结束，用户增长团队通过热力图（图 5.6）观察，发现除下方按钮外，今日头条 Logo 处的点击率也非常高，这里本来只是一个品牌作用，但在图标上增加下载功能之后，转化率又提高了 9%。

图 5.6　今日头条下载功能按钮测试案例三

- **算法冷启策略优化**：很多人以为推荐算法只是针对端内的用户行为做提升，字节跳动公司还在对内对外的资源投放与搜索时，充分利用用户信息的强弱样式做不同的算法冷启策略，以提升用户冷启后的点击与留存率。强样式看是否能拿到搜索的关键词，弱样式有 KEYWORD、Query、GID（用户群体画像）等，服务端拿到信息后，可以选择使用何种信息插入冷启动推荐策略。同时会根据实体词、功能词、品牌词的特征使用不同的策略，如 SEM 带来更多收益的可能是品牌词与功能词，而实体词等有主观意愿的经验词在冷启动策略里会有更高的收益。可以看出其在用户增长的每一个环节与细节上会与新用户的冷启动与推荐策略紧密结合，对词性等细节做较为严格的区分，这些都保证了字节跳动公司在外购买流量后能保持较高的用户留存率。

- **重视工具**：不到万不得已不要自己开发工具，用市面上最好的工具。美国有上千家做工具的公司，一定要了解各种工具的优缺点，选择最合适的。国内成熟的工具较少，诸葛 IO、Growing IO、AppAdhoc 是做得比较早的，优势是速度快，不用翻墙。字节跳动公司增长团队前负责人张楠介绍过，他曾花了一两个月，把市面上几乎所有的工具都用了一遍，随后花了一个月部署，再花几天熟练应用，然后每个实验只要一个 PM 就可以做了。

在这里，简单分享两个典型的增长工具：神策数据和诸葛 IO。

神策数据是一家专注于大数据分析的初创公司，旨在帮助企业实现数据驱动，主要面对 2B 市场，为企业提供用户行为分析和智能应用解决方案。目前推出了神策分析、神策客景、神策自动化运营、神策智能推荐等产品。

其中的 Boss 看板（如图 5.7 所示）包含各业务线的重要指标，供业务线负责人/KA/VIP 参考，进行如新增、日活、留存、时长等关键数据的统计和分析，提供决策依据。

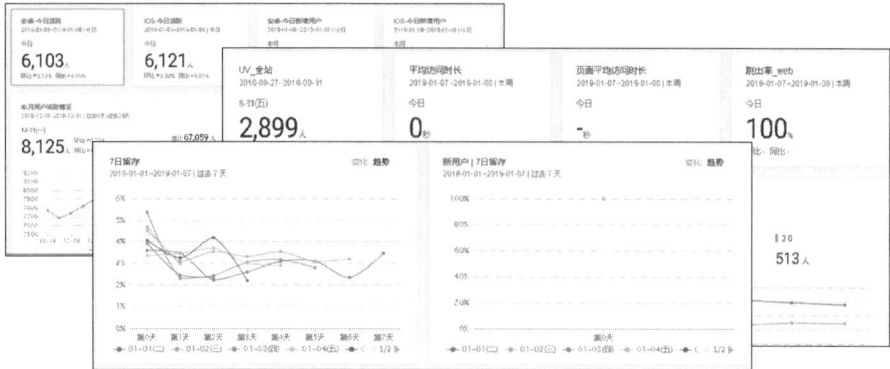

图 5.7　神策 Boss 看板后台数据截图

同时，在用户获取上，神策也提供了一个观测后台。在这个后台，神策基于时间做聚合和过滤，进行秒级计算。并且对用户获取和新增进行多维度过滤，如渠道来源、同期分析等；也可以按照特定维度聚合，如机型、地域等。如图 5.8 所示是神策后台某 App 的数据截图，通过它你可以比较直观地了解这个产品。

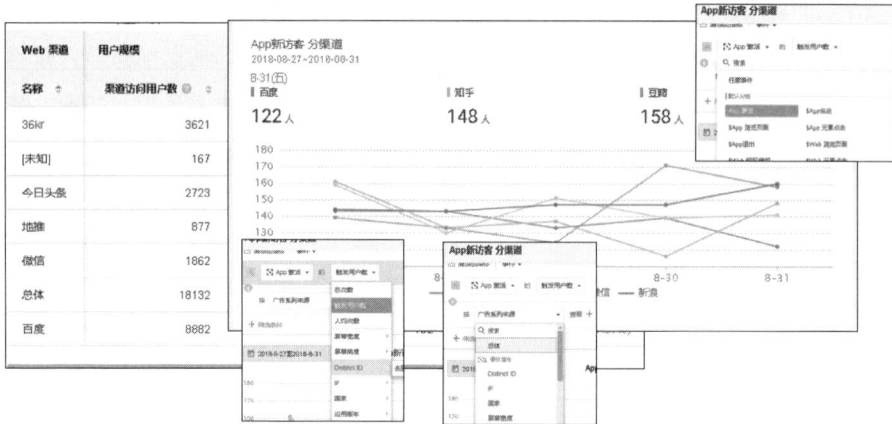

图 5.8　神策后台某 App 的数据截图

还有一个不错的国产增长工具就是诸葛 IO，它是一个聚焦用户全生命周期的数据采集、分析和决策平台。诸葛 IO 是一款精细化的运营分析工具，助力移动应用的精细化运营，优化留存，提升用户价值。我们来看看它的一个功能：诸葛 IO 漏斗（如图 5.9 所示），用户可基于时间条件创建漏斗，使用户 N 天内全部完成确认转化。

图 5.9　诸葛 IO 漏斗

诸葛 IO 还可以基于转化漏斗或者事件定义召回策略，以短信、优惠券、内容做用户召回，如图 5.10 所示。

图 5.10　诸葛 IO 定义召回策略

5.1.3　要学会砸钱，也要舍得砸钱

在拥有一个独立的用户增长团队、掌握有效的用户增长方法之后，要学会砸钱，也要舍得砸钱。

我们都知道，字节跳动公司的创始人兼 CEO 张一鸣从来不吝于在扩大市场份额这件事上"烧钱"。最明显的一个例子就是 2018 年春节快手与抖音的短视频之争。一位与抖音有合作关系的移动营销广告公司商务称，2018 年春节，抖音在各大平台的投放预算大概是一天 300 万到 400 万元。投入总归有回报，仅一个春节，抖音便脱颖而出，迅速崛起，改变了国内短视频行业的格局，之后也成为微信用户时长的最大侵蚀者。2019 年以来，这样的策略又被复制到视频社交软件多闪上，而取得的增长成绩也是有目共睹的。这里"烧的钱"，字节跳动公司没有单一地付给外部渠道，如今日头条极速版 2018 年下半年快速增长，就像趣头条一样，通过任务红包收徒的方式把钱直接发给用户，或者直接在自己的抖音、西瓜视频上投放，大大降低了单个用户的获取成本。

综合来看，用户增长是产品的一个基本商业理念，要追踪每个用户的实时 ROI 与 LTV，以最低成本获取用户，以最高效率追求变现，追求最好的 ROI，然后定 ROI 两端可调节的杠杆，比如用户的生命周期、留存率、获取用户的渠道成本、单用户单日的 APU 值变现、用户时长、ECPM 等。假设某 App 的单 DAU 单日的 APU 值为 0.6 元，平均一个用户生命周期是 38 天，每天的保活成本为 0.2 元，获取用户成本是 8.3 元，我们就能算出它的单用户毛 ROI 为 143%（收益=38×0.6=22.8 元，成本=8.3+0.2×38=15.9 元，收益/成本=143%），那么这就是一个可持续有收益的产品，完全可以大力投钱。而人均用户的获取成本、生命周期、广告库存时长、ECPM、人员成本等都是相关的关键指标与杠杆。

字节跳动公司的部门架构与 UG 团队就是基于此来搭建的。并且，我们能结合字节跳动公司及其他典型用户增长实例总结出以下几个观点：

（1）用户增长与产品、算法、BI、UG、内容、商业紧密相关，不可分割，应该渗透到部门每个人的意识中。

（2）用户增长由产品驱动，从建立增长引擎开始，建立用户分层与画像数据仓库，对接算法与外部数据，在用户冷启动与驱动内容消费中发挥作用，从而提高产品的留存率、延长使用时长。

（3）UG 团队需要建立一套高效的广告投放系统，即采量系统，分别面对国内的各流量集中入口（含自有）与国外 Google 和 Facebook 等广告平台，核心是达到对外与对内投放中的低成本获客，对外投放前必须让对内投放能力得到验证，内部成本要低于外部成本。广告资源不分内外，只有结算方式不同。

（4）用户增长需要有一套符合产品、运营、UG、算法各部门使用的工具，即业务数据分析系统，能支撑实时抽取用户画像、访问路径、关键事件留存、召回、A/B 测试等策略。

（5）在后端需要建立一套完整的 A/B 测试平台，用于实时的数据验证与推荐。

当然，限于对外部的信息获取与对其业务的理解深度，以上信息会有很多不够准确的地方，我们只是试图通过了解、分析、学习字节跳动公司的组织结构与增长方法论，给读者一些思考与增长思路上的参考。

5.2　抖音、快手的综艺冠名策略，真的不差钱吗

从 2017 年开始，移动互联网行业的风吹到了短视频行业，准确地说从 2016 年就开始起风，到 2017 年逐渐升级为风暴，千军万马开始涌入并进行一场生死角逐。风暴停息后，抖音和快手短视频屹立潮头，成为优势最大的两个玩家，成就了"南抖音，北快手"的江湖传说。在崛起的过程中，综艺冠名的品牌策略居功至伟，它们先后豪掷千金冠名多个热门综艺节目，品牌很快就在市场中打了出来，知名度远远超过竞品。

不能说这两家公司不差钱，作为创业公司，大量的业务需要稳定或拓展，而且需要对投资人有交代。但两家公司在选择电视节目时，似乎根本就不在乎要砸

多少钱（要投入多少成本），只要求节目是当下最火的，且同类竞品不能在同一时段出现在节目上。看着它们挥金如土，很多人可能会纳闷，是什么力量驱动这些火爆的 App 纷纷登上荧幕？

互联网产品比较传统的推广方式有应用商店推荐、搜索引擎品牌推广带量等，这些方法在早期对产品的推广和塑造确实起到了相当大的作用。但在移动互联网日益成熟的今天，这些渠道发挥的作用明显不如以前，很多时候进行大量的投入也收效甚微。如何让自家的 App 在市场中脱颖而出成为品牌推广团队的核心工作。爆款综艺节目显然是一个短期内就能见到成效的选择。一般来说，一档综艺节目的播出周期长达十几周，若按每期冠名品牌在节目中曝光 3 次、主持人口播 3 次计算，在完整的节目周期内，观众要被广告动态洗脑百次以上，这还不包括节目录制现场那硕大的品牌背景板，以及网络渠道的千万乃至上亿级的节目视频播放量。这些手段看着很粗暴，但在塑造冠名 App 的市场声量、冷启动和引流等方面确实效果显著。

所以，快手、抖音冠名综艺节目并非表面上看中节目热度那么简单，它们瞄准的是这些综艺节目背后庞大的收视人群，这个出发点和传统行业大量投放品牌广告促进产品销售的出发点并没有太大的差别，品牌广告投放的依据永远是观众，观众在哪里，就投放在哪里，并从中筛选出产品的目标用户。这就像"皇家美素佳儿奶粉"赞助"放开我北鼻"、"六个核桃"赞助"最强大脑"一样。冠名赞助时要考虑节目类型和观众类型，考虑节目是否与品牌的调性匹配，观众群体里是否大量存在自己的目标用户。这是品牌投放的一个基本原则。

我们再回过头来看快手和抖音的综艺节目策略时就不难发现，快手的目标用户是三四线以下城市居民，因此选择的综艺节目更加大众化，适合较为成熟的综艺类型，如《奔跑吧》《中国新歌声》《声临其境》等。而抖音本身是一款带社交属性的音乐类短视频应用，用户以年轻人居多，因此在综艺冠名上选择了《中国有嘻哈》《这就是街舞》《明日之子》等受年轻人喜欢的选秀类节目，或者《明星大侦探》这类新奇有趣的明星探案推理类节目。

我们再结合一组艾瑞发布的快手和抖音月度独立设备数据，看看它们在综艺冠名期间数据的波动有多大。

如图 5.11 所示是快手在 2017 年 10 月至 2018 年 9 月的月度独立设备数。快手在 2018 年 1 月至 3 月赞助了湖南卫视的《声临其境》，节目播出期间，快手 App 独立设备数的环比增幅达到一个小的峰值，随后的一个月相关数据开始缓慢下降。直到 4 月份《奔跑吧》开播，数据开始止跌回升。

图 5.11　2017 年 10 月至 2018 年 9 月快手月独立设备数

再来看看抖音在 2017 年 10 月至 2018 年 9 月的月度独立设备数（图 5.12）和 2017 年 9 月至 2018 年 6 月的 App Store 下载量估算（图 5.13）。抖音先赞助了《明星大侦探》，2018 年开始又相继赞助《歌手 2018》《这就是街舞》《明日之子》等热门综艺节目，这些举措带动抖音的月度独立设备数和下载量从 2018 年 12 月开始同步增长，并在 2018 年维持在较为平稳的水平。

图 5.12　2017 年 10 月至 2018 年 9 月抖音短视频月度独立设备数

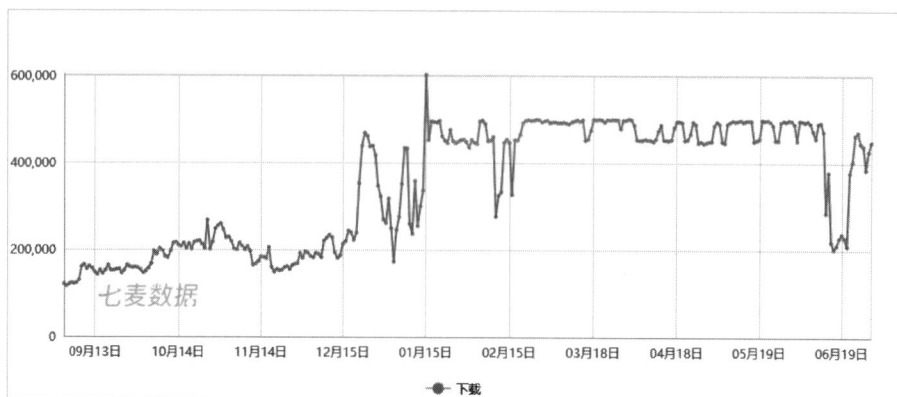

图 5.13　抖音 2017 年 9 月至 2018 年 6 月的 App Store 下载量估算

　　除了直接带动数据提升,冠名综艺节目所产生的明星效应也提升了快手和抖音的品牌形象,增强了品牌的用户影响力。抖音在冠名《明星大侦探》时使用的广告语是"抖音越玩越 High,办案脑洞打开",几期节目下来,抖音的标语"记录美好生活"已经被观众清晰地记住了,增强了观众的品牌记忆。而节目中借用明星展示的短视频录制玩法,也带动了观众下载 App 进行尝鲜、试用。图 5.14 为《明星大侦探》中明星使用抖音的场景和广告语截图,如果你是其中某个明星比如白敬亭的死忠粉,在看到 "爱豆"在抖音上玩得不亦乐乎时,你的第一反应是不是去下载,然后拍同款视频?

图 5.14　抖音短视频在《明星大侦探》中的品牌露出

要说这些昂贵的综艺冠名策略具体为互联网产品带来了多少流量，无从验证，但在火爆综艺节目的冠名广告轰炸下，实实在在提升了品牌的曝光度，也必然会带来巨大的下载量。正如一开始说的，互联网产品在选择综艺节目冠名时，价格不是最重要的因素，价值才是，爆款综艺节目背后的巨大流量才是让其垂涎欲滴的那块儿"肥肉"。

5.3　拼多多"农村包围城市"，微信生态下的社交裂变式用户增长

2018 年 7 月，拼多多在美股纳斯达克挂牌上市，并且在上海、纽约两地同时敲钟。这家从创立到上市只花了短短三年时间的公司成为移动互联网中一颗耀眼的新星，并且是电商行业的一匹大黑马，有力地冲击了阿里巴巴、京东、苏宁等巨头盘踞的市场格局。很多人都好奇，它是如何在这么短的时间内快速崛起的？这离不开消费升级的市场大环境和"农村包围城市"的用户增长策略。

目前，阿里旗下的电商事实上也只覆盖了全中国人口中的 6 亿左右，还有很大一部分沉睡的消费者并没有被唤醒，而正在外界认为人口红利逐渐消失的时候，拼多多看到了这部分消费者。拼多多创始人黄铮曾说过一句话，"我们的核心就是五环内的人理解不了"，这就把拼多多定位在五环外的市场里，虽然拼多多也努力向五环内挺进，但这个标签恐怕不是那么好撕掉的。实际上，拼多多的用户增长策略确实就是"农村包围城市"，从较低层次的用户逐渐向高端用户渗透。

如图 5.15 所示是一组艾瑞发布的拼多多适用人群数据，可以看出，它的用户以中年女性为主，大都生活在三线及以下的城市，收入水平偏低。可见拼多多的用户群体与天猫、京东等电商平台的用户群体是有区别的。拼多多另辟蹊径，撬动了沉睡的三、四、五、六线城市和农村用户。这部分用户对价格的敏感度极高，更倾向于购买单价低的折扣商品，容易被低价或其他优惠活动吸引，他们的生活和社交圈相对稳定，与亲属的来往密切且钱少闲多，一个人在家族群里转发

一条拼团或砍价的链接，会很快得到回应。在他们的观念里，在拼多多上购买商品省下几十块钱甚至几块钱的价值远高于下载一个 App 消耗的时间成本。而拼多多正是"命中"了这部分下沉用户，根据一些人爱占便宜的消费心理吸引他们下载 App 购买商品。

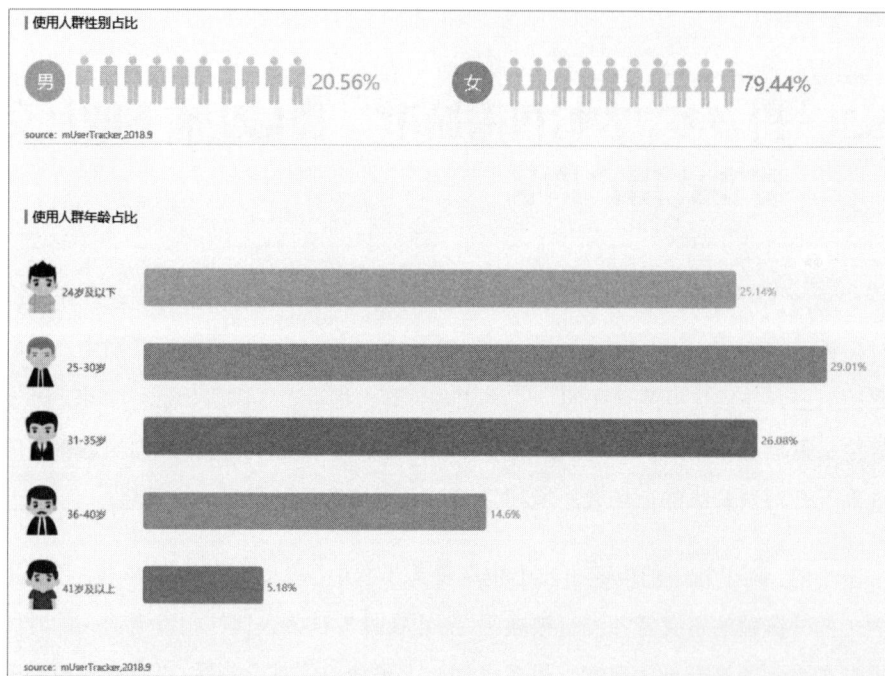

使用人群性别占比

男 20.56%　　女 79.44%

source: mUserTracker,2018.9

使用人群年龄占比

24岁及以下 25.14%

25-30岁 29.01%

31-35岁 26.08%

36-40岁 14.6%

41岁及以上 5.18%

source: mUserTracker,2018.9

图 5.15　拼多多 App 用户画像：性别比、年龄比以及使用区域比

拼多多平台上出售的商品以低价的日用百货和服饰鞋帽为主，其中又夹杂了一些"薄利"的积压产品、擦边商品。那么，这些积压产品、擦边产品真的就能卖得如此便宜吗？利润又从何而来？积压商品多是商家压了很多年的库存，清了很多年都没有清理掉，如果急需资金回流，便会想能卖几块是几块。还有一些可能是工厂生产之后剩下的原材料，用这部分材料制作商品不需要材料成本，只需要一些人工费。

一些山寨品牌也在拼多多上经营得风生水起，如小米新品、松下新品、创维先锋、老干妈、大白兔等，引得正品商家不得不拿起法律武器进行维权。而这些山寨品牌大都出自小作坊，器械费用低，不需要研发投入，没有品控没有质检，省去了很多生产环节，成本被大大压缩。这些生产者和商家正是看中了拼多多入驻的低门槛及其用户的属性，纷纷开始"大显身手"。

比如：

- 一款"茅台镇原浆酒"，一箱（500ML*6 瓶），原价 1788 元，折后价 48.9 元；

- 一款"乐高积木特警巡逻船"，原价 148 元，折后价 19 元；

- 一款"三星 12 寸 IPS 屏高清平板电脑"，原价 1288 元，折后价 388 元；

- 一款"nike air VAPOR MAX"运动鞋原价 699 元，折后价 79 元；

- 一款"五金居家九件套"拼单价 19.9 元。

如此低廉的价格是不是很刺激？对于那些收入不高又想购买名牌的顾客来说吸引力有多大可想而知。在很长一段时间内，拼多多都听之任之，积累了一批原始用户。最后正品商家不得不拿起法律武器维权，这也给拼多多带来了一场浩大的舆论危机。

拼多多利用商品类别属性和渠道策略，成功把天猫、京东等平台在过去十几年逐渐忽略的 3 亿多下沉用户招纳到平台上，等到传统电商巨头惊醒时，它已经成为月活 2 亿、市值 250 亿美元的小巨头了。

拼多多的成长及对目标用户的精准定位，正如其创始人黄铮所言：一个城市一个月（收入）6000 元钱的年轻妈妈，她的钱在当地可能不多不少，她作为一个妈妈买纸尿裤可能买最贵的，但是有可能给她老公买麦片买最便宜的，你说她是什么？你不能把一个人固化，说这个人生活在三线城市，就是三线的消费者。这是有一定道理的，绝大多数人都有购买低价商品的心理，我们只要适当地引导用户消费一些商品，让他们占到一些便宜，就能为平台或产品初步引流。

前面我们介绍了著名的 AARRR 模型，即"Acquisition→Activation→Retention →Revenue→Referral"。拼多多的用户增长逻辑可谓高度契合了这一模型，那么拼多多是怎么做的呢？

想必大家都遇到过这种情形：微信群或者朋友圈好友特别是家里的长辈发起"帮忙点一下免费领取商品"的链接，点开之后就是帮忙砍价，砍价成功后提示下载客户端可以多砍 10 元，引导你下载使用 App，并在你下载成功后还可免费领取商品。

图 5.16 是其中一个"助力享免单"的活动界面截图。左侧为安卓手机呈现的活动流程，提示用户助力好友成功得 12 元现金红包，然后引导用户点击"去提现"按钮跳转到下载页面。右侧为 iPhone 助力免费商品的界面，点击"免费领取"按钮同样会引导用户跳转去下载 App。

图 5.16　拼多多"助力享免单"活动截图

这就是微信生态流量引导，拼多多把这个渠道的流量获取方法玩到了极致。比如安卓和 iOS 两套手机操作系统，拼多多针对不同的手机使用人群做了不同形式的引流方式，安卓操作系统比较开放，就是直接发放现金红包，用明确的红包数字吸引用户。

拼多多在"激活"方面也做得不错，用户进入 App 后并不马上引导用户进行登录操作，而是在特定场景引导。比如在用户浏览商品产生了消费冲动决定付款之前引导用户登录，这样很多用户就不会被"登录"这个环节拒之门外了。另外一个明显引导登录的场景是领取红包的时候，不难理解，领取的红包要放到个人账户中，必然就要登录。如图 5.17 所示，用户进入拼多多会先收到现金红包，点击"拆开宝箱"后才进入登录页面，并且推荐微信登录，便于后续的传播。

图 5.17　拼多多"拆开宝箱"引流

流量引来了，怎么做才能留住用户呢？要做好用户留存才能稳定发展。在微信生态下，用户触达能力极强，拼多多借着这一优势，通过服务号的推送消息，刺激用户试用相关服务甚至进入小程序或 App。而当引导用户打开小程序或 App 后，还有一系列的优惠红包在等着用户领，以此来留住新用户，如图 5.18 所示是拼多多服务号的推送页面。

拼多多因其"拼着买"的特性，在"付费"流程上与一般的电商网站也有区

别。首先，首页有轮播功能引诱用户
冲动消费，微信好友的拼团申请也会
在一定程度上促成交易。其次，拼多
多没有设计购物车功能，这点似乎让
人有些诧异，一个电商平台怎么能没
有购物车呢？其实，这点设计很巧妙
地降低了消费决策门槛，用户不用将
商品加到购物车里经过深思熟虑、反
复对比，而是直接付款购买，缩短了
消费路径，让用户用最短的时间决策、
用最少的步骤完成下单操作。如图 5.19
所示为拼多多的商品购买及支付页面。
在支付的流程中，拼多多也做到了尽
可能地减少用户思考的时间，比如运
费，拼多多的所有商品都是包邮的，

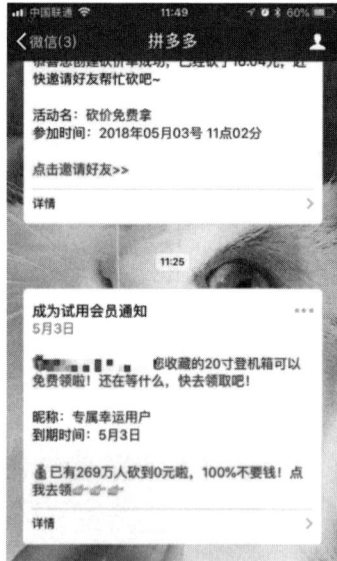

图 5.18　拼多多服务号的推送页面

而且在支付的时候也优先推荐了微信支付，可见拼多多和微信生态结合紧密。

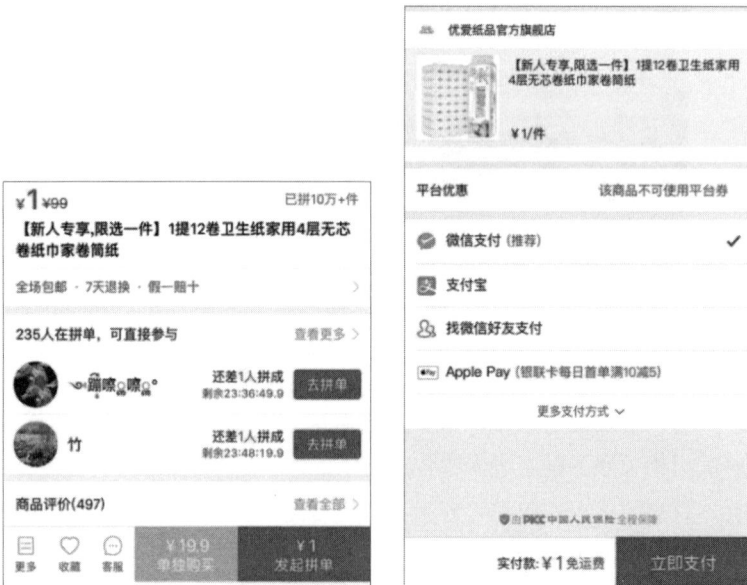

图 5.19　拼多多的商品购买及支付页面

用户自点开帮好友砍价/免费领的链接起，便通过翻倍砍价、现金红包等手段刺激用户产生消费冲动，以此引导用户下载拼多多 App 或使用小程序，再通过 App 的 Push 和服务号通知在短时间内留住用户，在各种优惠活动的刺激下发起交易，从而开启新一轮的拼单砍价，并分享到微信中。这一系列流程便促成了拼多多的"自传播"生态。

拼多多还利用强大的微信生态资源，在小程序领域施展拳脚，拼多多小程序的引流流程如图 5.20 所示。拼多多利用微信公众号来给小程序引流，又通过上面讲到的激活、留存、付费等一系列流程结合小程序的分享功能，将卡片分享到微信群或好友聊天中，完成自传播的操作，同时依托微信的服务号通知持续激活用户，进入小程序。拼多多可以说是充分利用了微信的资源，达到了短时间内爆发式的用户增长目标。

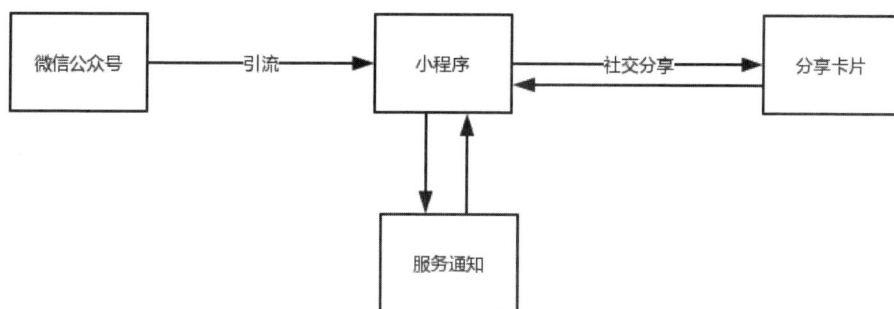

图 5.20　拼多多小程序的引流流程

除此之外，拼多多也像快手、抖音一样，大量砸钱冠名赞助综艺节目，这也是其获得用户的一种有效途径。最耳熟能详的大概就是拼多多在《极限挑战》上的投入，特别是罗志祥延长的那首"拼多多拼多多，拼得多省得多"，听过几遍之后就会被成功洗脑。

5.4 "电商与社区结合体"小红书，如何理解用户并杀出重围

小红书正当红。

在用户眼里，小红书是一个"种草"社区。这里的"种草"是一个网络用语，比较常规的解释是用户根据外界信息，比如朋友、明星或者广告，对某件商品、实物产生体验、购买欲望的过程。通俗点讲，"种草"就是喜欢上某件东西、很想拥有它的想法。

小红书官方的自我定位是一个年轻生活方式分享平台。在这个过程中，小红书解决了平台用户获取信息的问题，它让用户在选择的商品中有一个参照物，提高选择的效率，最终买到性价比高的商品。小红书"电商+社区"的产品模式也在很大程度上解决了大多数电商 App 用户停留时长短的问题，通过内容把消费者喝茶或者闲聊时讨论购物的场景搬到线上。

这种模式也帮助其获得了大量用户。截至 2019 年 1 月，小红书 App 用户数已经超过 2 亿，估值超过 30 亿美元，并入选美国最具影响力的商业杂志 *Fast Company* 评选的"世界最具创新精神公司"榜单，位居中国最佳创新公司第三名，紧随美团和阿里。

实际上，小红书在成立之初，公司业务重心放在电商上，日活跃用户数起色并不大，但从 2017 年 11 月到 2018 年 11 月的一年时间，小红书的 DAU 翻了两番，突破 6000 万，成为继淘宝之后月均 DAU 最高的 App。小红书做了什么能让数据增长这么快？这里面是不是有些秘诀可以供其他用户增长团队参考？

5.4.1 打磨内容和社区，沉淀用户

小红书在内容和社区的打磨上做了很多工作，比如拥抱社区的内容多元化，引入算法推荐机制，内容呈现用受年轻用户喜好的信息流模式，内容从海外购物分享为主逐步扩展到美食、旅行、学习等各类生活方式的分享。从冷启动开始，

原创精选内容，沉淀用户。这些努力促使小红书由一个单纯的好物分享平台升级为一个对年轻人有影响的生活方式平台和消费决策平台。

小红书的标语（slogan）也经历了多次变化："国外的好东西"——"全世界的好东西"——"全世界的好生活"——"标记我的生活"。每一次变化都能看到小红书围绕内容在产品方向上的调整和改变，也逐步让用户相信小红书 App 上的内容是可靠的，并自然地在平台上产生购物行为。这就是小红书基于内容和社区的"社区电商"探索，也是其在商业化上的一个重要尝试。

如图 5.21 所示是小红书 App 的社交电商探索示意图。可以看出，小红书以社区为中心，所有逻辑都在为打造社区服务，从浏览笔记的普通用户到购买商品后分享、让更多用户创造笔记，形成了小红书 App 的闭环，从而沉淀用户。通过时间的流淌和口碑的传播维护了用户的黏性，当用户量达到一定规模后，引入电商，并将社区的价值充分利用，以达到利益最大化。通俗点理解，普通消费者、小红书 App 和笔记达人之间通过内容产生了紧密联系，普通消费者在小红书 App 上阅读笔记达人分享的购物心得，通过关注、点赞、评论、私信等产品功能与笔记达人产生社交关系。笔记达人主动或者在消费者的邀约下在小红书上分享购物心得，为平台提供内容，并给普通消费者提供消费决策依据。小红书 App 把二者有机串联，并采购可靠的商品进行售卖。这样就完成了一个比较完整的闭环。

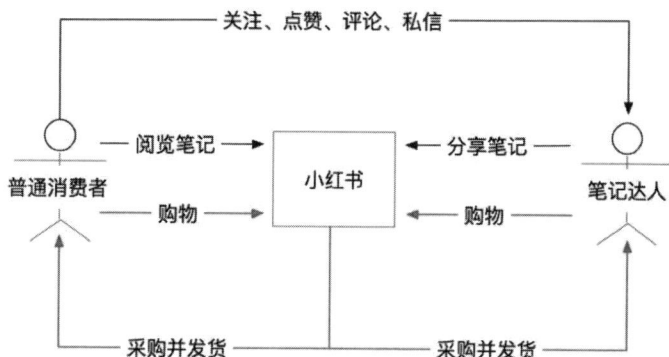

图 5.21　小红书 App 的社交电商探索示意图

5.4.2 明星级 KOL 入驻，带货效应显著

小红书在用户增长策略上还有一大法宝：邀请明星级 KOL 入驻。KOL 指 Key Opinion Leader，即关键意见领袖，基本上就是在行业内有话语权的人，包括在微博上有话语权的那些人，营销学上的解释为拥有更多、更准确的产品信息，且为相关群体所接受或信任，并对该群体的购买行为有较大影响力的人。直白点说，就是邀请一批有流量、能带货的明星入驻。

从 2018 年年初开始，很多使用小红书的用户会发现，像范冰冰、林允、江疏影、张雨绮等众多明星都先后出现。在《创造 101》《延禧攻略》热播时，《创造 101》里的选手王菊、杨超越等都纷纷入驻小红书。《延禧攻略》剧组，包括"皇后娘娘"秦岚、"令妃"吴谨言、"纯妃"王媛可等都活跃在小红书上。有公开数据显示，先后有近千位明星入驻小红书，小红书也成为继微博之后的第二个明星聚集地。这带来的直观效果便是，随着一个流量明星的入驻，这个明星的粉丝便开始批量涌入，为平台带来巨量的新用户。

当然，明星邀请也需要讲究策略，漫无目的地撒钱可能带不来效果。小红书在邀请明星级 KOL 入驻时至少考虑了这些因素：

（1）邀请入驻的明星是不是与平台的调性匹配。小红书的标语是"标记我的生活"，自我定位是一个为用户提供消费决策的平台。所以，小红书邀请的多为范冰冰、林允、江疏影这样能和用户分享美妆、消费及生活观念的明星，为用户和粉丝提供参考样例。

（2）明星是否有话题性。有话题性的明星入驻对社区平台才有更大的价值。小红书在这点上把握得十分精准，其中最明显的就是蹭热点，为平台增加热度。比如综艺节目《偶像练习生》《创造 101》及电视剧《延禧攻略》热播时，小红书便及时跟进，邀请选手和明星入驻，随之带来一波新用户，并成功在市场上打出品牌知名度。

（3）明星能否为平台创造价值。一方面，明星可以从市场角度为平台带来品牌知名度，为平台导流；另一方面，明星是否能为平台带来实质性的内容。对于

小红书来说，这两方面都非常重要。从内容方面来说，小红书从运营层面就非常注重引导明星推送与平台调性相符的内容。比如林允从开通账号到现在已经发了177 篇笔记，为用户创造了价值。

5.4.3　广告投放

从最开始的《偶像练习生》，到《创造 101》，再到春节期间冠名东方卫视春晚、大规模"撒币"行为。小红书一改创业初期的广告零投放模式，赞助现象级的综艺节目，在下沉市场和安卓手机用户中全面推广，在 2018 年实现了用户的新一轮爆发式增长。

小红书 App 版本迭代情况如图 5.22 所示。

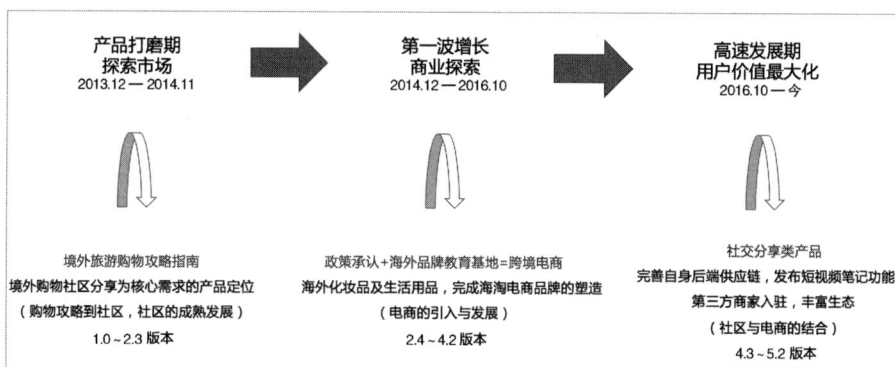

图 5.22　小红书 App 版本迭代情况

在渠道推广上，小红书也以综艺植入和硬广告为主，取得了非常不错的效果。由图 5.23 可以看出，由于小红书在 2018 年 3 月至 5 月赞助了综艺节目《偶像练习生》和《创造 101》，不断为平台吸引用户和流量，产品的 MAU 数急剧增加，增长率也远远高于之前。当然在两档节目播放结束后增长率也随之放缓，但是可以看出 6 月份的 MAU 数已经远远高于未投放综艺节目时的 2 月份，可见赞助综艺节目达到了非常良好的效果。

虽然目前小红书也存在着各种问题，但这个平台依旧不断寻找用户消费场景、挖掘用户更深层次的需求，并在运营策略上匹配用户，这都给用户增长团队提供了宝贵的实践参考。

图 5.23　2017 年 10 月至 2018 年 9 月小红书月度独立设备数

5.5　预装引导对用户冷启动的意义有多大

用户冷启动即用户对产品的最初印象。比如我们在饭局认识一个陌生人，最直观的判断便是，男？女？长发？短发？严肃？活泼？等等，这都是我们第一眼的印象，当然我们在吃饭交谈的过程中会产生第二印象，是否健康？是否博学？是否绅士？是否淑女？甚至是否喜欢你？等等。这第一印象和第二印象加起来称为最初印象。产品也有最初印象，它通过一些引导和内容唤起用户的好奇心，每个产品都有目标用户，它不会让这个世界上所有人都喜欢它，它只希望自己爱的人认同、加入自己的阵营。

以新闻客户端为例，市面上并不少见，似乎每个产品都让用户看新闻，享受其中，实际上每个新闻客户端多多少少会有些差异。比如，腾讯新闻主张严肃、客观，天天快报主张兴趣、休闲，网易新闻主张观点新颖、互动频繁，凤凰新闻有温度、就做不同。产品的每个功能和策略都是从自己的特色出发去吸引自己所定位的用户的。

从功能预装引导上观察，网易新闻和腾讯新闻以简洁为主，减少对用户的引导，实际上也是少一种打扰，两者都是在刚下载安装启动后弹出是否获取定位权限的窗口；进入首页信息流后提示用户下拉、上滑的效果和作用；进入正文页出现左滑、右滑的动态提示；进入浏览短视频页面，出现如何切换上下视频的悬浮标示，如图 5.24 所示。除此之外，便无其他更加重要的用户引导，这也充分说明两者的产品属性——简洁。两者的功能引导流程对比如图 5.25 所示。

图 5.24　网易新闻和腾讯新闻功能引导

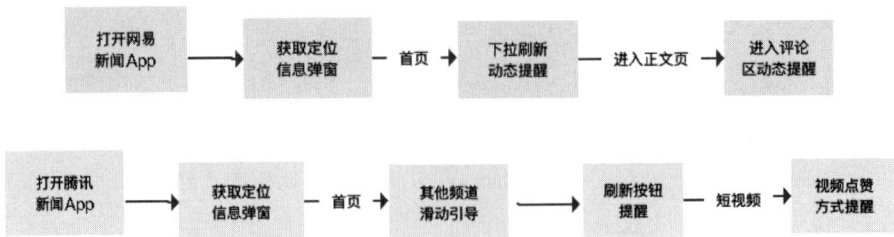

图 5.25　网易新闻和腾讯新闻功能引导流程对比

相比之下，今日头条和搜狐新闻的流程烦琐一些，但是对用户更加亲切、友好，可以照顾到操作能力、理解能力相对较差的用户，因为它们所定位的用户区域要比网易新闻、腾讯新闻更下沉一些，所以这样更适合它们的用户。两者在网易新闻、腾讯新闻的预装引导的基础上增加了新颖的引导方式。比如浏览首页增加了如何分享的按钮提示，在浏览正文时增加了如何评论的引导提示，在关注标签下有引导关注的引导提示，如图 5.26 所示。这都预示着产品渴望表现得更加人性化，更加温情。两者的功能引导流程对比如图 5.27 所示。

凤凰新闻则否定了自己感觉没有意义的引导，增加了更加稳定的引导方式。既保证用户对于隐私安全的放心，又给用户提供了便利的条件。比如在正文页增设了手势调整字号大小、关闭音频方法的引导提示，浏览图集的滑动指示，如图 5.28 所示。其功能引导流程如图 5.29 所示。

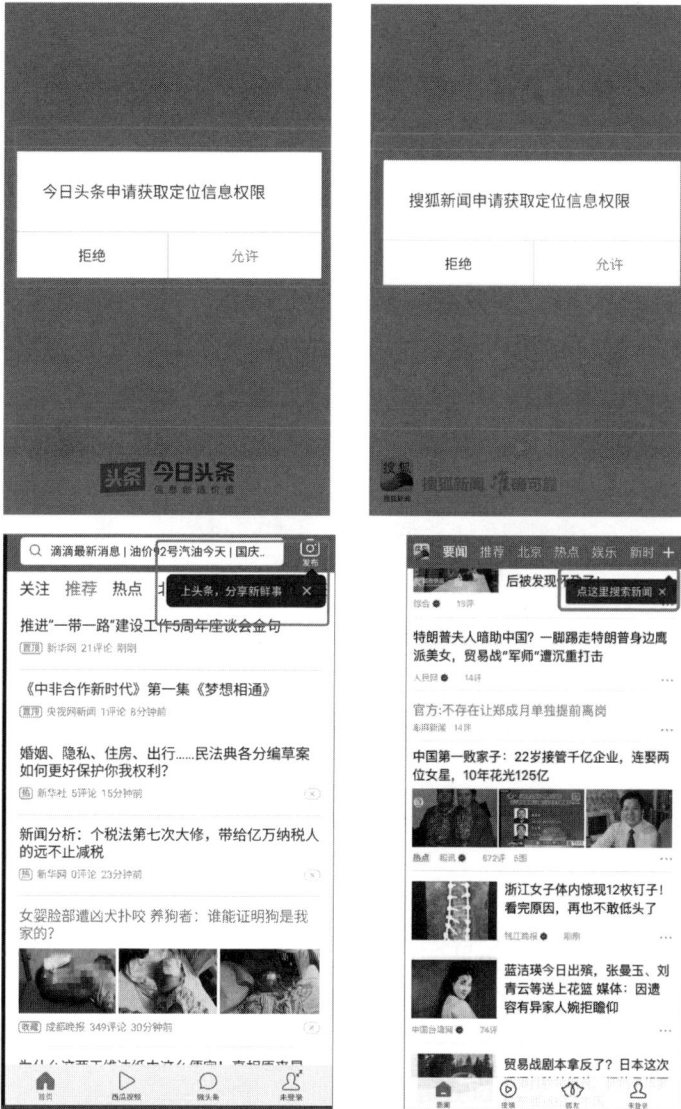

图 5.26　今日头条和搜狐新闻功能引导

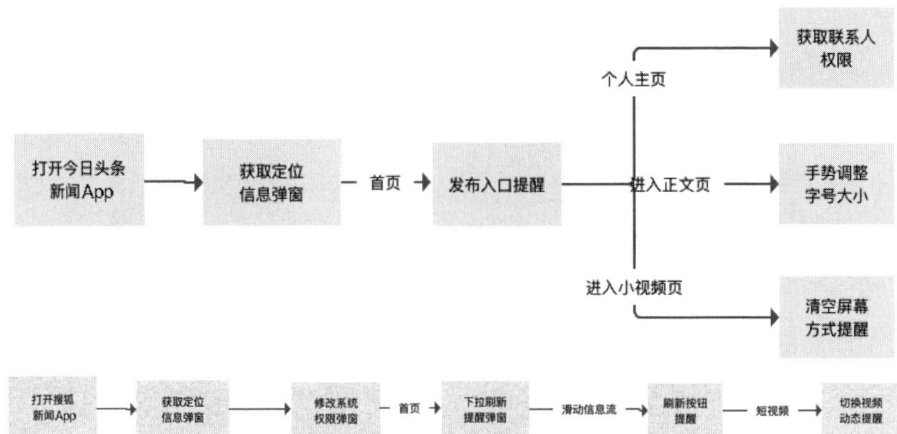

图 5.27　今日头条和搜狐新闻功能引导流程对比

图 5.28　凤凰新闻功能引导

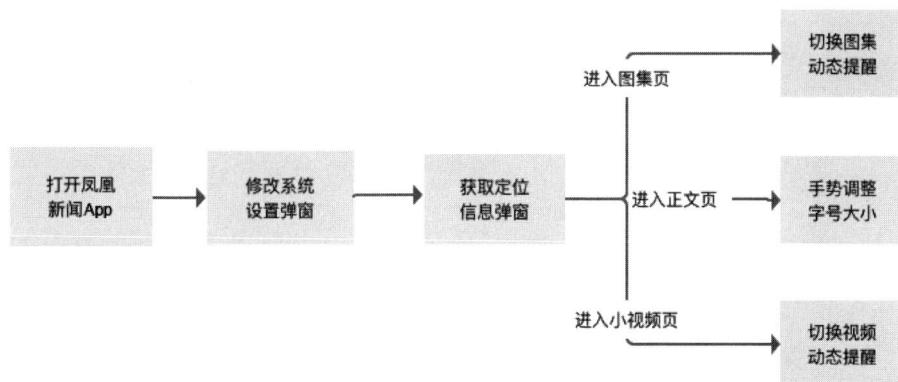

图 5.29　凤凰新闻功能引导流程

　　冷启动的提醒永远是用户认识一个产品最开始的步骤，能否一见钟情，能否一见如故，都是崭新的开始。

6

第 6 章

在产品生命周期内的用户获取能力

在管理学范畴，美国哈佛大学的雷蒙德·弗农教授曾提出"产品生命周期理论"，用以概述一种新产品从开始进入市场到被市场淘汰的整个过程。他认为：产品的生命是指市场上的营销生命，产品的生命和人的生命一样，要经历形成、成长、成熟、衰退这样的周期。这个理论同样适用于移动互联网产品，移动互联网产品也有自己的生命周期和时间窗口，并且在每个阶段，获取用户的方式都会有差异。

6.1 产品和运营的"大小年"，时间窗口下的周期性更替

移动互联网产品在不同的生命周期与时间窗口，用户增长采用的手段有很大的不同。

在与同行的交流中，我们经常听到几个代表性的问题：用户增长工作是产品为王还是渠道为王？或者是内容为王？近年来，也有越来越多的人强调运营为王。用"公说公有理、婆说婆有理"来形容，毫不过分。为什么每个人的观点都不同呢？

这需要从不同产品所处的阶段去看，这几种观点其实都有其合理性。具体到不同的产品生命周期，何种增长方式为王也不一样。这需要结合当时所处的市场环境与竞争格局来理性分析，不同的产品需要根据自己的差异化和核心战略来制定不同的增长策略。比如微信、今日头条大概是在 2011 年至 2012 年相继崛起的，其背后是 3G 通信网络与智能手机在中国的迅速发展和普及，用户随之从 PC 互联网快速转移到移动互联网。PC 互联网时代无法获取的用户信息、地理位置、移动传输、即时性等问题迎刃而解，更多人开始从电脑屏转移到手机屏。

到了 2015 年，风头正盛的滴滴掀起与快的的补贴大战，则是微信支付与支付宝等移动支付成熟后的商业升级。

2017 年到 2018 年拼多多、趣头条的风靡，则是微信与支付的普及让移动互联网用户开始往更下层人群传导，让之前只看电视和听广播的人群又加入移动互联网的核心圈。

所以，我们在分析产品的用户增长驱动杠杆时，也是不能刻舟求剑的。

6.1.1　为什么说"运营为王"

"运营为王"是指在成熟商业模式与技术应用下的竞争。在这个阶段，产品的商业模式已经被验证得比较清晰，产品功能与技术创新在应用层的突破已经没有太高的门槛，可复制或同类型的产品很多。此时，在用户增长的窗口期内，大家拼的就是团队的执行力与运营能力。

我们回到当年的微博大战，彼时战局的混乱与激烈程度，远胜今日的各种纷争。其中，腾讯微博和新浪微博堪称这个赛道上优势最明显的两大种子选手。从产品形态、技术能力上看，二者并没有太大的差异，腾讯微博在资金与资源上还有一定的优势。但最后的结局却让人大跌眼镜：腾讯惨淡退场，新浪笑到最后。为什么会这样？这归功于新浪微博在运营上的发力。

在各方的竞争中，新浪微博携博客时代的积累，着力明星、社会事件、热点、话题的策划和运营，整个公司背水一战，气势如虹，直到今天很多耳熟能详的热点事件及话题，最早的发酵地都是微博。反观腾讯微博，除了补贴烧钱，再无其他亮眼的运营策略，白白浪费了一堆外人眼馋到不行的优质资源，最终退出微博的战场。

是微博这个产品市场中只能容下一家公司吗？是微博的产品已经落后于时代了吗？其实并不是，微博的广播式链条，在大事件的传播中仍发挥着不可替代的作用。就在腾讯放弃微博产品后，今日头条以微头条的方式卷土重来，照样占得了微博式内容分发的一席之地，成为众多明星、企业家、大 V 的信息首要发布平台。

还可以来探究一下时下最火的今日头条、抖音等产品崛起的奥秘。今日头条爆发的原因，实质上并不是它所标榜的算法推荐，而是 2014 年下半年开始建立的与算法推荐匹配的头条号自媒体内容生态平台。它的核心是通过商业激励的方式，打造一个优质内容生产、消费、变现的闭环，从而带来真正的爆发。数据最能说明一切，它使得今日头条的 DAU 完成了从 2014 年年中的 1000 多万到 2015年年初 4000 多万的大跨越。与之形成鲜明对比的是在两年前，搜狐已经在自媒体方面进行布局，但"起了个大早，赶了个晚集"的搜狐并没有像今日头条那样把自媒体平台当成一条生态链进行运营，没有从内容创作、内容分发、内容变现等方面全方位着力，也没能梳理清楚内容分发与变现机制的关键逻辑，这就导致内容平台成为一个死平台，没有生命力，无法激励入驻的创作者源源不断地创作出优质内容。

从这个角度看，产品并不重要，运营机制明显站到了"C 位"，这就是所谓的"运营为王"。

故事还远未结束。

还是抖音，这个像开了挂一样的"当红炸子鸡"完成了从抄袭 MUSIC.ly，追赶快手，变成目前国内第一小视频平台的逆袭，这也是国内第一个国际化初步成功的产品。它的成功也得益于其本身拥有一套有效的运营策略。比如坚持 15 秒的短视频策略，降低了用户的创作与消费门槛；移植头条号积累的运营能力，加上 4G 网络和流量费用下降等客观因素，抖音创造了半年新增用户过亿的产品奇迹。

6.1.2　为什么说"产品或技术为王"

"产品或技术为王"是指在旧格局未被打破、新商业机会还没清晰时，需要产品或技术创新与探索的突破。

当一种产品的商业格局已经固化，大家觉得这个行业再没有新机会出现时，由于运营商网络环境、上游终端硬件及支撑该产品新商业模式的基础设施发生重大变化，往往会有新的伟大产品或公司诞生。在产品推出的早期，大家惯用原来的商业逻辑去理解这些公司，不看好其发展前景和市场前景，很多大公司也错失投资或者收购它的机会。

中国互联网只有 20 多年的历史，但已经诞生了许多伟大的公司。我们回过头去看它们的发展历程，会发现一个特别有意思的现象：这些伟大的公司大多拥有非凡的运气。这运气里自然包括完美错过当时所谓巨头或大公司的投资、收购，当这个新兴产品被市场接受，那些错过投资创新产品的大公司往往由于没找到新的用户增长点而开始衰落。比如腾讯成立初期，一度走投无路，马化腾试过把 QQ 作价 100 万美元卖给搜狐，但张朝阳认为这样一个类 OICQ 的产品不值这么多钱，自己招几个产品和技术人员就能做出来，随后就真的做了一个搜 Q，后来的故事不用讲大家都知道了。

无独有偶，凤凰网当初也有机会投资今日头条，但当时还有一个选择：一点资讯。凤凰网犹豫过，最后还是决定放弃今日头条，转向投资能接受大比例占股并有小米等手机厂商支持的一点资讯。后来，当时力主投资今日头条的凤凰网战略总监华巍离开，加入今日头条成为张一鸣的投资顾问，现在成为今日头条分管HR 的 VP（Vice President，副总裁）。

为什么会有这样的现象呢？是因为在当时所处的阶段，大家看到的产品并没有很好的商业模式或者很好的变现机会，所以就没有认可这些产品背后的价值。

互联网有一条被验证过的价值估算理论：只要产品或平台拥有足够多的用户，并且用户停留时间足够长，那么这个产品或平台就有很大的商业价值，哪怕短时间内还无法找到比较好的变现方式。基于这个逻辑，产品方或公司需要更加关注产品或技术的突破，让技术的创新给用户带来新的体验或者创造前所未有的需求。在稍后的商业化过程中，只要被市场验证，就会像滚雪球一样，用户量与口碑获得快速提升。在这个时期内，获取用户是最重要的任务，商业变现反而不需要太着急。

市场上有很多这样的鲜活实例，一些产品取得短暂的领先优势之后很快就被后来者赶超，很大一部分原因就是过早地追求商业变现，忘掉初心，忘掉产品的创新与突破，放缓了用户增长速度给后入者可乘之机。秒拍、美拍先后被抖音赶超便是如此。而另一个短视频头部玩家快手在遭遇监管压力及短暂的战略迷茫之后，于 2018 年中期被抖音超越。但快手很快进行了调整，找到了自己与抖音差异化的产品定位与社区功能点，并把用户增长提到优先的位置，加大在 OPPO、VIVO、华为等手机厂商的预装，在一些综艺节目上也能看到其大把砸钱进行品牌宣传。

快手很快就站稳了脚跟，并以 1.2 亿的 DAU 与抖音两分短视频天下，也成为腾讯在短视频领域牵制"字节系"的一支重要力量。如今，快手在稳住局势之后，在商业化上开始往游戏、直播等方向扩张，在抖音信息流广告和电商的商业变现之外走出了一条新路。这给其他产品或公司提供了一些启示：互联网产品切忌"穷寇莫追"，一定要"赶尽杀绝"，因为一骑绝尘才能有安全空间。而落后者在角落挣扎的时候一定要找准自己的产品定位和差异化发展道路。

6.1.3　为什么又有"内容为王"和"渠道为王"的说法

无论内容还是渠道，本质都是流量，互联网本质上就是流量的生意，流量是结果，运营是手段，早期产品是种子，后期产品是运营的工具。

以资讯分发为例，在资讯分发领域，我们看到有两种不同的内容形态：一类是以影视综艺为主的长视频、小说、音乐、大型游戏、音频作品等具有 IP 属性的内容，这类内容往往更看重版权的价值，占用的是用户的块状时间，它们本身就是流量并附带商业价值，强调的也是大 IP（Intellectual Property，知识产权），内容品质是核心。通常，在分发市场没有被垄断的情况下，我们把这类产品或平台的增长表现称为"内容为王"，其商业变现方式除了广告，还有用户直接付费。例如视频类的爱奇艺、腾讯视频，小说类的阅文、掌阅，音乐类的 QQ 音乐、酷我音乐。这类平台竞争到最后往往就是靠烧钱，拼的是资本，你可以看到这些产品或平台背后站着的多是资金充足的 BAT（百度、阿里巴巴、腾讯）等大公司。

第二类是图文、短视频、小游戏类的碎片化、时效性较高的内容，这部分内容看重的是传播性，主要依赖广告和生态平台分成等，它们往往拥有较高的渠道垄断能力和商业议价能力，这也就是我们所说的"渠道为王"。像 PC 互联网时代的百度、奇虎 360、联想，移动互联网时代的微信、今日头条、华为等，基本都控制了渠道上的绝大部分流量。

从移动互联网的发展时间轴上看，2012 年是产品与技术突破的巅峰时期，像微信、今日头条等如今称霸移动互联网的头部产品大都诞生于这段时间。其背后的原因是 3G 网络，以及包括智能手机、Pad 等智能终端的发展和普及，为新产品和技术的发展创造了空间。

到了 2014 年，则到了运营驱动的巅峰。TMD（今日头条、美团、滴滴）三小巨头都是在这一年迎来真正的爆发的，之后增速逐渐回落。这个时期增长由运营驱动的根本原因在于一种成熟的"商业模式+技术应用"的整合已经被探索得十分清楚，前面的试水者积累的经验给后来者提供了很好的教科书，所有人都可以照做。最后若想冒出头，就需要拼执行力，拼资源，拼运营（这里的运营是大运营，包括市场、营销、运营策略等，不仅仅是获取用户）。

按照这个趋势（图 6.1），2018 年至 2019 年又将是一个产品与技术突破的年度，我们现在看到的热点技术如 AI（人工智能）和区块链都将迎来大发展，但目前还没有大的进展，特别是应用落地还远未达到预期。为什么会有这样的判断？这背后有一个逻辑：从 2018 年开始，现有的产品和技术在商业板块的红利已经被吃透，要开始新一轮的创新，探索新的发展模式，再度沉淀和积累一波新的"产品+计算平台+商业模式"势能，拓展新的发展空间。换言之，现有的产品和技术格局已经很稳定，要打破并进一步寻找新的机会，就需要找到新的创新驱动力。

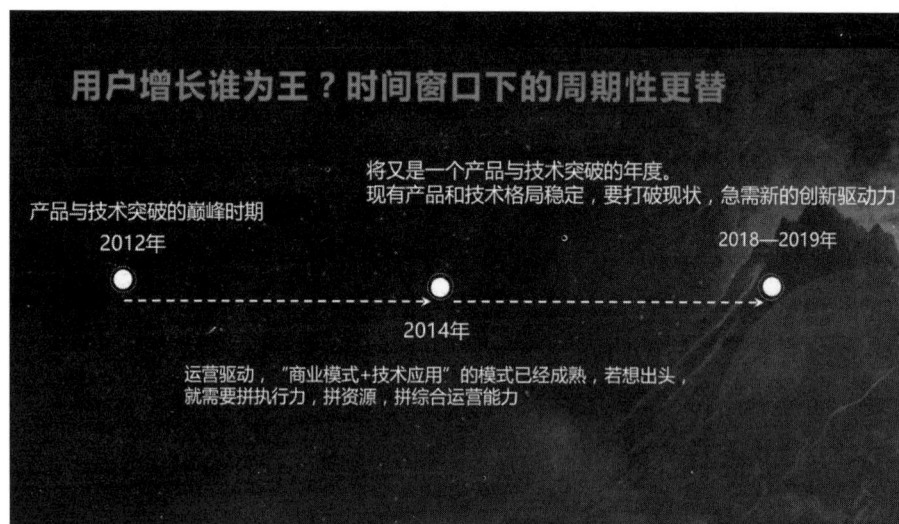

图 6.1　用户增长谁为王的趋势

同时，我们还看到一个现象：2018 年，很多产品产生在 BAT、美团、今日头条这样的公司内部，特别是今日头条和美团，被称为无边界公司。知名媒体人李志刚在《八年跟踪，还原最真实王兴，八大铁律创造无边界美团》一文中指出，无边界的本质是用户、数据和支付的统一。这是一个公司能够极大降低壁垒，从一个领域进入另一个陌生领域的核心原因。

为什么这些公司要源源不断地开发新产品，拓展新的业务领域？从整个社会背景来看，是因为移动互联网流量红利见底，用户获取成本高昂，单一用户、单一商业模式已经无法再用 ROI 模型去做增长了。为了增长的可持续性，很多公司开始反复挖掘现有用户的价值，加之在用户、数据、支付上的统一与沉淀，这些公司从熟悉的领域进入另外一个陌生领域的壁垒和用户获取成本可以极大降低（不像一些初创公司需要从 0 到 1 付出极大的成本），新业务成功的可能性也非常高。而新产品的成功，又能对同一用户产生不同影响，满足他的需求，比如美团打车，用户在获得团购、外卖等生活必需的服务之后，还能解决出行问题。这从另外一个层面提高了行业的竞争门槛，也拉高了整体的变现效率，增强了自身的竞争力。

这个趋势值得很多已经拥有一定规模用户的公司深入研究与探讨。

6.1.4　用户增长的秘密：人

前面所述即为产品在不同生命周期内的不同的用户增长策略与商业逻辑。其实用户增长还有一个秘密，而且是最为核心的要素：人。无论什么类型的产品，该产品处于什么生命周期或阶段，最根本的还是对人的使用。不同的阶段，不同人的价值是不同的。在这里，我们就不再做系统性的延展，只描述一个现象。

通过对比创业公司与成熟公司的 CEO 或总裁（公司业务实际管理者），我们发现，他们的背景是不一样的。成熟公司做得成功，实际管理者往往不再是技术或产品出身的创始人，创始人更多充当精神领袖的角色。产品或平台的本质是商业，所以掌管财务的 CFO 或者懂商业的高管比技术、产品出身的创始人更适合担当成熟公司的 CEO 或实际管理者，带领公司做得更大，走得更远。即将接替马云出任阿里巴巴集团董事局主席的张勇和现任腾讯集团总裁的刘炽平都属于此类。而新浪集团董事长兼 CEO 曹国伟则是从职业经理人 CFO 转为公司实际控制人，带领新浪这家传统门户成功完成转型的代表人物。

创业公司完成从 0 到 1 的蜕变，需要从商业模式的某个点上率先突破，这个挑战更适合技术、产品或运营出身的创业者，单点足够锐利就有颠覆现有格局的可能。在创业公司变大之后，创始人要么进化得非常懂商业，继续带领公司走向更远的深海。要么就当精神领袖，把位置和日常管理权让渡给更懂商业的人。比如风头正盛的张一鸣，他除了在技术、产品上嗅觉敏锐，对商业的认识也非常深刻，从头条号的闭环到商业变现，都显示了他的综合领导能力。而滴滴实际上是因为柳青的加入，发力商业才使得后面的步子迈得更快，迅速做大做强。

这也给很多大公司或者创业公司敲响了警钟：最怕成熟公司的 CEO 突然标榜自己是"产品经理"，这几乎就是公司衰败的开始。因为成功的企业家与市场和用户的需求距离太远，太专注抓产品的单点突破，就意味着在商业格局平衡与公司长远战略上的短视，结局自然不会太理想。

6.2 不同维度竞争下的用户增长策略

把时间定位到 2018 年，这一年，各种数据都在表明一个鲜活的事实：全球智能手机的出货量开始下跌（图 6.2），移动互联网的用户增速趋缓，似乎即将触摸到天花板，相应的用户获取成本和难度也越来越高，移动互联网的红利期似乎已经结束。用户增长的重心开始从增量市场转向运营存量用户，深度挖掘现有流量的价值。

Top 5 Smartphone Companies, Worldwide Shipments, Market Share, and Year-Over-Year Growth, Q2 2018
(shipments in millions of units)

Company	3Q18 Shipment Volumes	3Q18 Market Share	3Q17 Shipment Volumes	3Q17 Market Share	3Q18/3Q17 Change
Samsung	72.2	20.3%	83.3	22.1%	-13.4%
Huawei	52.0	14.6%	39.1	10.4%	32.9%
Apple	46.9	13.2%	46.7	12.4%	0.5%
Xiaomi	34.3	9.7%	28.3	7.5%	21.2%
OPPO	29.9	8.4%	30.6	8.1%	-2.1%
Others	119.9	33.8%	149.8	39.6%	-19.9%
Total	**355.2**	**100.0%**	**377.8**	**100.0%**	**-6.0%**

Source: IDC Quarterly Mobile Phone Tracker, November 1, 2018

图 6.2　IDC 数据，2018 年第三季度全球智能手机出货量为 3.552 亿部，
同比下降 6%，连续第四个季度出现同比下滑

于是我们看到，创业公司获得新产品或新技术突破的机会越来越少，BAT 等传统互联网巨头和 TMD 等新晋小巨头开始无边界拓展业务，最大限度地降低用户获取成本，增加商业收益。如何分析这个现象？还是需要回归商业的本质，从这个角度探究，你就会发现市场变量仍然离不开用户获取成本与用户变现能力的杠杆。

很多人不理解，很多擅长做产品的互联网公司在做到一定规模的时候，开始大力倡导"狼性"企业文化，推行"996"工作制（即工作日早上 9 点上班，晚上 9 点下班，中午和晚上休息 1 小时不到，一天总计工作 10 小时以上，并且一周工作 6 天），产品迭代要求每周更新一个版本，这是他们那一套"单点突破、唯快不破"的产品论不灵验了吗？当然不是，这是从单兵作战进化到兵团作战的必然结果，现在是打仗，不是单挑比武，功夫大师不如战术大师管用了。今日头条依托智能算法不断拓展产品外延，开发新产品，西瓜视频、火山小视频、抖音、懂车帝、gogokid 等相继上线，并都取得了不错的市场份额。被吐槽"没文化"的百度也开始跟风，老老实实地在手机百度上把信息流内容做起来，把 UC 浏览器的路慢慢堵死，它在短视频上也有布局，好看视频据说发展得还不错。同样饱受争议的腾讯也一口气推出微视、YOYO 视频等短视频产品，被嘲讽不争气的天天快报也有千万级的 DAU。相比之下，中型互联网公司的声音基本消失了。

是的，移动互联网已经进入深水区，交战各方比拼的已不再是单兵作战能力，也不是"华山论剑"式的单打独斗，而是两军排兵布阵的"襄阳城之战"，较量的是规模化多兵团作战能力，各种战术战略相互作用推动战局发展。

让产品回归商业本质去分析，我们看到，用户增长已经遭遇瓶颈，流量越来越贵。各产品或平台把更多精力投放到运营现有用户，通过满足这部分用户不同场景、不同类型内容消费的需求，来构建和完善主线产品的核心竞争力。并且进一步打造自己的用户体系，共享用户 SSO 一键登录，汇总各平台产品的数据、支付、关系等，完成底层数据的统一，进而降低用户获取成本，提高单一用户的综合变现能力。

这在今日头条上体现得非常明显，在手机厂商预装上，今日头条单个应用安装包的费用成本与门户旗下的新闻客户端是一样的。但它后面可能带来一连串的应用包：西瓜视频、火山小视频、抖音、懂车帝等。这些产品服务的用户场景各有不同，相互之间又能拉活、保活，从而大大降低了预装成本，就像买保险，一人买单，全家受用。如果单看今日头条 App 的预装成本，它的 ROI 也是负的，但整个产品系列综合在一起就是正的。其他门户的新闻客户端预装一个就是单算一个安装包的价格，成本比今日头条高出好几倍，这种错位的竞争是不可持续的。门户的新闻客户端最终只能因无法支撑高额的预装投入而退出竞争。

这点同样体现在商业变现能力上，也出现了"双拳打四手"的情况，今日头条以集团军阵势冲击传统门户原有的势力范围，在这种不在同一维度上的竞争中，门户败下阵来也不足为奇。所以，传统的门户新闻客户端要想活下来，就必须在内容生产上做出差异化，找到自己的立足之本。

或许有人会说，论集团军作战能力，腾讯应该比今日头条高出不少段位，但为什么腾讯无法像今日头条那样发挥出应有的规模作战优势？这是因为腾讯太大了，作为一家成熟的巨无霸公司，腾讯内部碉堡林立，派系复杂，各事业部、业务线之间互相牵扯，数据无法打通，资源没有共享，人员冗余多，团队战斗力也被削弱。

但从客观上看，腾讯即便因为船身大堆积了不少弊端，它仍然拥有无可比拟的资源优势，打出了漂亮的"组合拳"：腾讯视频后来居上，超过优酷，已经可以和上市的爱奇艺并驾齐驱了。这得益于腾讯雄厚的资金实力，可以豪掷千金大量购买版权，腾讯体系内的生态流量也助益很大。还有一个不可忽视的关键因素就是腾讯账号体系的助力。

从 2018 年下半年开始，很多视频网站的会员收入已经超过广告收入，成为其最主要的收入来源。腾讯视频与爱奇艺在会员数量和收入上的竞争，实质就是变现能力与用户获取成本的较量。在很长一段时间内，爱奇艺没有 QQ、微信这样的账号体系，只能鼓励用户使用手机号码注册登录，但手机号码附带的私密信息较少，所以就出现了一个爱奇艺会员账号被多个人使用的情形，影响了其变现能力，直到爱奇艺接入百度的账号体系，通过大 IP 自制内容与明星话题运营才取得了一点领先优势。腾讯视频则依靠强大的 QQ、微信双社交账号体系，事先规避了这个漏洞，商业变现能力丝毫不弱于爱奇艺。后来，腾讯视频又借助腾讯公司的力量与运营商推出了 QQ 大王卡，通过腾讯系产品捆绑运营商的流量套餐，利用流量价格差获得大量用户，爱奇艺则马上与百度系做了一个百度流量套餐才缓解了这种非对称竞争带来的压力。当然，爱奇艺依然被市场更加看好的原因还是基于内容的运营，虎嗅的新年趋势预测文章表示 2019 年看好爱奇艺时用了这么一句话："爱奇艺的长处是用最优惠的价格做出最好的爆款，在网络大电影领域的优势也是腾讯所远远不能及的。2019 年依然看好爱奇艺，并不是因为这家公司多有钱，而是这家公司更善于用钱，更懂内容，更有做爆款的运气和实力。"而这场战局里已经没有优酷什么事了。

如今，高手之间的对垒已经不是单维竞争，而是立体化的多维竞争。用户变现在商业模式上也是有变量的，不同的变现模式，变现能力也不一样。比如广告是属于间接变现的，虽然是目前最主流的变现方式，但它的变现能力显然比不上电商、直播、游戏这种简单直接的变现方式。

也就是说，如果考虑一个产品的变现模型，最好的选择是直接变现，其次才是间接变现。这很容易理解，1000 万 DAU 的新闻类资讯 App 的变现能力与同量级的电商、游戏、金融或直播产品完全不在一个量级上。那么卖广告的平台是否也可以做电商、游戏、直播这些业务？当然也可以，只是用户并不精准，有这些需求的用户可能只是其中很小的一部分，加上服务场景不是很好，所以卖广告的平台涉足这些业务整体价值就会差很远。

但是，如果给产品增加用户账号体系、增加过渡场景，内容就变得很重要，而且平台的变现能力也会增强。打个比方，一个资讯 App 添加社区、评论、关注等社交场景后，就可以收集到用户关系和数据，若能再拿到用户的相关个人实名信息，就有了在金融方向进行变现的可能。而增加短视频、小视频内容之后，直播变现的转化能力也会提升不少。这都是提高综合变现能力的办法。只要变现能力提升了，那么在同样的留存率下，产品在市场上获取用户的 ROI 便会有竞争力。这也是多维度竞争中要综合考虑的因素。

可以看到，产品回归商业本质后，很多东西都是相通的。而创造高维度的竞争优势来实现更低的用户获取成本，提高产品的变现能力，是最后能在这个市场中胜出的关键。

7

第 7 章

技术如何带动用户获取能力的提升

技术在提升用户获取能力的工作中发挥着至关重要的作用,我们来看一张图片,如图 7.1 所示。

图 7.1 技术带动用户获取能力

我在华为内部培训及多个论坛、峰会等公开场合都演示过这张图片，从图中我们可以看到，技术驱动用户获取能力建设至少涉及六个方面：端内分发效率（包括编辑推荐、社交化的中心化分发，机器算法的去中心化分发）、入口前置化、进程保活、Deeplink、投放效率、Push 推送。

下面你将看到这些技术在用户增长策略中到底能起到什么样的作用。

7.1 进程保活

7.1.1 进程及其分类

绝大多数移动应用或者产品都希望在退出使用后，还能够停留在手机操作系统的后台——这点在开放的安卓（Android）操作系统上表现得尤为明显，苹果的 iOS 操作系统因其本身的封闭性，留给开发者的操作空间比较小——以便能够继续向用户推送或同步信息。

为什么会有这样的期待呢？试想一下，如果你的应用可以像手机 QQ 或微信这样的系统白名单"大户"一样，打开一次就可以长时间在后台运行而不被系统"杀死"，那么这个应用的日活跃用户量将多么可观，用户增长团队恐怕在睡梦中都会笑醒。当然，这只能是一个非常理想状态，现实中几乎是不可能的。手机操作系统是不可能允许所有的应用都常驻在后台的。手机的内存毕竟有限，如果允许应用在后台长久运行，无异于手机操作系统自己给自己贴上了"催命符"。而安卓操作系统的流畅性也一直为用户所诟病，定期杀后台进程和清理系统内存是保证安卓智能手机流畅运行的必备操作。

所以，如何让自己的应用更长时间地停留在用户手机上，是用户增长团队需要解决的重要问题。放到整个移动互联网行业，应用保活也是大家都会做的一项工作。

谈到应用保活，就绕不开进程保活。所谓进程一般是指应用中的一个执行单元，也就是一段程序的执行过程，退出应用即终止这段程序的运行。一个安卓应用由一个或多个进程组成，大部分应用拥有多个进程。安卓进程按优先级分为五类：前台进程、可视进程、服务进程、后台进程和空进程，如图 7.2 所示。

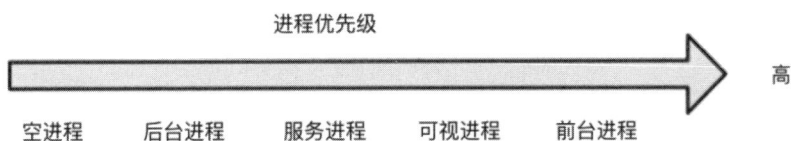

图 7.2　安卓进程按优先级分类

- 前台进程是正在前台运行的进程，通常是指用户正在与该进程进行交互操作，比如你正在使用微信与朋友交流时，微信就处于前台进程状态。

- 可视进程一般显示在屏幕中，但不一定直接与用户交互。比如大屏手机的分屏，上半部分是微信，下半部分是视频播放，你正在用微信聊天时，下半部分的视频 App 就处于可视进程状态。

- 服务进程不可见，一般在后台进行一些数据或网络操作，为前台进程和可视进程服务。

- 后台进程一般进行一些非必需的操作。

- 空进程不含任何活动的组件，一般只用作缓存。

如图 7.3 所示为安卓智能手机后台的部分应用程序运行状态。

进程在一些情况下能够被杀死，进程的优先级越高，越不容易被杀死。

因为众所周知的原因，Google 服务在国内受到限制，在国内销售的安卓智能手机没有统一的消息推送、位置服务、信息同步等功能。一旦所有的进程都被杀死，应用与服务端包括与用户之前的所有联系都会断开，二者之间的通信也就完全被阻断了，用户很可能会在一段沉默期内流失。

图 7.3　安卓智能手机后台的部分应用程序运行状态

7.1.2　应用程序被杀死的几种场景

在探寻进程保活的方式之前，我们先来看看应用程序在什么情况下会被杀死，知道了缘由，才能找到行之有效的应对之策。

一般情况下，一个应用程序被杀死的场景有以下几种。

（1）安卓系统会在内存不足的时候，杀死非前台的进程来释放内存，这是由 Linux 的内核机制决定的。杀进程时，优先级低的进程先被杀死，相同优先级的，消耗资源（电量、内存等）多的进程先被杀死。如图 7.4 所示，手机用户经常会收到类似的提示，手机内存被大量开启的应用占满了。

（2）被各种管家、卫士类的第三方应用杀死，这些应用大家应该都很熟悉，比如猎豹清理大师，它提供的服务就是清理手机，尤其是安卓手机用户的内存，解决用户手机卡和慢等问题。

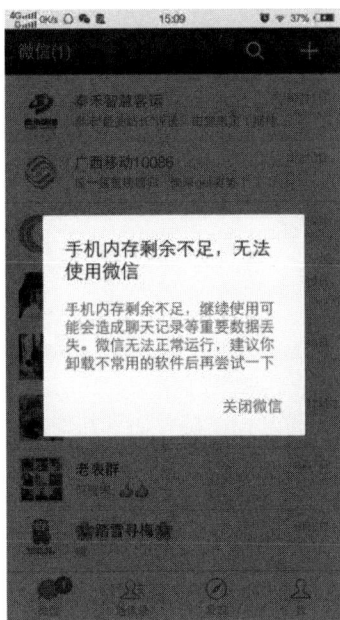

图 7.4　手机内存不足提示

（3）用户在系统设置的"应用管理"菜单中手动停止应用的所有进程。

（4）系统关机。

以上便是应用程序被杀死的几种具体场景，通常情况下，用户增长团队会有针对性地采取一些偷巧甚至灰色的手段来应对。同时因为安卓系统的开放性，各大手机厂商在系统上的定制化程度不同，进程保活手段在不同的机型和场景下也不同。比如，Google、三星等品牌的手机更贴近原版安卓系统，保活手段的效果较好。而华为、OPPO 等定制手机系统的品牌限制较为严格，进程保活效果就大打折扣。

7.1.3　进程保活方式详解

但随着 Android 版本的不断更新，在 Android 5.0 发布之后，Google 从系统底层开始做了更多的限制，大部分进程保活手段都已经失效，目前仍可采用的进程保活方式如图 7.5 所示。

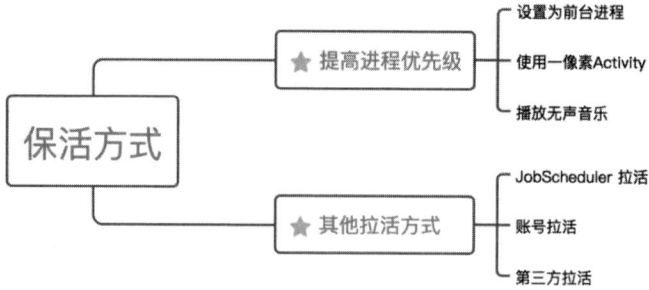

图 7.5　Android 5.0 后还可以采用的保活方式

其中，提高进程优先级的方式主要有如下几种。

（1）设置服务为前台服务，这种方式会在系统状态栏生成一条通知来告知用户有服务在运行，但是这个通知可以利用系统漏洞来取消。

（2）启动一个一像素的 Activity，使这个进程处于可视进程状态，提高优先级。手机 QQ 就曾被曝光采用过这种方式。小米公司负责 MIUI 适配的工程师 @小米_袁军在微博发文称（如图 7.6 所示），用户把手机 QQ 退到后台时，它就会另起一个一像素的页面，盖在桌面上，让自己保持前台状态，保护自己不被后台清理工具杀死。

图 7.6　@小米_袁军微博截图

（3）播放一个没有声音的音乐，和上面的一像素模式类似，也是使进程处于前台，但是会在手机的状态栏生成一条通知。

上述三种方式本质都是用各种办法提高进程优先级，推迟被杀死的时间。

需要说明的是，这三种方式一方面过于取巧，另一方面增加了系统资源的消耗，不建议使用。如图 7.7 所示，是将一个 Service 设置为前台服务，以提高其优先级。

```
* ServiceRecord{2da9221c u0 com.wondertek.paper/com.taobao.accs.ChannelService}
    intent={act=com.taobao.accs.intent.action.START_SERVICE cmp=com.wondertek.paper/com.taobao.accs.ChannelService}
    packageName=com.wondertek.paper
    processName=com.wondertek.paper:channel
    baseDir=/data/app/com.wondertek.paper-1/base.apk
    dataDir=/data/data/com.wondertek.paper
    appProcessRecord{956861a 15438:com.wondertek.paper:channel/u0a444}
    isForeground=true foregroundId=9371 foregroundNoti=Notification(pri=0 contentView=com.wondertek.paper/0x1090077 vibrate=nul
l sound=null defaults=0x0 flags=0x40 color=0xff00aeff vis=PRIVATE)
    createTime=-1m44s150ms startingBgTimeout=
    lastActivity=-1m33s774ms restartTime=-1m44s90ms createdFromFg=true
    startRequested=true delayedStop=false stopIfKilled=false callStart=true lastStartId=2

Connection bindings to services:
* ConnectionRecord{1a92ae6d u0 CR com.wondertek.paper/com.amap.api.location.APSService:@1398684}
    binding=AppBindRecord{2d7e6cc5 com.wondertek.paper/com.amap.api.location.APSService:com.wondertek.paper}
    conn=android.os.BinderProxy@1398684 flags=0x1
```

图 7.7　将 Service 设置为前台服务

对于 Service，利用 STICKY 特性和在 OnDestroy 中重新拉起自己的方式保活能力已经很弱，不推荐使用。Android 5.0 之后，Google 推荐使用 JobScheduler 来执行任务。

通常情况下，即使 App 被强制停止，预设的任务仍然会被执行，经过测试，JobScheduler 能在一定程度上保活，但效果并不是很好，在 Android 7.0 后受到了限制，而且不能兼容低版本。

Android 里有一个账户系统，会定期唤醒账号更新服务。我们创建一个账号并设置同步器，创建周期同步，系统会自动调用同步器，这样就能激活我们的应用。这种方式目前还有效，缺点是不同的国产手机系统同步时间不一致，并且需要联网才能使用，如图 7.8 所示。

第三方辅助拉活是指使用不同的应用进程来拉活。比较典型的例子是，应用中接入了一个公司的 SDK，那么这个 SDK 在存活期间就会唤起这个公司的其他处于被杀死状态的应用，或者同样嵌入了这个 SDK 的其他应用。具体一点说，就是一个大公司的 App 家族，具有互相拉活的能力。很多第三方 Push 服务提供商在提供 Push 服务的同时，也提供使用这个 Push 服务的 App 之间的相互拉活服务，如图 7.9 所示。

图 7.8　安卓智能手机账户与同步功能

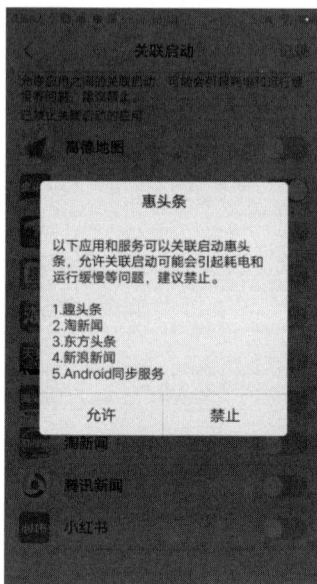

图 7.9　惠头条等应用程序互相拉活

　　上面介绍了进程保活方面的一些情况，客户端如果希望有这个能力，需要综合考量各个因素，做出选择。最好的办法是减少自己的应用的资源消耗，以减小被系统杀死的可能性，其他手段只作为辅助。

7.2　Push 推送

　　Push 推送即消息推送，指移动应用主动向平台用户发送消息。消息推送有两种表现形式：通知消息和透传消息。通知消息下发到客户端后，以状态栏通知的样式展示，被点击打开后定位到对应的页面。透传消息则先递送到客户端内部，由客户端决定是否展示通知及后续的处理。接下来，我们从 Push 推送的技术实现和内容运营两个方面来进行讲解。

7.2.1　Push 推送的技术实现

对于一个应用来说，Android 系统的 Push 推送目前的实现方式主要有三种：自定义实现、厂商通道实现和第三方推送服务实现。这有别于 iOS 的系统级的推送，原因在于 Google 提供的服务在国内市场受到限制，Google 发布的 GCM（Google Cloud Message）Android 系统级推送不能使用，而短信推送则由于手机 SIM 卡（即运营商）和手机操作系统的限制，已经不适用于 Push 推送。

第一种方式是自定义实现推送，有主动式和被动式两种。

主动式即服务端和客户端建立并保持一个长连接，当有消息要发送的时候，直接通过这个长连接将消息送达客户端。简单地说，服务器和客户端之间有一条绿色通道，有消息发送时，可直接通过这条绿色通道送达客户端。

被动式即客户端通过轮询的方式，保持一个心跳连接，定时轮询接口，如果有消息即获得。被动式推送可以理解为在消息推送之前多了一个服务商，它会按照客户端提出的需求，定期询问服务端是否有消息要推送，若有，则把消息汇集到消息池子，供筛选使用。

总的来说，主动式和被动式的实现相对都比较简单，消息到达和打开的统计方便，通知显示样式可定制，并且安全可控。但是缺点也很明显，即需要客户端有进程存活，才能保持和服务端的通信。随着 Android 系统和厂商对后台进程的限制越来越严格，应用程序保活的成本在大幅增加，推送效果也在逐渐减弱，因此自定义实现的方式目前很难实时到达，难以满足运营的要求。主动式的 Push 推送原理如图 7.10 所示。

第二种方式是厂商通道实现。目前已经有华为、小米、魅族、OPPO 等厂商提供了消息推送服务，并且覆盖的各自品牌的手机系统也在逐渐增多。厂商在手机系统里面自己建立类似 iOS 或 GCM 的服务，这个系统级的服务和厂商的推送服务器相连，面向所有集成了这个厂商 Push SDK 的客户端服务。推送消息首先发送到厂商指定的推送服务器，然后由厂商服务器根据客户端的连接状态择机发送到手机的系统推送服务，再由这个服务分发到指定的应用。以华为 Push 服务为例，如图 7.11 所示。

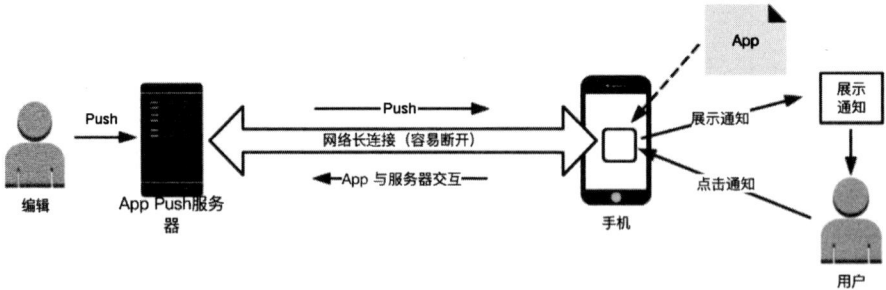

图 7.10　主动式 Push 推送原理

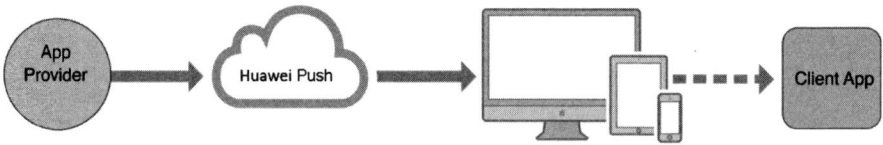

图 7.11　华为官方 Push 服务图解

图 7.12 是分析后得到的华为 Push 服务的原理图解。

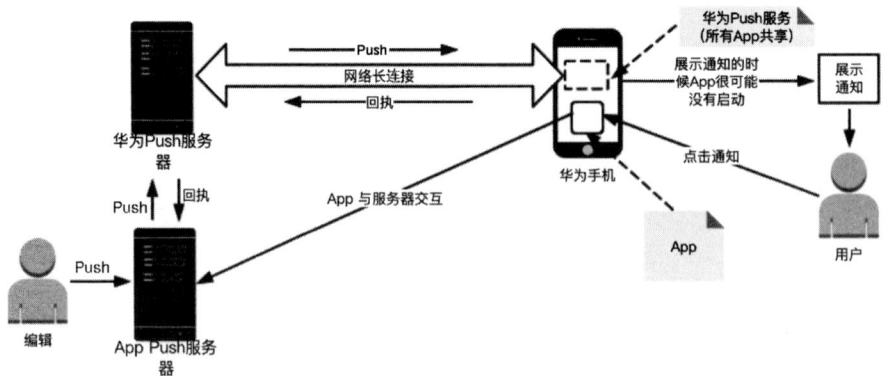

图 7.12　华为官方 Push 服务的原理图解

使用厂商通道实现的优点是应用不必再强调自身的保活，原则上即便在被杀死的状态下，推送的通知消息仍可以到达，到达率较高。但是，缺点也很明显，有三个：

（1）每个厂商只维护自己品牌手机系统中的推送服务，因此应用常常要集成所有的厂商通道，在客户端启动的时候，区分机型、初始化对应的 Push SDK，这样应用的代码编写也就复杂了不少。经过实际使用测试发现，厂商通道的 Push 推送能够保证一个相对较高的到达率，但也不是百分之百到达。

（2）基本上通知的样式不能定制，比较单一，透传消息也不能实时送达。

（3）一旦客户端处于被杀死的状态，通知到达时，客户端没有被拉活，无法感知通知到达，也就是客户端无法做通知到达的统计，只能等待通知被用户点击，拉起客户端后发送通知的点击统计。

第三种方式是使用专业的第三方推送服务，比较有名的有个推、极光推送、友盟推送等，另外 BAT 都有自己的推送服务，如阿里的移动推送、腾讯的信鸽、百度云推送。

第三方推送服务也使用长连接的方式，这种方式和自定义长连接类似，要求客户端的保活能力比较好，否则到达率低，推送效果不好，用户体验差，也存在占用内存和消耗电量的问题。但是集成了第三方推送 SDK 的应用之间，可以互相拉起，传递推送消息，这在一定程度上提高了推送的到达率，之所以说是在一定程度上，是因为推送到达的前提是至少有一个集成了第三方推送 SDK 的应用存活，才有可能拉起其他应用，并且是否能将推送传递给其他应用受推送策略和手机系统的限制，没有厂商通道的到达率高。第三方 Push 推送的原理如图 7.13 所示。

第三方推送服务的优点是通道聚合，接入成本低。缺点除了上面提到的到达率不如系统级推送，还有用户数或设备的限制，也就是说在用户数大的情况下有些推送平台需要收费。

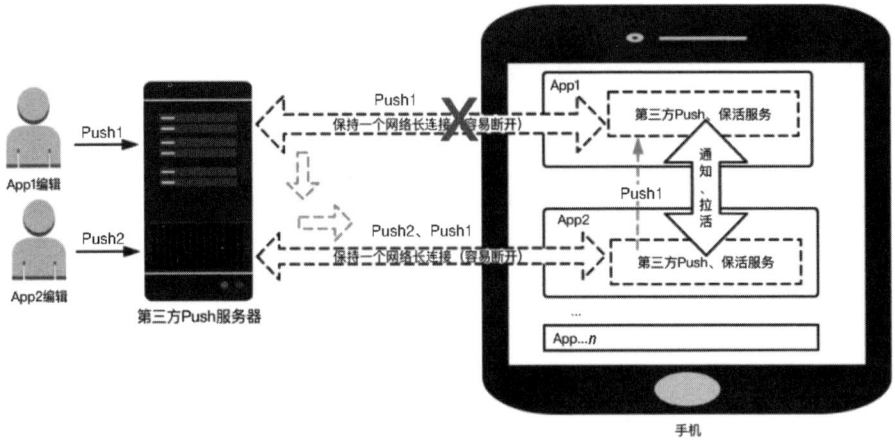

图 7.13　第三方 Push 推送的原理

综上考虑，应用在接入 Push 推送时，需要根据自身的情况，选择一种或几种方式来实现自身的需求。

7.2.2　Push 推送的内容运营

接下来，我们详细讲讲 Push 推送的内容运营。

1. Push 推送的作用

Push 推送可以吸引用户访问 App，拉起沉睡用户，促进用户在端内"消费"，另外也承担着将有价值的信息第一时间传递给用户的任务。

2. 如何选内容

开弓没有回头箭！Push 推送要有敬畏之心！

Push 推送天然具有"打扰"属性，每次提醒都会带来用户注意力的占用。因此，推送前必须问自己：用户可以通过这条 Push 推送获得什么价值？

千万不要让用户觉得 Push 推送对他来说是一种实实在在的打扰，否则离用户关闭推送功能，甚至卸载应用就不远了。

目前，主流的 Push 推送类型分为全量和个性化两种，个性化又包含本地 Push 推送和兴趣 Push 推送。以某新闻 App 为例，我们来看看全量和个性化的选取标准和实操方法。

1）全量

（1）标准

● 重大时政事件。

● 重大外交、军事事件。

● 突发公共安全事故。

● 重要刑事案件。

● 群体性事件。

● 民生、财经、娱乐、体育、科技事件。

（2）监控机制

① 新闻稿件来源

● 盯重要渠道的微博、官方发布及新华社稿库等。

● 盯重点网站滚动（新京报、澎湃新闻、环球网、海外网、封面新闻、上游新闻等）。

● 盯重点门户客户端版面新闻及推送。

● 监控工具。

② 上稿机制

当有突发新闻发生时，一人专门拟送、一人负责快速给链接。若有更多力量，可裁图，进行图片推送等。

2）个性化

（1）本地 Push 推送

① 服务类信息

- 停电、停水、停气。

- 交通信息（地铁信息、公交线路调整、交通事故、节假日出行避堵攻略、交通管制信息、列车开通）。

- 天气预报。

- 当地房价（政策调整、最新房价汇总、中介机构被查）。

- 拆迁类（棚户区改造等）。

- 城市规划类（宏观规划，交通规划如机场、高速、地铁、列车等，学校、医院，撤县设区）。

- 地震。

- 其他与用户利益有关的新闻（养老金、公积金、教育免费，食品安全，欠薪案例通报，和钱有关的）。

- 当地入选。

- "老赖"曝光。

- 对民众生活影响很大的政策调整。

- 学校停课。

- 传染病疫情。

② 社会性事件。

- 彩票中奖。

- 悬赏通缉。

- 寻人，尤其是儿童类新闻。

- 死亡类恶性事件（车祸、情杀、公共场所恶性事件）。

- 群体性事件。

- 地方名企、名人相关新闻。

③ 时政类

- 人事变动（任免名单、干部任前公示、人事解读）。

- 违纪通报。

- 官员落马、受审、获刑。

- 官员非正常死亡、官员丑闻、官员发表有意思的言论等。

④ 突发新闻

- 交通突发。

- 生产安全事故。

- 社会恶性事件。

⑤ 争议性话题

注意事项：

- 标题、内容做大不做小，尽量口语化。

- 适当使用方言，增加特色，与用户拉近距离。

- 不同地域的用户有不同的信息偏好，拟送时可以适当考虑。

（2）兴趣 Push 推送

- 兴趣 Push 推送主要基于内容本身选标签，做到强相关。例如，体育题材的内容最好推送给体育兴趣用户，如果推给娱乐用户，用户可能会感到很困惑。当然，若是测试，另当别论。

- 注意标签大小。运营人员对内容要有很好的判断，既不能推"小"，导致一些兴趣用户收不到，又不能推"大"，对部分用户造成不必要的打扰。如何拿捏分寸，需要结合数据，从长期实践中总结规律。

3. 如何做标题

古人说"题好文一半"！Push 推送亦如此，一个好标题能起到点睛的作用，进而吸引用户主动打开消息进行阅读。

1）悬念！悬念！悬念！

让用户点开 Push 消息，是我们做 Push 推送的首要目的。如果 Push 推送的内容缺乏吸引力，对于用户来说，只是纯粹的打扰罢了。因此，要尽可能在标题、摘要中设置悬念，让用户只有两个选择：要么点开，知晓答案；要么带着困惑离开。如此，才能最大限度地提高用户点开 Push 消息的可能性。

下面看一下如图 7.14 所示的 Push 推送标题示例。"中国再撤侨"，标题简洁，摘要则讲述该国总理家的房顶都被掀了，显示形势危急。正常的理解是哪个国家又骚乱了，同胞安全堪忧。其实是该国遭受飓风，显然不点开是很难知道答案的。这条 Push 推送的打开率是 4.38%，还是很不错的，如图 7.15 所示。

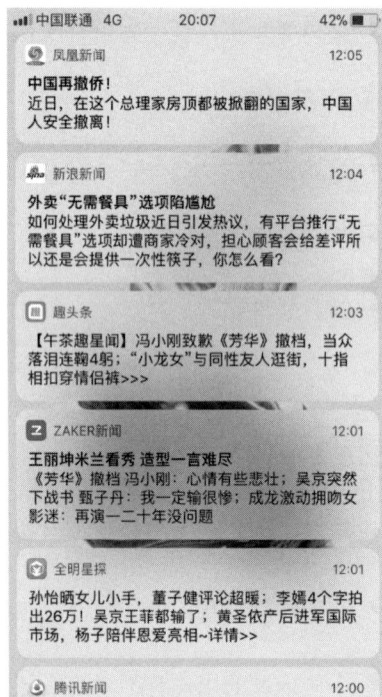

图 7.14 Push 推送标题示例

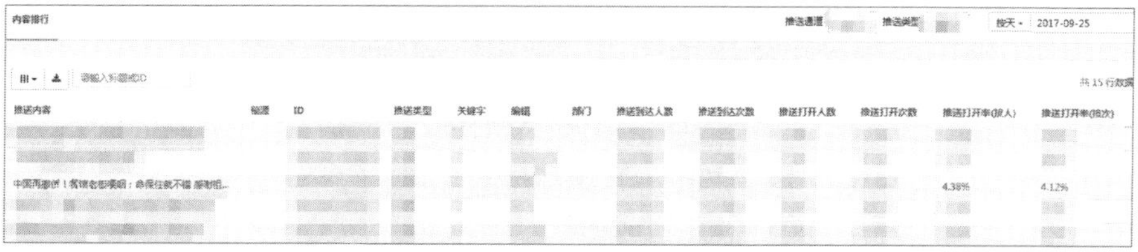

图 7.15 示例的打开率

2）形式简单、内容凝练，做到简约不简单！

Push 推送的内容要简洁、明了。首先从视觉上减少用户阅读成本，其次凝练的语言又让用户读完觉得意犹未尽，进而触发用户的点击行为。

3）通过添加图片和表情、活动策划等引导用户点开

通过添加图片和表情，丰富 Push 推送的形式，使内容看起来更加活泼、轻松，如图 7.16 所示。此外带有激励措施的活动 Push 推送更吸引用户。

图 7.16 内容呈现形式更为丰富的 Push 推送

4）经过深加工的 Push 推送内容更能获得好口碑

例如，原 Push 推送内容如下：

曹淑敏任鹰潭市委书记(图/简历)

[本地]江西省委决定，曹淑敏同志任鹰潭市委书记；于秀明同志任鹰潭市委委员、常委、副书记（列肖良同志之前），主持市政府党组工作。

原 Push 推送内容平铺直叙，看不出重点。经过加工，突出了中央候补委员、唯一地级市长及刚获国家科技大奖等内容，更有看点，如图 7.17 所示。

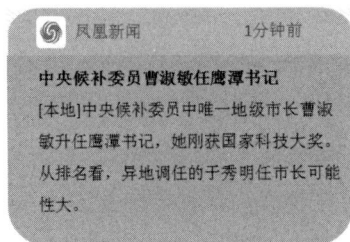

图 7.17 内容深加工的 Push 推送

5）运用古诗词、家乡话，能拉近与用户的距离

偶尔运用诗词描绘天气，显得更富诗情画意，现场感十足，本地化的语言也能让 Push 推送的内容与用户更紧密，如图 7.18 所示。

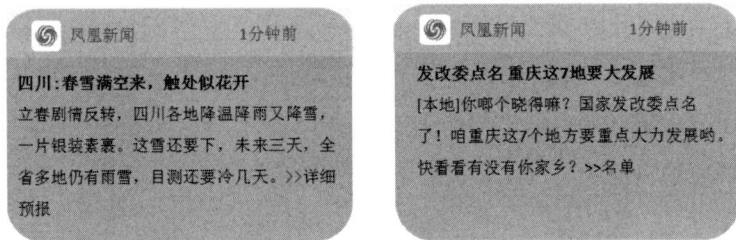

图 7.18 巧用诗词、家乡话，拉近与用户的距离

6）慎用标题党

标题党对于冷启动来说，有时会收到奇效。例如，某新闻资讯类 App 借用支付宝的通知形式向用户进行推送（如图 7.19 所示），推送打开率为 9.28%（如图 7.20 所示），创造此款 App 新纪录。但随后用户投诉纷至沓来，这种盲目追求打开率而忽略用户体验的推送方式需要使用者反思和检讨。

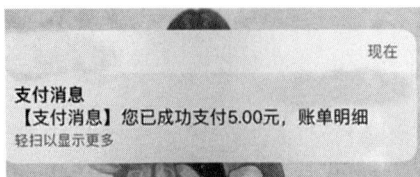

图 7.19 借用支付宝的通知形式向用户进行推送

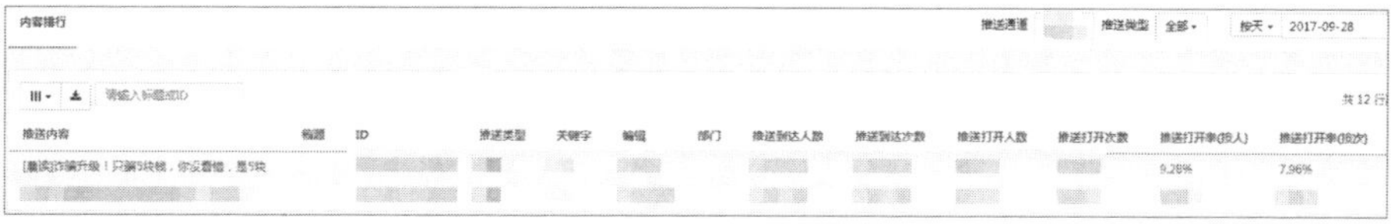

图 7.20　推送打开率为 9.28%

4. 推送策略

科学的推送策略可以让运营效率增倍。因此，制定适合自身的推送策略尤为重要，制定前要了解自己的用户及进行自身的内容准备，做到知己知彼，方能百战百胜。

1）制定策略前，要掌握用户的一些基本信息

- 用户中男女各占多少。

- 所用手机主要集中在哪些品牌，价格多少。

- 打开全量、个性化（地域、兴趣）推送的用户数各占总数的多少。

- 用户数排在前 10 的有哪些省份。

- 用户最喜欢哪些类型的内容。

- 用户哪些时间段最活跃。

尽可能地了解用户信息和端内行为，对策略的制定会有很大的帮助。

2）个性化优化

Push 推送是否精准，关键在于能否合理分配用户，而能否合理分配用户又依赖于完善的用户信息。

① 用户画像

为了让"兴趣权重"更可靠，就需要有清晰的用户画像。用户画像就是用户

187

信息的标签化。例如，通过收集与分析用户的账号和文章的分享数、收藏数、停留时间、点评数等数据，可构建出一个抽象的用户形象。

② 内容画像

用户浏览了哪些内容，尤其关注哪一类内容，而这些内容哪些部分对吸引用户产生了关键作用，这需要细致地分析，再描绘出清晰的内容画像，从而为用户提供更精准的服务。

运营人员可以事先找一定数量的样本，提交给机器，让机器自己学习。同时，技术人员也可以设置更为精细的关键词，帮助机器分析、界定内容。

总的来说，以上工作都是为了内容与用户的最佳匹配。

3）兵贵神速！Push 推送一定要抢！

针对重大、突发消息，Push 推送要做到"快、狠、稳、准"，如图 7.21所示。

- 快。速度上要领先于竞品，第一时间占领用户手机的通知栏。这样，被打开的概率极大。

- 狠。要果断，不容过多思考，否则贻误战机。

- 稳。不能有重大失误，例如错字、

图 7.21　Push 推送一定要抢

错链等。

- 准。判断要准，需不需要第一时间发，是否发全量，都要第一时间有所判断。

4）Push 推送其他细节

- **时间：**Push 推送时间不宜过早也不宜太晚，否则都可能影响用户休息，7:00—22:00 相对合理。

- **条数：**Push 推送的效果会随着条数的增多而出现边际效应递减，因此合理的条数对保持用户活跃度和用户接纳程度都会有帮助。可从实践中慢慢找到最佳"平衡点"。

- **执行方案：**主要分为立即到达和个性化选时，可根据实际需要选择。

- **限制逻辑：**用户当日收到条数应该有一个上限，另外也要规定用户 1 小时内限收 1 条，以免造成过多打扰。

5. Push 推送的数据分析

Push 推送的效果好坏，除了内容、标题、时机、策略外，系统的数据统计和分析对于运营效果的提升更为重要。

1）到达率=到达量/发送量

Push 推送只有真正触达用户，才有被打开的可能。

到达率偏低，主要原因有两种：通道原因、用户主动关闭了推送开关。

一旦出现上述情况，要及时联系技术人员进行排查，另外也要反思是否是因 Push 推送过多导致用户关闭了推送开关，甚至卸载了应用。

2）打开人数及其对 DAU 的贡献

Push 推送最直接的贡献就是拉活，就是对 DAU 的贡献。但追求此数据的同时要密切关注用户的关闭率，要避免过度拉活和运营效果下降。

3）按次打开率=打开次数/到达次数

Push 推送打开率低主要和时间、内容、场景相关，可以通过 A/B 测试和小流量测试进行优化。

另外，人均打开次数、人均使用时长及跳出率均能直接反映 Push 推送内容的好坏。具体也可以通过 Push 推送文章的标题、内容、评论等来进行优化。

7.3 Deeplink

我们都知道，在 PC 互联网时代有一种链接导流量的方式。比如在百度等搜索引擎上，用户通过标题或者图片外链进入网站页面；在网站页面内，也设置有"友情链接"进行网站流量的互相传导，这种方式是网站流量的重要来源。

到了移动互联网时代，把这种方式套用到应用程序上，就是 Deeplink，但移动端的使用场景增加了整个流程与方式的复杂程度。应用程序的开发者需要考虑以下几种限制因素：

- 因为需要拉起 App，要考虑用户的手机等智能终端是否已经进行过安装。

- 若已经安装，App 能否正常拉起。

- 拉起路径的复杂程度是否影响用户体验。

- 是否能正常拉起对应的页面。

换言之，Deeplink 就是利用应用程序外的流量或资源，引导用户到应用程序内。一般情况下，用户增长团队需要构建一个 Deeplink 效果观测模型，在这个模型里分析自己在应用程序之外能获得多少流量，如何在提高流量获取效率的同时降低流量获取成本。

比如分享到社交渠道的 H5 页面，可以提前预估原有网站、页面、手机网站有多少外部的 H5 或 App 位置可以利用，这些位置大概有多少流量可以获取，可以通过什么手段来获取更多的流量，获取这部分流量需要投入的成本有多少。在此基础上，可以进一步分析每个位置拉起 App 或者引导下载 App 的流程和技术手段。再根据效果观测模型里的预估数据得出每个流程的转换效率，流量在每个阶段会损失多少，为什么会损失，是否有优化手段降低损失，或者直接去掉这个环节，理论上跳转环节越少，转化效果越好。整个思路可以简单地归纳为：先建立转化效果的测量数据模型，然后根据数据进行具体分析，再用数据来评估效果。

另外，H5 页面的容器有微信、QQ 等社交软件和手机浏览器等。一般的技术分析内容涉及这些容器是否支持直接唤起 App 或者唤起其他网页。比如在经多次规则调整后，微信需要通过应用宝连接唤起 App；手机浏览器可以直接唤起 App，有些页面会有提示。综合唤起效率和经验来看，能直接唤起 App 或者页面的就不要给用户提示页让用户多进行一步操作，建议利用技术手段简化流程，降低流量的流失率。

对于唤起位置引导用户点击的素材，要根据数据指标和点击效果不断优化。比如该位置投放的是图片，要考虑图片是否吸睛，能否引起用户的兴趣；若是通过标题、文章引导，就要考虑标题、文章能否第一时间抓住用户的眼球。这些都可以先通过人工方式进行测试，对于有能力的团队，甚至可以用机器跑算法来更有效率地测试和监控不同素材的效果。

这里分享一个某新闻客户端曾做过的实操案例。

该新闻客户端增长团队在做 Deeplink 之前，统计分析了自己的分享页流量、站点流量，整体评估了有多少剩余流量尚未被利用，并以此为依据，把每个可利用的页面都加上一个下浮层文章进行用户引导，如图 7.22 所示。完成这项工作后，运营人员需要持续统计这个位置的曝光量、点击率等数据，再根据后台反馈的数据调整策略，分析出哪些文章或者图片比较符合用户的阅读习惯，以制定更新的策略来提高文章或图片的点击率。由于浮层位于页面底部，所以曝光量基本上和网站曝光量差不多。

图 7.22　Deeplink 底部浮层策略

底部浮层策略的设计过程，实际上花了很大的精力。在最初的讨论中，增长团队认为加个引导浮层应该是一件很简单的事情，在技术上"写"一个通用的浮层就好，剩下的复杂工作大概就是后面的数据统计和引导素材的优化。实际上当这个策略落地实施时，遇到了让人很苦恼的问题。比如，在国内这种网络环境下，需要持续监控浮层是否正常显示，即便正常显示，还需要确定展示的内容是否就是自家的，这是因为国内的手机浏览器经常会利用集成插件的方式，把 Deeplink 的推广浮层屏蔽掉，像 UC 浏览器就经常出现这种情况，增长团队花了很长时间进行针对性的优化。

比如，根据浮层的样式表 CSS、链接等特征进行屏蔽的情况，可以在用户点击后，每次都动态生成 CSS 名称、标签、ID 等予以规避；根据链接进行屏蔽的情况，可以经常变换链接或者使用降级策略，不用文章引导，每次都改用一个静态的引导图。

通过观察发现，手机浏览器平均每 2 周会屏蔽一次浮层，而且主要是国产手机浏览器会这么做。还有的手机浏览器，即便你在自己的站点内添加内容，用户也不反感，也会直接不让放置浮层。这里面有个深层次的原因，目前国内的手机浏览器都在逐步信息流化，逐渐由一款工具型产品转变为信息资讯产品，开始打造自己的流量闭环，自然不希望别人动它的流量蛋糕，从中引流。

当然，如果你觉得仅靠用户对文章的喜好程度还达不到预期的点击率，就需要使用一些其他方法，比如图 7.22 中的"福袋"，通过活动福利引导用户点击。若再增加一个"关注"交互按钮，要完成领奖、分享等更多后续流程时，就需要打开新闻客户端进行操作。

在很多 App 的文章分享页都设计有展开更多、相关文章等功能，用户如果想要继续查看，就需要打开该 App，如图 7.23 所示，这里就需要着重考虑用户体验，观察是否会影响分享页的流量。

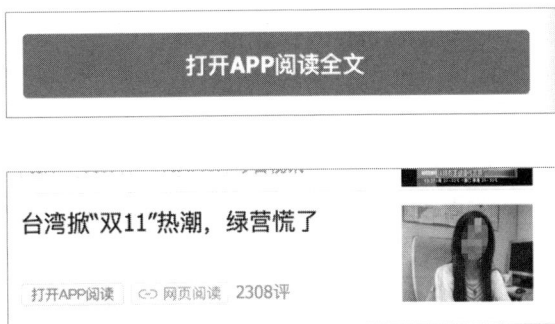

图 7.23　某资讯 App 引导打开功能按钮

时下十分流行的红包、金币及收徒等方式也逐渐成为各家刺激用户打开自家 App 的常规手段。如图 7.24 所示为今日头条极速版的现金红包活动，类似的通过红包、现金获取用户的资讯类产品在各大应用市场上屡见不鲜。

微信作为国内最大的社交平台，庞大而精准的社交流量让国内几乎所有的应用程序都想分一杯羹，微信群、朋友圈、微信公众号、微信小程序等微信生态上的流量池成为各家

图 7.24　今日头条极速版的现金红包活动

的必争之地。但微信对站外引流的限制非常严格，特别是对利用红包鼓励用户打开或者下载 App 等引导行为，微信会毫不手软地封掉导流外链。这是一个"斗智斗勇"的过程，建议在测试阶段，启用多个备用域名或者使用一些与主站域名关系不大的域名，以躲过微信挥下的"大棒"。

用户在点击 Deeplink 之后，就需要从技术层面判断该用户是否安装过对应的 App。一般而言，仅凭 H5 页面无法判断用户是否进行过安装，所以这里都会先尝试用协议拉起 App，然后延迟一秒跳转到下载页面。如果自动拉起即说明用户已经安装了该 App，跳转到下载的逻辑就会被阻断，用户可以直接打开 App。

如果用户没有安装 App，还有一种叫作 Deferred Deep Linking（延迟深度链接）的解决方式，即用户没有安装 App，便会引导下载，安装完成后用户打开 App 时，App 会跳转到相应的引导页的内容。举个例子，用户通过点击某篇文章的标题而被引导下载 App，下载安装完成后，再次打开 App 时的呈现页面就是引导下载的那篇文章。这样可以增加用户对该 App 的好感，培养用户感情。不然用户打开 App 找不到相应的内容或者出现驴唇不对马嘴的文章，那就起相反的作用了。

Deeplink 在技术上主要有两种实现方式：

- 用户点击唤起位置时，上传用户 IP、设备信息等数据到后台。下载安装完成后，再次打开 App，上传同样的信息到后台。如果在有效时间内，两次上传的信息匹配，则认为是同一个用户。这种方式的缺点是容易出现误判，出现数据误差。比如同一个网络下的同一个设备，用户在大致相等的时间内下载，就会出现误判。正常情况下，出现这种误判的概率很小。若要减少误判就需要上报的用户信息尽量丰富。但对于在同一个地方的活动或者同一个公司的测试 App，这种误判会非常明显。

- 利用系统的剪贴板传递信息，这种方式可以不经过后台，误差也最小。但是得分析好流程，因为剪贴板是用来复制信息的，千万不要和正常的业务流程发生冲突。

其他流程和素材的优化方式和
Deeplink 基本一致。比如下载过程，现在
很多 App 的安装包都特别大，几百兆甚
至以 GB 为单位，不仅下载缓慢，而且占
用用户的手机等智能设备的内存，很容易
被用户自动清理掉。针对这种情况，可以
做一个 1MB 左右的小安装包，带上产品
的主要功能，先教育用户并培养用户的使
用习惯，之后再引导用户升级到完整功能
的 App。比如今日头条有一个只有 5MB
的 lite 版本，比安卓应用商店里的 26MB
的正常版本小多了，用户只需要点击一下
很快就可以下载成功，如图 7.25 所示。
在文件名上，最好告知用户这个包有多大，
防止用户担心流量。当然，下载之后，用
户是否愿意安装，就看整个产品的引导能

图 7.25 今日头条的 lite 版本

否左右用户的心情了。在这里，文件名尽量使用中文，让用户知道下载的软件是
什么，如果是一个英文名或者只是简单编号的文件，用户会担心这是不是一个流
氓软件。

另外，对于安卓系统要特别注意，很多安卓应用商店会拦截 Deeplink 到商
店下载。对此也有应对之策，比如先上传一个小型的 lite 版本的下载安装包，
下载的时候尽量使用 HTTPS，这样被拦截的概率会小很多，但是要多测试，目
前很多安卓系统的浏览器不支持 HTTPS 下载链接，所以在选择的时候要区分
浏览器。

最后还是根据每个环节的转换数据，来看所做的优化是否有效果。根据数据
反馈进行调整，减少主观的判断，然后不停地想办法多尝试。

7.4 人工智能在信息流分发中的应用

2016 年，Google 旗下 DeepMind 公司研发的人工智能机器人 AlphaGo 首次战胜人类围棋圣手，证明人工智能（AI）在特定的领域能够比人类更出色地完成工作。在移动信息流领域中，人工智能在特定的任务上能够极大地降低人的参与度，提高效率，从而节约成本。

我们以新闻类 App 的人工智能技术应用为例，来看看人工智能在信息流分发中扮演了什么样的角色。

7.4.1 人工智能在文本领域的应用

文本是新闻类 App 的主要内容载体，在计算机领域对于文本的理解和处理的分支学科叫 NLP（Natural Language Processing，自然语言处理），它是人工智能的一个子领域，目的是解决机器对人类文本内容的理解和加工。我们每天要处理数以百万的长短文本，从中提炼有价值的信息，NLP 将有效地减少人的工作量，加速信息的识别和分发。

1. 语言通顺度检测

世界上任何一门语言，在语法和构词上都遵循某种特定的复杂规律，将其转化成为计算机可理解的结构就成为"语言模型"（Language Model）。目前大多数"语言模型"将一个由词序列组成的句子出现的概率称为"语言模型"的概率值，概率值越大，这些词构成的语句就越通顺。举个例子，"我爱北京天安门"在某语言模型中的概率值一定比"我是北京天安门"的概率值大，因为在正常的表达里后者基本不会出现。

我们根据某新闻网历史上近 500 万篇文章（涵盖大部分领域和知识体系），训练出一个覆盖面全的深度语言模型。由此可以判断任何一个给定语句所表达含义的完整及通顺程度。结果采用信息熵来度量，数值的绝对值越小越好，如图 7.26 所示。

窗前明月光，疑似地上霜	490.8
窗前星星光，疑似地上霜	1628.5
正值全国两会期间，有媒体记者刊发了标题为山西省检察院	4.611
正值全间者刊发了，有媒体记标题为山西国两会期省检察院	217.7

图 7.26　语言模型在具体语句上的信息熵输出（值越小越好）

语言通顺度检测在内容品质识别上起着至关重要的作用。每天大量的 UGC 内容和自媒体文章产生，写作水平差异很大，提前筛选出有问题的文本是非常重要的。

2. 低俗内容鉴别

自互联网诞生以来，低俗内容一直是影响内容行业健康发展的毒瘤，在自媒体和 UGC 内容崛起之后，低俗内容问题变得更加棘手。如何解决这个难题？人工智能技术提供了解决方案，它可以有效识别低俗内容。以凤凰网为例，凤凰网 AI 团队开发了一款名为"凤眼反低俗助手"的微信小程序，这是凤凰新闻客户端人工智能技术在识别低俗内容方面的集成之作，如图 7.27 所示。

图 7.27　凤眼反低俗助手

创作者可以输入任意一段文字或文章链接，"凤眼反低俗助手"将进行提取、分词和语义识别，然后根据算法规则，判断平台的内容价值，判别内容是否涉嫌负面、广告软文、标题党等，并输出对应的分数、评级和结论，包括是否可以获得算法推荐、是否需要引入人工判断等。创作者可以根据反低俗模型给出的鉴定结果来修改文章或标题，以获得更多推荐。

"凤眼反低俗助手"只是凤凰网内容审核机制中站在前沿的一环。在凤凰网，低俗识别模型被广泛地应用在内容审核、评论审核及内容分发等涉及内容安全和品质识别的核心环节。

"凤眼反低俗助手"采用了多任务学习模型（MTL，Multi-task Learning），将标题党识别、软文识别、低俗色情识别共享基础表示层，而上层则依据特定任务的标注和语料进行微调学习，保证模型泛化能力的同时，又具备一定的特定领域问题的识别精度，如图 7.28 所示。

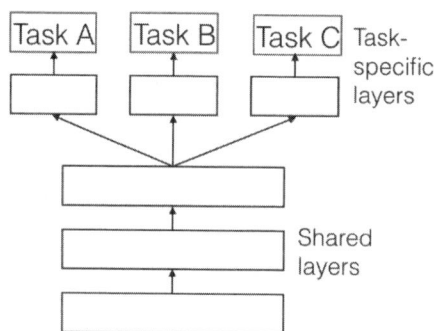

图 7.28 "凤眼反低俗助手"系统工作原理

在模型上线后，大大节约了审查的成本和时间，人工只用复查机器认为有问题或者拿不准的案例，大大提高了效率。另外，在内容分发阶段，对于涉及低俗的内容在分发权重上的惩罚也相应较大，这些惩罚最终甚至会影响发文的媒体/自媒体（大风号），从源头激励作者加强内容品质和提升内容价值，构建健康积极的正循环内容生态系统。

7.4.2　人工智能在计算机视觉领域的应用

1. 智能封面图

图文形式在网站每天的消费类型中是占比最高的,也是新闻类信息流的主要形式。特别是一文多图,如何从中选择有效的图片作为封面图,直接影响信息流整体视觉效果、内容信息传达效率,以及内容的点击率。

上述问题可以定义为,如何从一篇包含多张有效图片(大于等于 2)序列的文章中选择一张图片,在转化率和美观程度上达到最大化。

以凤凰网为例,选取了其他任务中已经预训练好的"美学评分模型"(pre-trained VGG16),如图 7.29 所示。

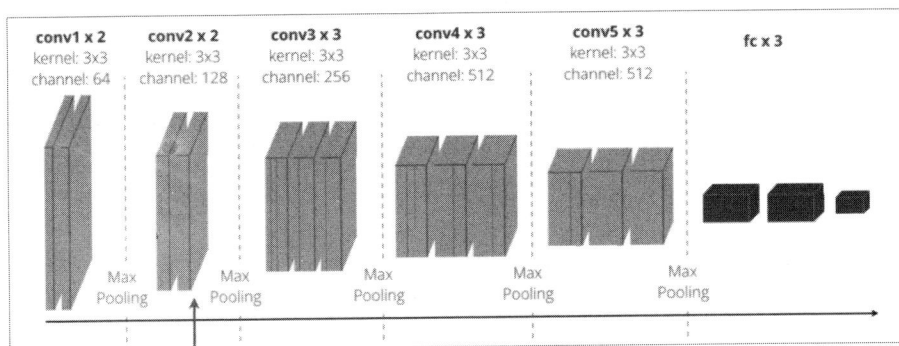

图 7.29　VGG16 网络结构

在优化中采用了更深层的 ResNet 网络,在测评和效果上都取得了更好的成绩。

以下是一些实际应用中的例子,可以看出,"智能选图"能够很好地识别文章的含义,并能够在美学、构图、配色等方面做到最优化,从根本上提升用户阅读体验。在凤凰新闻客户端上进行 A/B 测试,结果新的"智能选图"比默认逻辑选图在转化率上提升近 15%,如图 7.30 所示。

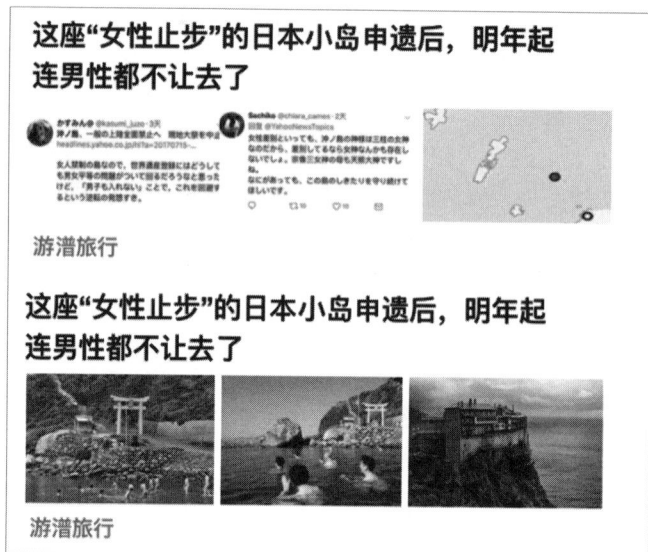

图 7.30　上部为原始结果，下部为智能选图结果

2. 智能裁图

在智能选图能够出色完成对美学评分和转化率的优化之后，发现固定尺寸的缩略图涉及一个普遍问题——裁图不完整。裁图的效果关系最终内容的呈现和表达，而现有的基线模型（Baseline）是一个基于规则的系统，非常死板。特别是对于人像的裁剪，往往会裁剪不完整，引起误会甚至反感，如图 7.31 所示。

图 7.31　裁图存在裁剪不完整的问题

为此提出智能裁图,利用深层卷积神经网络捕捉人对图像内容的"关注点",对"关注点"排序(Ranking)后依次指导裁图定位。模型上线后效果非常明显,如图 7.32 所示。

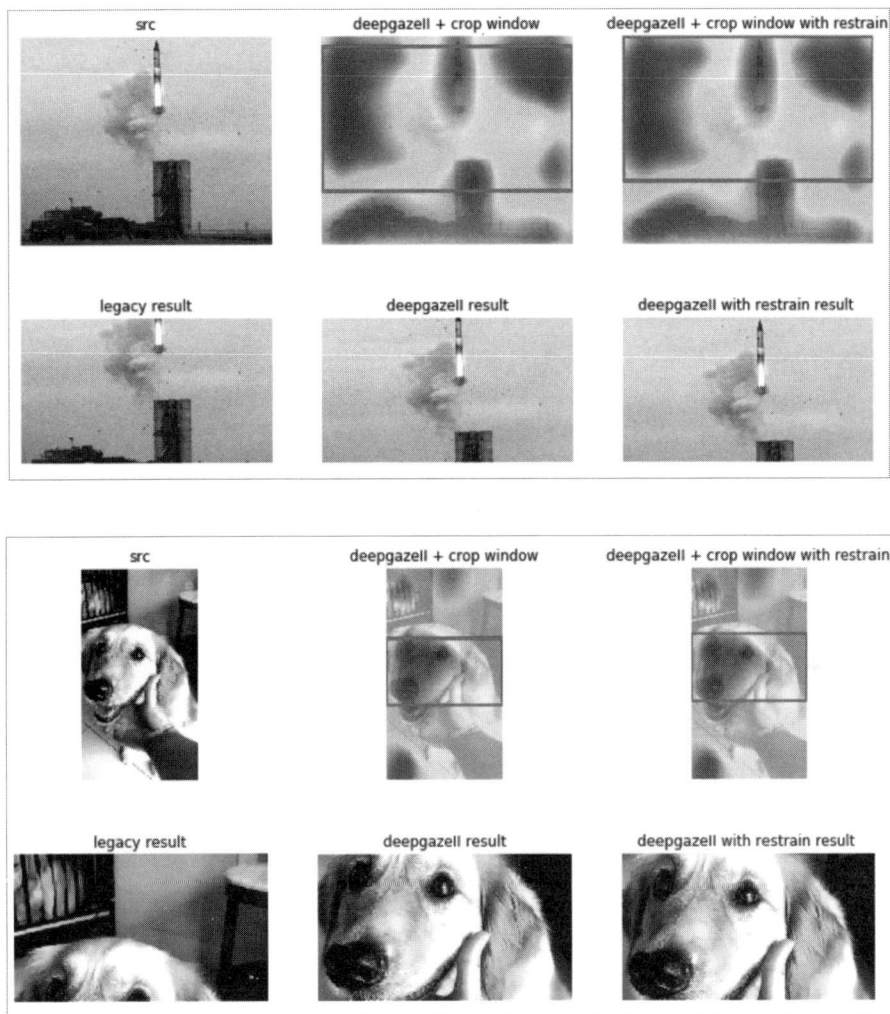

图 7.32 智能裁图效果十分理想

可以看出,热力图就是模型学习到的关注点分布,这个关注点分布有助于指导裁图坐标的定位。"智能裁图"模型上线后裁图错误大幅减少。

7.4.3 推荐系统在信息流分发中的应用

随着信息技术的飞速发展，特别是移动互联网的爆炸式发展，每天产生数以亿计的数据，信息过载是当下人们所面临的一个重要问题，如何从海量信息中获得自己想要的内容是当今各个媒体和互联网公司致力于解决的问题。根据 IDC《数字宇宙》的研究报告，2020 年全球新建和复制的信息将超过 40ZB，是 2012年的 12 倍；中国的数据量在 2020 年将超过 8ZB，比 2012 年增长 22 倍。

从前，人们是这样解决信息超载问题的，现实中有个东西想买（有明确目的），可以去：

- 小杂货店——凭经验浏览所有货架。

- 综合型超市——借助分类指示牌或导航购物车。

而当没有明确购买目的时，一般人们会这样做：随便逛。

引申到互联网，有明确目的时，可以去：

- 电商网站——搜索引擎，信息检索。

- 导航目录类网站——分类检索。

而当没有明确目的时，就要靠个性化推荐。

近些年传统媒体纷纷被新兴的移动互联网资讯应用所替代，人们从原来的读报、读杂志，更多地转向刷手机，利用移动设备来便捷地获得资讯。

在解决海量信息的过程中，人工智能扮演着重要的角色。一种能够让人们快速获得信息而不用过多主动交互的系统应运而生，它就是推荐系统（Recommender System）。

从工程的角度来看，一个推荐系统应由几部分组成，如图 7.33 所示。

- 数据层：负责收集来自业务端（如 App 用户）的行为日志，方便后续做数据分析，CMS 内容系统提供基础的内容原始信息，以视频为例，如视

频的标题、视频流数据、视频的作者等。同时对日志进行简单基础的 ETL
处理。

- 策略层：分成三个模块，基础数据计算模块负责根据上一层的原始数据，
  通过统计、模型预估、分类判别、聚类等手段，产生更有价值的信息，如
  用户画像（刻画用户人口属性、兴趣属性的集合）、内容画像（描述内容在
  兴趣抽象层次的表达）及倒排索引（类似搜索引擎，能够根据给定的 query
  找到对应的内容列表）。召回策略模块负责从海量的内容池中，根据各种不
  同的召回算法筛选出用户潜在的感兴趣的内容集合。排序模型模块根据预
  估模型，对召回集合内容重排序，以提高用户体验和增加消费。

- 应用层：应对各个业务逻辑，支撑对应的线上算法推荐产品。

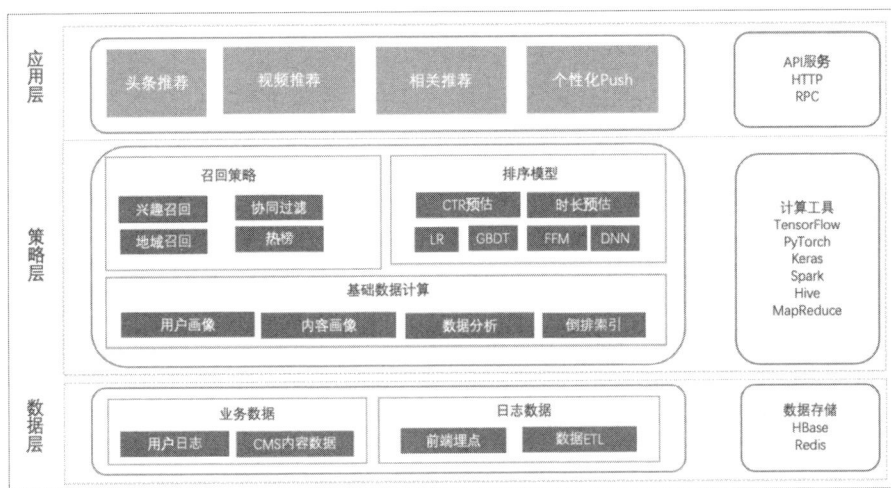

图 7.33　信息流推荐引擎架构图

从内容的角度来说，以新闻为例，推荐系统依赖一个叫作"内容画像"的系
统来组织推荐内容。内容画像包括内容原始属性，如标题、正文内容、稿源号、
创建时间等。还有算法标签，如内容分类（时政、体育、军事等），一般分类为
两级分类，主题模型 Topic（由机器无监督聚类计算而得到），以及关键词（词级
别粒度的特征）。关键词这一类特征最大的特点是带有一定区分度的权重，是分

类任务、回归任务或聚类等机器学习算法通过大数据学习获得的，具有一定的准确性和召回率，也存在误差，当这部分误差不显著时，后续算法环节就可以有选择地使用这些权重，如图 7.34 所示。

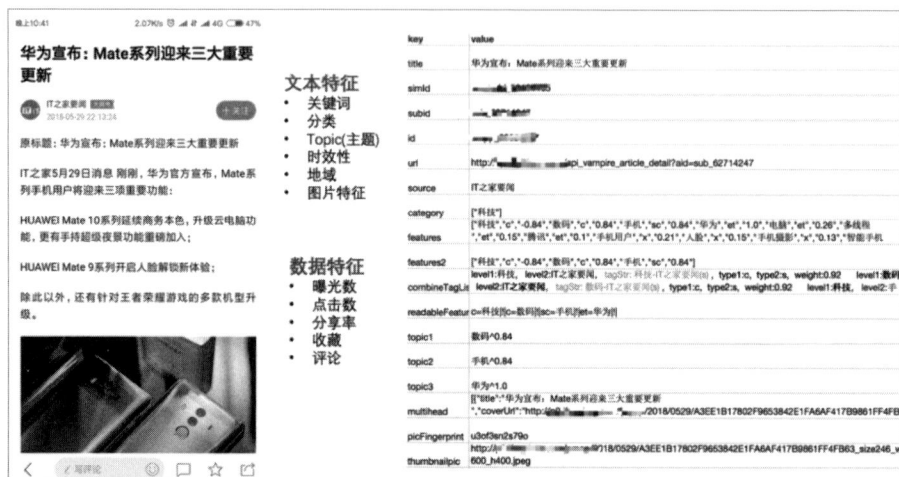

图 7.34　新闻资讯产品的内容画像

与内容画像对应的就是用户画像，用户画像在推荐引擎中起承上启下的作用，在广告系统中也叫作 DMP（Data Management Platform）。相当于房屋的主梁，俗话说"上梁不正下梁歪"，画像刻画得有偏差，后面的推荐就会经常闹笑话。简单地说，用户画像就是用一些标签或统计指标，来刻画这个用户到底是一个什么样的人，是男生还是女生，是老头还是小姑娘，是月入百万的 CEO 还是天天吃泡面的打工仔，是在北上广打拼的年轻人还是在偏远乡村劳作的农民，如图 7.35 所示。

图 7.35　用户画像示意图

从技术的角度看，用户画像分为以下个维度。

- 人口属性：通常包括性别、年龄、职业、地域。

- 兴趣属性：长短期阅读兴趣、行为偏好、时间偏好。

- 行为属性：订阅关注历史、收藏历史、分享历史。

- 位置属性：用户经常光顾的 POI 等信息。

这些属性中有统计量，如统计某一个兴趣标签的内容在一段时间内曝光的次数和点击的次数，两者的比值就是这个兴趣标签的转化率（CTR），在某种情况下刻画了用户对这个标签兴趣的偏好程度，如图 7.36 所示。也有些量是模型预估量，比如性别，如果用户不主动上报这个信息，通过阅读历史中大量包含美甲、化妆、娱乐明星等内容，可以判断这个用户是一位女性用户的概率很大。

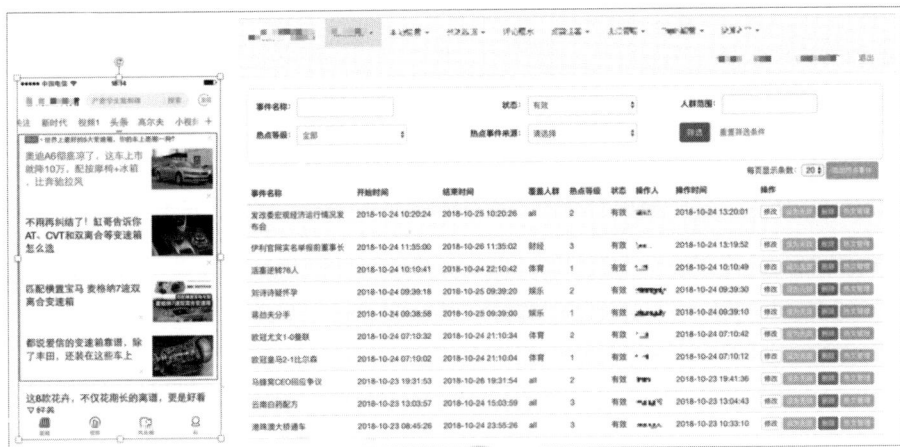

图 7.36　通过兴趣标签转化率进行用户画像

当内容、用户和推荐引擎都具备了，剩下的就是放到线上进行运行并调试，一个成熟的工业级推荐系统可能有数以千万计的参数，人工调整这些参数并不现实，所以需要为运营人员开辟一个可以撬动内容和算法排序的"杠杆"，这就是运营后台，一个好的运营后台能够让算法运营事半功倍，让 App 拥有者明确得知当前的全局信息，更能助力企业高效发展。

当推荐系统稳定运行一段时间后，需要指标来评价推荐系统运行的好与坏。如图 7.37 所示，列出了推荐系统的一些重要评价指标，根据业务类型不同，考察重点也稍有不同。偏信息流的 App 重点考察点击率、人均消费内容量等，而偏社交的 App 重点考察留存和使用时长。指标没有严格的定论，不同人群和不同业务之间也不具有可比性。但对于相同外部环境下的推荐算法，不同的策略之间可以做 A/B 测试，取流量相等的两部分用户，保持其他变量相同，对比单一变量变化带来的数据指标的变化，以此验证策略是否有正向效果及效果的优劣程度。

最后再提一下数据埋点，大数据时代，从庞杂的数据背后挖掘、分析用户的行为习惯和喜好，找出更符合用户"口味"的产品和服务，并结合用户需求有针对性地调整和优化自身，正是大数据的价值。而信息的汇集、分析绕不开埋点。埋点就是在有需要的位置采集相应的信息，就如同公路上的摄像头，可以采集到车辆的属性信息，比如颜色、车牌号、车型等，还可以采集到车辆的行为信息，比如有没有闯红灯、有没有压线、车速多少、司机有没有在驾驶中接听电话等。如果摄像头分布处于理想状态，那么通过叠加不同位置的摄像头所采集的信息，完全可以还原出某一辆车的路径、目的地，甚至推测出司机的开车习惯、是否是老司机等。

每一个埋点就像摄像头，采集用户行为数据，将数据进行多维度的交叉分析，可真实还原出用户使用场景，挖掘用户需求，从而提升用户全生命周期的最大价值。

对于推荐系统，埋点关系到用户行为日志的采集和上报。如果埋点过少，必要的信息无法采集到，系统很难准确捕捉用户兴趣。如果埋点过多，会造成流量和性能的大量开销和浪费，甚至对原有数据采样造成干扰。

推荐评价体系

- 内容用户覆盖
  - 冷启动
    - 内容冷启动
    - 用户冷启动
  - 覆盖度
    - 内容覆盖度
      - 总体新闻、待推新闻推荐占比
      - 分类别占比
      - 各类别基尼系数
    - 用户覆盖度
      - 用户空间覆盖度
      - 用户群基尼系数
- 用户体验
  - UI/UE
  - 推荐体验
    - 热度
    - 时效性
    - 新鲜度
    - 多样性
      - 兴趣多样性
      - 表现类型多样性
    - 惊喜度
    - 健壮性
      - 反垃圾过滤
      - 反作弊过滤
    - 信任度
  - 人工经验验证（UE产品跟进）
  - 用户反馈留言
  - 内容消费成本
    - 消费路径长度
    - 用户平均点击前停留时长
- 用户反馈
  - 显性
    - 推荐理由反馈
      - 说服力
      - 有效性
      - 量学习效率
      - 反馈多样性
    - 顶踩量
  - 隐性
    - 内容转化率
    - 位置转化率
    - 类型转化率
- 用户黏性
  - 召回
    - 留存
      - 次日留存
      - 7日留存
      - 月留存
    - 活跃
      - 日回访频次
      - 周回访频次
  - 时长
    - 阅读时长
    - 停留时长
    - 人均阅读链长度
- 系统指标
  - 吞吐量
    - 单位并发量QPS
    - 响应时间
      - 平均响应时间
      - 响应时间占比
  - 可用性
    - 服务可用时间比
    - 返回为空占比
    - 返回延迟占比

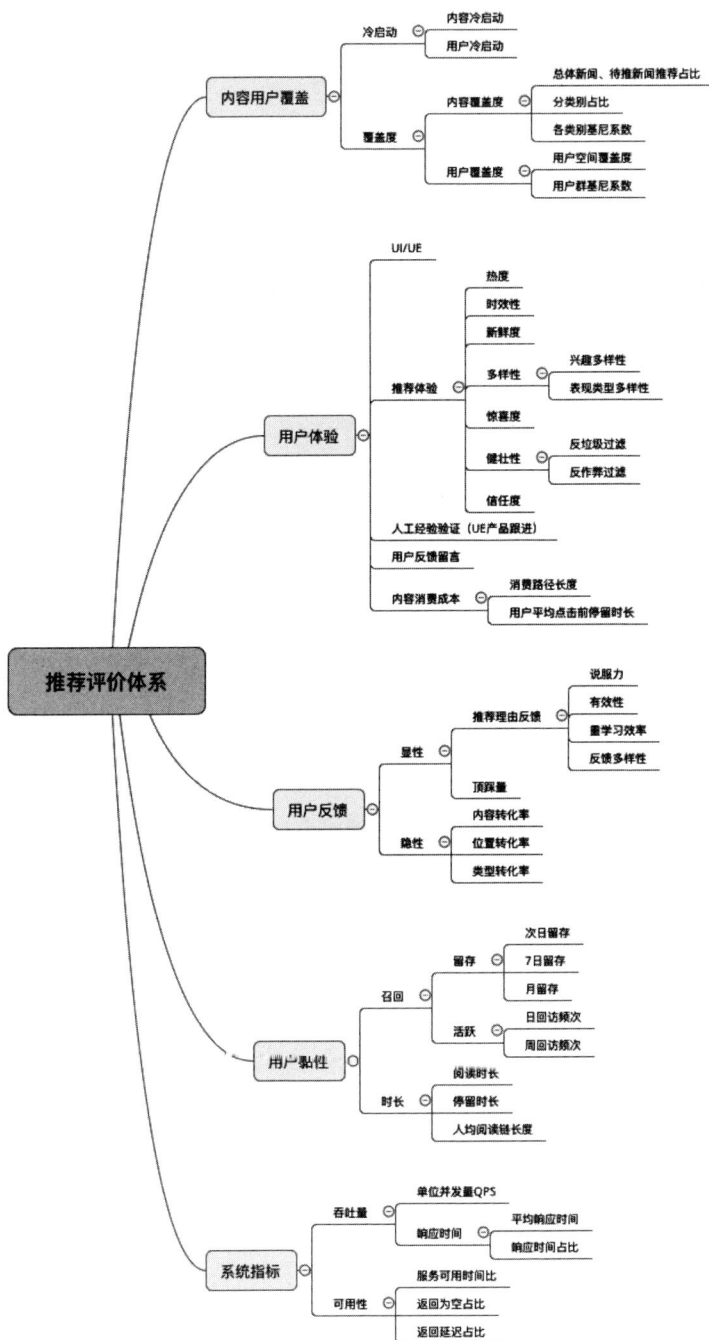

图 7.37　某资讯 App 推荐评价体系

合理的推荐系统埋点包括以下几类。

- 行为类：是否点击、是否曝光、是否分享、是否收藏、是否点赞、是否评论。行为类埋点主要从浅层次判断用户是否对具体文章或内容感兴趣。

- 时间类：内容消费时长、内容消费比例、内容曝光时长等。时长类埋点能更多反映出针对具体内容用户喜好程度的强弱。

- 定位类：当前经纬度、当前所在 POI 等。有助于构建用户地理位置轨迹，解决线上线下的交互问题，以及利用 POI 反推用户兴趣和商业场景。

三者结合，就能准确地判别出用户的真实兴趣偏好，对之后的数据处理起到决定性的作用。

7.5 如何提升内容的分发效率

用户使用一款产品时，所有行为都是具有目的性的，每一个动作都是与产品的立体沟通，背后表现的是他的精神情感。

渠道负责把用户引入产品，运营通过多样的手段来扩大用户价值，而算法分发则是最直接地与用户沟通的"第一线"。

用户给一个 App 的缓冲时间不会太多，不会去接受你的反复"教育"，不会给你很长的时间与你磨合，能不能留住用户，往往用户的第一个动作就已经埋下了伏笔。对于新用户而言，冷启动尤为重要。

7.5.1 从内容角度看冷启动如何操作

（1）尽可能使用用户上报的信息。比如很多 App 会让用户在第一次打开 App 的时候选择兴趣标签，每一个兴趣标签准备相应的内容池，根据用户选择的标签推荐相关内容，如图 7.38 所示。

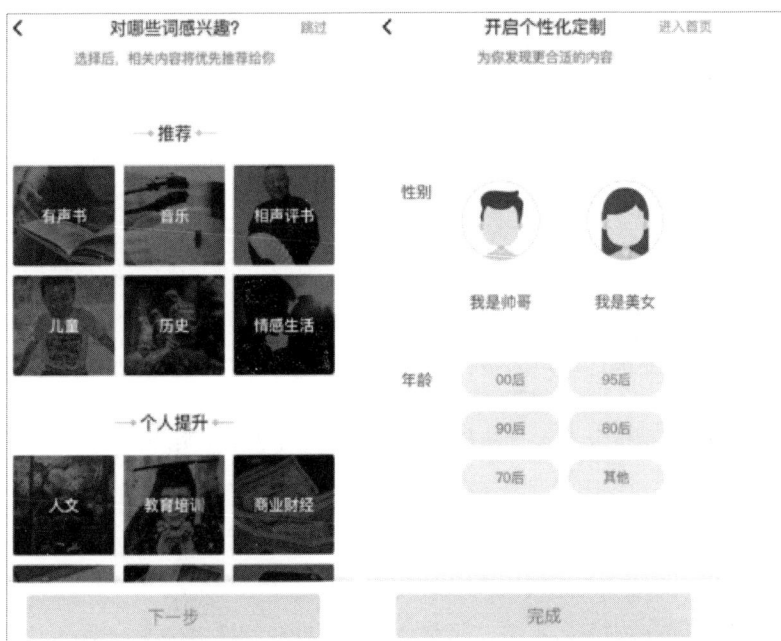

图 7.38 引导用户上报更多的信息

（2）利用用户的社交信息。许多 App 会引导用户登录微博、微信、QQ 等，登录后 App 去爬取用户在这些社交软件上的信息，比如发的文章、图片、文字等，然后对这些数据进行分析，转换为用户兴趣，推荐对应内容。

（3）获取用户安装 App 的列表，以及其他 App 的信息。这样可以了解到用户喜欢哪些东西，比如喜欢的游戏、美食甚至内容风格，用这些数据去服务冷启动会更好。例如，安装有美柚、女性助手等 App 的用户大都为年轻女性用户，在做个性化推荐的过程中，年轻女性用户所喜好的共性内容可加大推荐权重；安装有一系列育儿类 App 的用户大都为年轻父母，在个性化推荐时可以对于育儿知识有所侧重。

（4）可以使用有奖征集的方法收集用户的年龄、性别及其他信息，这是一种短平快的方法。

（5）根据每个渠道用户的共有特征，建立相应的推荐策略。

（6）利用用户位置实时变化的轨迹，来丰富用户画像，进而进行个性化推荐是推荐的一条捷径，相对较为准确。

用户增长的另一个重要因素在于留存，怎么将用户留存下来，信息流的分发效率至关重要。其基础在于"断物识人"，本质是用户情感的沟通。

一篇文章能触达用户是因为它能够被机器理解，一篇内容有机会扩散给充足用户，则是因为它能够收获用户的满意度。算法本身是一门服务于机器、服务于人的艺术。本质是触达用户的某种情绪，满足用户需求，与用户产生共鸣。

实现算法的精准分发，算法模型的建立有几个要素：用户画像、内容画像、算法模型。

用户画像一般包括：

- 静态属性：姓名、年龄、职业、爱好、性格、学历、爱好等。

- 动态属性：即用户在使用产品的过程中，通过自己的各种行为累积出的用户信息。如点击、分享、收藏、评论等数据积累的语义兴趣。

- 空间属性：即地理位置、使用场景，有助于推送更精准的内容，用户在上班场所、乘坐交通工具（地铁、驾车）时、休闲场所、用餐场所等对于内容的需求是不一样的。

- 时间属性：通过对用户消费内容的峰值进行比较，我们发现不同用户在不同时间场景上对于内容的偏好也不同。例如，在中午时段用户对于娱乐类内容的消费明显比其他类内容多。

- 鼓励登录：通过登录可获得用户信息，登录后用户行为不丢失，更换设备后可获得稳定的服务，用户的更换成本高。

内容画像决定用户兴趣画像，一般包括：

- 基本属性：图片、文章、视频、音频、直播、话题、问答等。

- 账号属性：文章作者属性、知名度和粉丝数等。

- 文章标签：分类、标签、实体词、主题等。

以上都可以通过"人工+机器"模式实现，即标注语料、训练机器、人工矫正，不断循环即可达到一定效果。在这个过程中，语料的准备尤为重要，就像教孩子一样，要把孩子领上正道一定要满足如下条件：

第一，足量，必须给予足够多的样本，机器才能抽取概念进行学习。

第二，广度够，语义要足够丰富，在同一分类下，每一个层级的内容都要有，机器必须都能够理解。

第三，质量好，能够按照一定的规则被聚类、被归纳。

第四，结构必须足够友好，需要借鉴语义和背景知识来给我们力量。

以上只能解决所有内容画像的基础问题，基础属性只能做基础推荐，远远达不到我们想要的精准推荐效果。尤其是对文章质量的把控，不同用户对于文章质量的接受程度是不一样的，理解文章质量的层级有助于算法做更精准的推荐。

7.5.2　如何识别海量优质内容

在传统媒体时代，文章质量都是编辑自主判断的，但是在算法分发时代，动辄百万量级的稿件需要备份发，靠人工逐条筛选极不现实，还是需要靠机器做质量的识别。

内容分析的基本范畴如图 7.39 所示。

利用深度学习对内容进行分析，可获得内容的多维度特征表示，从而精准地刻画用户模型（进行显示召回）；对文章、图片、视频内容，可从时间、地点、事件、类别、主题兴趣点等层面进行分析，获取时效性、事件簇标识、正负能量的情感倾向等属性，为推荐提供有效的内容理解特征。

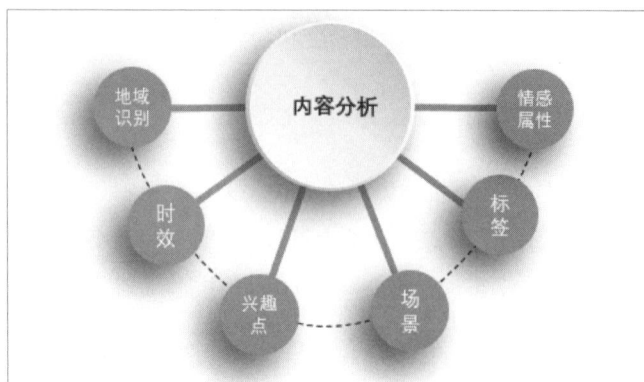

图 7.39　内容分析的基本范畴

　　每一个账号主体背后都是一个稳定的团队输出，调性、质量相对稳定，账号的质量从某种程度上可以反映文章质量，但这只是一个维度。低质和优质内容识别维度如图 7.40 所示。

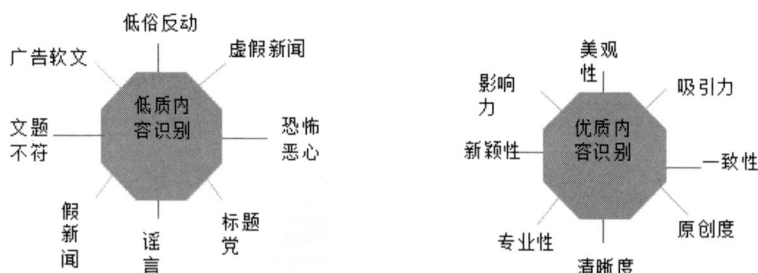

图 7.40　低质和优质内容识别维度

　　利用 CV、NLP 对内容各层面进行分析，提取优质内容，对低质内容进行打击。基于对内容质量的理解，建立文章和账号的质量分级体系，用于内容推荐。同时建立内容方账号画像，从作者垂直度、传播度、专业度等方面进行全方位的理解和刻画。

1. 人工策略层在内容处理上的应用

　　由于语言文本的动态变化，任何算法模型都不可能 100% 解决所有语言识别问题，人工策略的辅助可以进一步修正算法对自然语言文本的识别。

- 低质筛选：算法模型在做文章质量筛选时，可以根据低质词、敏感词、负评论数据对低质稿件进行降权。

- 静态得分：通过文章排版、图文比、标题字数、段落比、生僻字等静态数据得出静态得分。

- 动态得分：点击率、分享率、收藏率、阅读完成率、负评率、评论点阅率等动态数据反馈均能反映文章质量，其中对于负评率的使用是最直接的手段。

1）分发层的应用

排序在 CTR 预估的基础上加入了阅读时长、阅读完成率、分享率、收藏率、标题党、负评率等几个维度的优化，在模型训练时将以上指标加入优化目标，可达到优化召回排序目的。

用户画像历史兴趣维度（用户历史长短期兴趣词、用户属性等）、内容画像特征维度（内容分类、特征词等）、上下文环境（网络状态、终端类型等）、历史统计类特征（文章历史点击率、分享率、收藏率等）、交叉特征（用户兴趣与内容画像匹配情况、时间与文章分类等）等，经过算法交叉生成海量稀疏特征，最终根据每个特征的权重进行加权，转化为预估质量度（包含点击率、分享率、收藏率、正负评论率、阅读完成比等参数优化的综合得分）进行排序。

2）协同过滤，群体智慧

标签、分类的应用是在帮助我们快速建立对事物的抽象理解。而由于标签系统的有限性和封闭性，必然不足以应对更复杂多变的新增场景，很容易产生信息茧房。在视频的推荐上"信息茧房"效应更为明显，如一段甄嬛传的视频，产生点击后，系统可能会一直推荐甄嬛传的视频，产生信息过载问题。所以要考虑如何扩展用户兴趣，延长用户使用路径，更合理地给用户推荐内容，于是协同的概念就诞生了。

　　放弃标签，转而以用户的群体消费行为进行分类和记录，这就是协同过滤的基础思想。因为看甄嬛传视频的不止一个人，必然是一个人群，我们把这个人群聚类，再分析人群中每个人的共性特征就能发散得出更多的可能相似兴趣。

　　把用户的消费行为作为特征，以此进行用户相似性或物品相似性的计算，进行信息的匹配，这就构成了协同过滤（Collaborative Filtering）。

　　协同推荐可以分为三个子类：基于物品（Item-based）的协同、基于用户（User-based）的协同、基于模型（Model-based）的协同。

　　基于用户的协同，基础思路为：找到那些与你在某一方面口味相似的人，将这群人喜欢的新东西推荐给你。

　　图 7.41 示意出了基于用户的协同过滤推荐机制的基本原理。假设用户 A 喜欢物品 a 和物品 c，用户 B 喜欢物品 b，用户 C 喜欢物品 a、物品 c 和物品 d。从这些用户的历史喜好信息中，我们可以发现用户 A 和用户 C 的口味和偏好是比较类似的，同时用户 C 还喜欢物品 d，那么我们可以推断用户 A 可能也喜欢物品 d，因此可以将物品 d 推荐给用户 A。

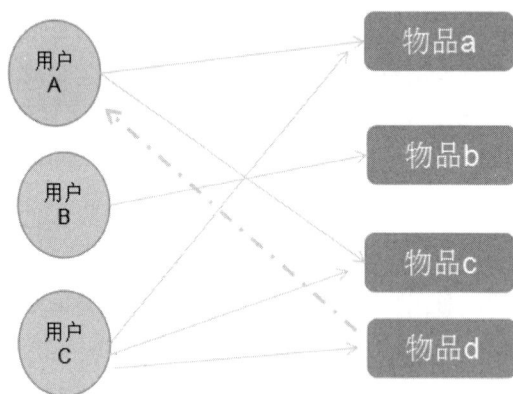

图 7.41　基于用户的协同过滤推荐机制的基本原理

　　举个例子，我们看看亚马逊的推荐，如图 7.42 所示。

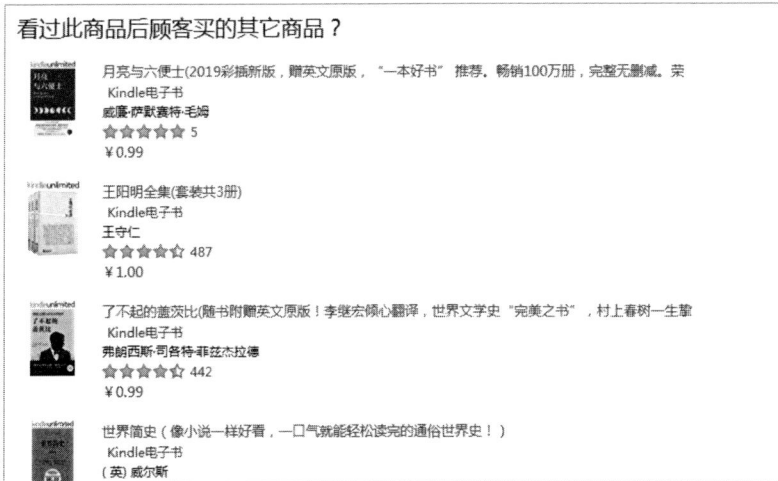

看过此商品后顾客买的其它商品？

月亮与六便士(2019彩插新版，赠英文原版，"一本好书"推荐。畅销100万册，完整无删减。荣
Kindle电子书
威廉·萨默赛特·毛姆
★★★★★ 5
￥0.99

王阳明全集(套装共3册)
Kindle电子书
王守仁
★★★★☆ 487
￥1.00

了不起的盖茨比(随书附赠英文原版！李继宏倾心翻译，世界文学史"完美之书"，村上春树一生挚
Kindle电子书
弗朗西斯·司各特·菲兹杰拉德
★★★★☆ 442
￥0.99

世界简史（像小说一样好看，一口气就能轻松读完的通俗世界史！）
Kindle电子书
（英）威尔斯

图 7.42　亚马逊根据购买过相似商品的用户买的其他商品做推荐

基于物品的协同，基础思路为：先确定你喜欢的物品，再找到与之相似的物品推荐给你。只是物品与物品之间的相似度不是从内容属性的角度衡量的，而是从用户反馈的角度来衡量的。

用户 A、B、C 都喜欢物品 a，并且用户 A、B 喜欢物品 c，然后就将物品 c 推荐给用户 C，如图 7.43 所示。这种算法由亚马逊提出，并广泛应用于相关推荐。

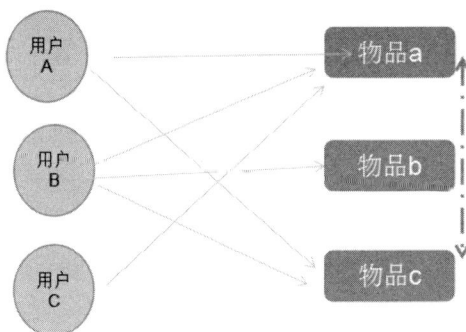

图 7.43　基于物品的协同过滤推荐机制的基本原理

例如，我在亚马逊输入《史记》，它会给我推荐类似的《左转》《资治通鉴》《二十四史》等，如图 7.44 所示。

图 7.44　亚马逊的推荐

使用大规模人群的喜好进行内容推荐，这就是在实际工程环境里各家公司应用的主流分发方式。

基于模型的协同，主要是 RFM 模型的应用。

RFM 是 Rencency（最近一次消费）、Frequency（消费频率）、Monetary（消费金额）三个指标首字母的组合。RFM 模型是衡量客户价值和客户创利能力的重要工具和手段。在众多的客户关系管理（CRM）的分析模式中，RFM 模型是被广泛提到的。这一模型在物质消费领域可理解为最近消费时间、消费频率、消费金额，在信息流领域则可理解为最近一次使用 App 的时间、使用次数、点击量。这一模型无论是对于从全局分析用户忠诚度，还是从单一分类来分析用户对于某类内容的偏好，进而进行层级划分，都十分有帮助。

在信息流领域，用户兴趣的忠诚度很好区分，但是信息流中同一类型内容即使属于某一垂直类，也会因为爱好、知识水平结构的差异，导致用户对于不同深度、专业度的文章的表现明显不一样。

例如，2017 年冬，天然气问题成为热点问题，各大媒体都报道天然气紧缺问题，凤凰新闻客户端主笔唐驳虎写了一篇专业分析文章。很多媒体的报道是对现象的描述，不是对事物本质的探索，二者的对比如图 7.45 所示。对于某些用户而言，专业性的分析因为专业、认识及相关度影响，覆盖度没有那么广泛，这直接反映在数据上。

我们在处理此类问题时，就需要对用户进行分层，除画像时根据文章属性区分用户对于深度专业文章的兴趣外，还可以从其他角度来组合过滤。

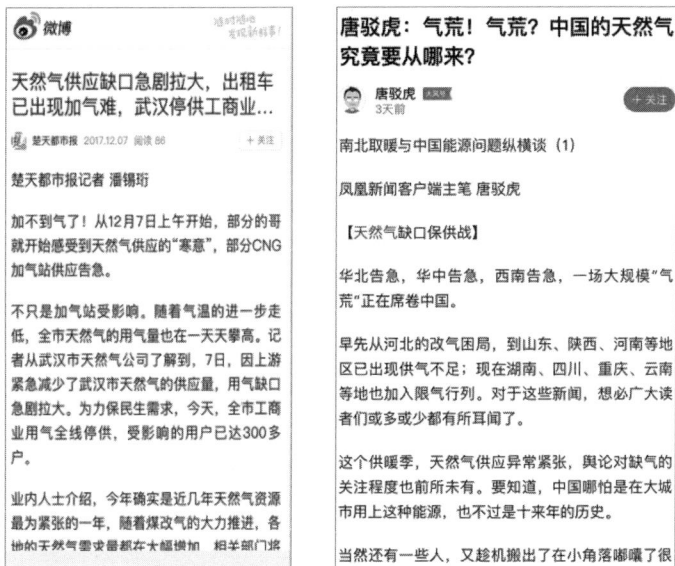

图 7.45　不同深度、专业度文章对比

用户对信息的关注度与信息和他的利益相关性成正比。

- 地域：一、二、三、四线城市，农村、城市用户对于信息的接受程度是不一致的。

- 收入：收入程度反映消费能力，可以从机型等判断。

- 算法模型：在数据分发上，通过大量的标注，算法是能够对文章的内容层级有所认知的，如专业论文可能专业词汇占比较高，算法可以将专业词汇的词频来作为·个数据指标。

2. 分析用户流失的方法

追溯用户行为路径：一个用户从试用你的产品到离开整个产品是有完整路径的。用户离开大都是因为产品没有满足他的某种需求，我们分析用户的行为路径，找到他的浏览行为，可以更好地理解用户，如图 7.46 所示。

长尾分析法：所有产品的使用场景都是长尾分布的，满足"二八理论"，如果将活跃度最高与活跃度最低的用户分别选出，再分析二者的优劣，很容易找到相关优化方向。

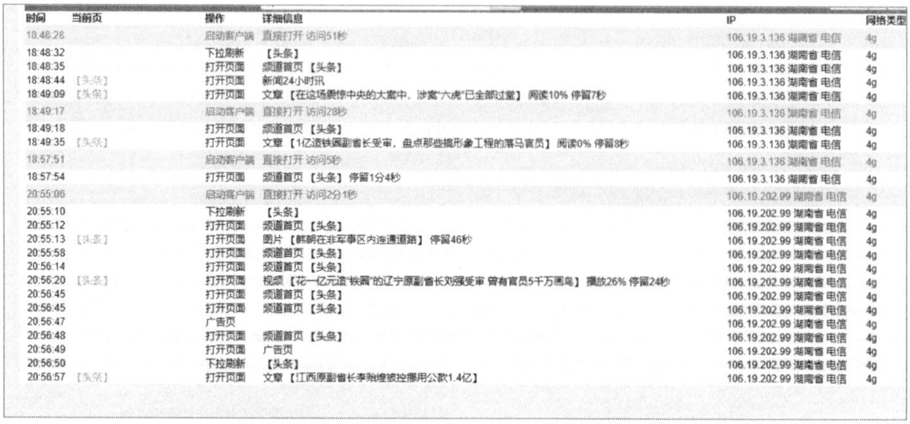

时间	当前页	操作	详细信息	IP	网络类型
18:48:28		启动客户端	直接打开 访问51秒	106.19.3.136 湖南省 电信	4g
18:48:32		下拉刷新	【头条】	106.19.3.136 湖南省 电信	4g
18:48:35		打开页面	频道首页【头条】	106.19.3.136 湖南省 电信	4g
18:48:44	[头条]	打开页面	新闻24小时讯	106.19.3.136 湖南省 电信	4g
18:49:09	[头条]	打开页面	文章【在这场震惊中央的大案中，涉案"六虎"已全部过堂】阅读10% 停留7秒	106.19.3.136 湖南省 电信	4g
18:49:17		启动客户端	直接打开 访问28秒	106.19.3.136 湖南省 电信	4g
18:49:18		打开页面	频道首页【头条】	106.19.3.136 湖南省 电信	4g
18:49:35	[头条]	打开页面	文章【1亿造铁園副省长受审，盘点那些搞形象工程的落马官员】阅读0% 停留8秒	106.19.3.136 湖南省 电信	4g
18:57:51		启动客户端	直接打开 访问5秒	106.19.3.136 湖南省 电信	4g
18:57:54		打开页面	频道首页【头条】停留1分4秒	106.19.3.136 湖南省 电信	4g
20:55:06		启动客户端	直接打开 访问2分1秒	106.19.202.99 湖南省 电信	4g
20:55:10		下拉刷新	【头条】	106.19.202.99 湖南省 电信	4g
20:55:12		打开页面	频道首页【头条】	106.19.202.99 湖南省 电信	4g
20:55:13	[头条]	打开页面	图片【韩朝在非军事区内连通道路】停留46秒	106.19.202.99 湖南省 电信	4g
20:55:58		打开页面	频道首页【头条】	106.19.202.99 湖南省 电信	4g
20:56:14		打开页面	频道首页【头条】	106.19.202.99 湖南省 电信	4g
20:56:20	[头条]	打开页面	视频【花一亿元造"铁画"的辽宁原副省长刘强受审 曾有官员5千万画鸟】播放26% 停留24秒	106.19.202.99 湖南省 电信	4g
20:56:45		打开页面	频道首页【头条】	106.19.202.99 湖南省 电信	4g
20:56:45		打开页面	频道首页【头条】	106.19.202.99 湖南省 电信	4g
20:56:47		广告页		106.19.202.99 湖南省 电信	4g
20:56:48		打开页面	频道首页【头条】	106.19.202.99 湖南省 电信	4g
20:56:49		打开页面	广告页	106.19.202.99 湖南省 电信	4g
20:56:50		下拉刷新	【头条】	106.19.202.99 湖南省 电信	4g
20:56:57	[头条]	打开页面	文章【江西原副省长李贻煌被控挪用公款1.4亿】	106.19.202.99 湖南省 电信	4g

图 7.46　追溯用户行为路径

产品方向是很容易跟随的，难的是如何做出差异化运营，必须坚持寻找关键指标来持续地做业务矫正。

7.6　锁屏阅读：如何让用户第一眼便看到你

内容入口前置化是用户增长团队获取用户的一项重要能力。其中，锁屏阅读又是入口前置化的关键机制。与搜索引擎、社交媒体及各类 RSS 订阅相比，移动智能终端，特别是智能手机的消息推送功能已经成为吸引用户注意力的新战场。如何通过智能手机的推送通知，特别是与 iOS 和安卓设备丰富的通知选项相结合，让用户第一眼便看到自家产品的信息，是应用程序建立用户忠诚度、提高相关数据指标的重要手段。

由于 iOS 设备的封闭性，应用程序的开发者获取底层权限的可能性极低，在锁屏功能的二次开发上能做的工作少之又少。用户增长团队的主要精力都会放在开源的安卓智能手机上，从数据上看，安卓智能手机占据了全球智能手机 8 成以上的市场份额，用户增长团队值得把精力都放在安卓设备上。

我们如何促使用户在打开手机的时候，把千篇一律的锁屏桌面替换为我们为用户定制的新闻内容？可以先来看看移动资讯界网红趣头条 App 是如何实现的。目前，趣头条在华为、小米、VIVO 等手机上都推出了锁屏阅读功能。用户在"设置"里开启"锁屏阅读"功能即可在手机锁屏状态下查看资讯，如图 7.47 所示。

为了不影响用户的使用体验，趣头条 App 的锁屏阅读界面较为简单，但非常便于阅读，如图 7.48 所示，包含两部分：①时间显示；②新闻详情，包括大图、标题、内容摘要。

图 7.47　开启"锁屏阅读"功能　　　　图 7.48　趣头条 App 的锁屏阅读界面

今日头条只是在极速版中包含了此功能，且只在华为手机上包含锁屏阅读功能，在小米、OPPO、VIVO 的设备上无此功能，如图 7.49 所示。

今日头条极速版的锁屏阅读界面包含三部分，如图 7.50 所示。

● 时间和日期展示。

- 搜索框，点击可进入搜索界面。

- 新闻详情，包括大图和标题，点击后进入新闻落地页。用来展示内容的大图都经过筛选以适配图片展示区域的大小，体验较好。

图 7.49　今日头条极速版可在华为
手机上设置锁屏阅读功能

图 7.50　今日头条极速版的锁屏阅读界面

　　锁屏阅读功能可以在未解锁状态提供新闻的阅读服务，并可响应用户行为，在解锁后直接拉起落地页以增加打开率。

　　应用在用户点击 Home 键或多次按 Back 键退出时并不会立刻被杀死，而是进入后台状态，这时应用虽然不可见，但可以接收系统的事件广播并做相应的处理。基于此原理，我们可以监听用户灭屏和亮屏事件，并提供信息展示等服务。趣头条 App、今日头条极速版等都针对此场景提供了锁屏阅读功能，用户在亮屏的第一时间即可通过横向滑动列表的方式了解优质的新闻内容，选中并解锁屏幕后可直接进入新闻的落地页阅读详细内容。此方式不但为用户提供了便捷的入口，也增加了应用的活跃度和内容的访问量。

第 8 章

行业内人士对用户增长的理解

8.1　一点资讯总编辑吴晨光：内容生态的秘密

（本文作者吴晨光，现任一点资讯总编辑，"一点晨光"自媒体创始人。2016年被评为中国首批高级数字编辑，出版了书籍《超越门户——搜狐新媒体操作手册》《自媒体之道》。）

提要：

- 因为算法及社交媒体的崛起，传统的信息生产、分发模式被逐步弱化，但信息的产量和形态同时暴增——几年里，内容小池塘变成了汪洋大海。而这让内容生态的建设变成了当务之急。

- 内容是水，用户是鱼。做内容的最高境界，就是像大海一样，形成一个庞大的、拥有强大自净能力的循环系统。水源越多、水源越优质，这个系统的净化能力就越强，海里的鱼儿的族群也就越来越庞大。

- 编辑是掌舵者，不能把船开到暗礁里去，所以要把握好内容的导向、价值观和质量；而运营是划桨者，要把船开得更快，保证最高效率、最大范围地影响用户。

- 数据不是冰冷的数字，而是用户行为的反映，是新时代的生产资料。生态是否良好、供需是否平衡，数据会给出答案。

- 互联网是一个平台，可以连接信息，也可以连接商品、教育、金融，以及各种各样的产品和服务。与内容生态相似，任何由互联网连接的产品都需要一个平衡。

1866 年，生物学家恩斯特·海克尔第一次提出了"生态学"的定义："它是研究生物体与其周围环境（包括非生物环境和生物环境）的相互关系的科学。"

这位德国人没有想到的是，150 多年后，生态这一概念被广泛应用于中国的各个领域。

"内容生态"也成为最近的流行词汇。事实上，从人类诞生开始，内容（信息）的传播流程就从未发生过变化：生产→审核→分发→用户互动。四者互为因果，构成了一个闭环。但因为算法及社交媒体的崛起，传统的信息生产、分发模式被逐步弱化，而信息的产量和形态同时暴增。**几年里，内容小池塘变成了汪洋大海。**而这也让内容生态的建设变成了当务之急。

1. 先看看水族馆

如果你不理解"生态"，可以先去水族馆看看。那里的一个鱼缸就是一个独立的生态圈。

若把水比作内容，鱼就是用户（阅读者）。什么水养什么鱼，多少水养多少鱼，这就是内容和用户之间的平衡。很怕出现一种情况：缸里有 1 吨水，但只养了两条小鱼。这样会导致大量内容没人看，创作者得不到流量和收益，最终流失。相反，如果鱼多了、水不够，用户看不到自己想要的内容，也就走光了。

更重要的是，"供"与"需"每时每刻都在变化，我们需要随时掌握平衡点。这个生态系统远远比一个鱼缸复杂，如同浩瀚的大海。

2．内容生产

巧妇难为无米之炊。所以，先从内容生产说起。

1998 年，当我从首钢总公司的一名技术员跳槽到《中国劳动报》做记者时，内容生产的权力几乎全部掌握在职业媒体人手中。当时，记者是很受尊重的职业，而办报纸、杂志所需要的刊号更是极其稀缺的资源，以至于一批人经常拿中国"未能开放报禁"攻击有关部门。

但互联网平台的崛起逐渐改变了这种状态。先是博客，后是微博，2012 年 8 月 17 日微信公众号功能的上线，让中国进入了"万众办报""万众办台"的时代。数以亿计的微博账号、超过 3000 万个微信公众号，以及 2014 年前后崛起的头条号、一点号、百家号，还包括抖音、快手等短视频平台上不计其数的创作者，构成了一支全球最为庞大的内容生产队伍，并被冠以一个无拘无束的名字——自媒体。

内容形态也因为网络有了巨大突破，从博客时代的"文字+图片"，演变到今天的短视频、小视频（ 分钟以内）、问答、短内容（140 字以内）、跟帖等。

但无论如何变化，内容生产离不开四个环节：

（1）选题：做什么，从什么角度入手；

（2）采访：如何拿到最真实、核心的素材；

（3）写作：如何把素材写成一篇文章，或者编辑成一条视频；

（4）包装：起标题、写提要、配图片，或者选好视频的封面图。

从编辑的角度来说，这四者的重要性依次递减，用《孙子兵法》里的一句话来形容，就是"上兵伐谋，其次伐交，其次伐兵，其下攻城"。

很多人认为，"流阅读"时代标题最重要，但这恰恰是对内容生产的最大误解。标题党可能会提升点击量，但从长远看，无异于杀鸡取卵。

也正是因为99%以上的内容生产者都没有受过专业训练，所以在信息因自媒体极大丰富的同时，也让虚假内容、低俗内容、侵权内容充斥于网络，正如同大量未经处理的污水被直接注入海洋。所以，我们需要建一个污水处理场。

3. 内容审核

关于内容审核，可以做三个比喻：

- 比喻 1：如果说内容生产是造车，内容审核就是造刹车。

- 比喻 2：如果说内容生产和分发构成了一个水族箱的生态，内容审核就是水循环系统，负责过滤垃圾。

- 比喻 3：如果说 20 世纪八九十年代，为了追求经济的高速发展，我们没有意识到环境污染的严重后果，但在新时代，环保已经成为国家主题。所谓"绿水青山就是金山银山"。所以，一个媒体的审核系统，相当于国家的生态环境部。

另外，千万不要认为审核就是简单地删除违规内容，没有任何技术含量。事实上，这是一个需要细腻手段，并需要拥有政治敏感性才能做好的工作。具体又有三个要点：

（1）审什么，不审什么；

（2）先审什么，后审什么：

（3）审到什么程度。

这三者，关系到对底线的判断、对内容的划分、对效率的把握。在一个大平台上，每天需要审核的内容动辄几十万甚至几百万、上千万，**安全、效率、标准缺一不可。**而首要问题是安全——这是一个平台的生死线。

机器和人工都可以对底线进行把握。一般而言，待审内容先过机器关——先进的关键词识别、语义识别、图片识别乃至视频识别系统，会将敏感部分拦截。此后就是人工审核，审核编辑进一步清理敏感内容，比如有害政治信息、涉黄涉低俗内容等。但无论是机器把关还是人审，一套成形的操作标准都是必不可少的。

2018 年 1 月，一点资讯出台了"互联网新闻信息审核规范"。这是中国互联网行业的第一本审核标准，共 14 章、超过 1000 个案例、约 35 万字，对文字、图片、视频、跟帖等不同形态的内容把控均有详细描述。2019 年 1 月，"规范"新版出台，根据 2018 年全年出现的新情况（比如自媒体的严监管），又做了超过 5 万字的修订。

而对于不同的内容，审核的严格程度需要有所区别。时政类内容——特别是涉及领导人的内容一定要先审，并严格保持三审制；而教育、体育、旅游等垂直类内容因时效性差且敏感性弱，可以后审，并减少人力投入。另外，审核属于典型的"因时而异"的工作，不同时间节点，要重点盯的内容截然不同。比如在 7 月初，"疆独"问题是焦点，因为 2009 年的 7 月 5 日，乌鲁木齐发生了严重的暴恐事件。

就像写字要用笔一样，审核工具也是必需的。2018 年 7 月，一点资讯上线了代号为"文明"的新审核系统，将等待的时间缩短了 60%。以前的审核后台出内容，都是 20 条甚至 50 条排在一起，然后让编辑处理。问题是，如果有时效性强、敏感性高甚至特别重要的内容，就要在 20 条之后继续排队。而"文明"系统相当于开设了一个 VIP 通道，重要内容随时过审，自然提高了效率。当然，"文明"能够应用的前提是，你要能让它辨别什么是敏感性高的、时效性强的，这样才为插队提供了可能。

相较于传统媒体时代的人工审核，今天大平台的审核除了把握底线之外，还需要给相关内容冠以标签。比如，一篇描述东北虎的文章，要给它打上"猫科动物、老虎、东北虎"等标签。这个标签来自机器的判断，也来自审核员的界定。特别是在视频领域，人工标签非常重要，因为算法目前还很难理解某个视频讲的究竟是什么。所以，就需要编辑在审核过程中做出标注，写个简单的"产品说明书"，以便于算法能在下一个环节——分发——匹配得更为精准。这，也是效率问题。

4. 内容分发

一个内容生产者最大的愿望，就是他创作的东西能被更多人知晓，并影响更有影响力的人。内容分发的重要性因此体现出来。生产是开始，分发是终端。没有分发，就没有传播，再优质的内容也是日记。

所以当我初入记者行业时，最羡慕的岗位是编辑。他们对我的稿件有着生杀予夺的大权。在"一纸风行二十年"的《南方周末》，也执行着"记而优则编"的规则——编辑是中心，记者和稿件由其调度。

今天，在传统媒体，编辑和总编辑依然拥有决定内容分发的权力。比如上不上版、上不上头版头条。

但这种权力已经不完全掌握在编辑的手里。从传统媒体到新媒体，另外两支力量充分参与到了内容分发之中。

第一支力量叫"社交"。从微博到微信，都属于社交媒体。在微博上，用户看到的信息主要取决于他的"关注"——关注谁就能看到他发的内容，拉黑谁就能让他发布的信息消失。朋友圈也是同样的道理。

第二支力量叫"算法"，或者叫人工智能。在一点资讯、今日头条，用户点击、评论、转发、搜索、订阅了哪些内容，计算机都会记录下来——也许有些行为你自己都忘了，但计算机的记忆力要比人脑好很多。算法根据此前的浏览记录判断某个用户喜欢什么，然后投其所好，推送他喜欢的东西。今日头条之前的标语（Slogan）"你关心的，才是头条"，形象地描述了这个逻辑。

如果仅从效率上看，以社交和算法替代人工编辑，无疑是生产力的巨大进步。因为内容生产的小池塘变成了汪洋大海，如果还让用户在海量信息中选择自己喜欢的内容，可能会被累得半死。无论是通过社交还是算法，都是精准推送，事半功倍。

这个进步，如同从计划经济到市场经济的跨越。让市场进行分配的调节，比国家印发粮票、布票强得多。

但别忘了，我们走的是有中国特色的社会主义市场经济道路。市场经济强调效率，但必须兼顾公平。

社交和算法分发可能导致的最大问题是，让人陷入"一叶障目，不见森林"的信息茧房，逃不出你的圈子，更难以超越自己。 特别是算法，因为看重点击率，会把标题党、情绪化文章做大规模分发。

所以，总编辑和编辑在新媒体时代的作用依然不可缺少。他们保证的是公平，也就是价值观的问题。他们要把重大新闻、重要话题人工推送给用户，比如中共十九大精神的宣传报道。

那么，这就又涉及一个问题：在市场经济里，计划的部分占多少？

每个平台都在探索这个边际，以及编辑和算法、社交之间的关系。目前达成的基本共识是：特大事件全干预，重大事件强干预，垂直长尾不干预。这和市场经济运行规则一样，能源、粮食涉及国家安全，所以国家要有绝对的控制权。

社交和算法也不是两条平行线。在微信 7.0 版中，"看一看"功能被进一步放大，已经带有了算法分发的影子。而今日头条已经很明显地进军社交，头条信息流里推出的"粉丝关注自媒体账号"功能及"关注"流，就是社交的典型应用。

总而言之，在"媒体融合"理念大行其道的当下，编辑、社交、算法三种内容分发手段也在融合之中。但信息流产品的特殊，就在于导向和安全先于用户的兴趣，"你关心的，才是头条"最终被"信息创造价值"取代，也是这个原因。

5. 数据：新时代的生产资料

说完了内容生产、审核、分发，我们来讨论一下平衡的问题。

所谓"生态平衡"（Ecological Equilibrium），是指在一定时间内，生态系统中的生物和环境之间、生物各个种群之间，通过能量流动、物质循环和信息传递，相互之间达到高度适应、协调和统一的状态。水族箱、小池塘、大海，尽管大小不一，但都需要一个平衡状态，特别是水和鱼之间的平衡。

同样，内容生态也需要平衡。没有平衡，生态就会被破坏。**我们可以称之为"文态平衡"。**

这个平衡包含很多个层次：

- 比如内容生产和分发之间的平衡；

- 比如自媒体和机构媒体之间的平衡；

- 比如正面报道和舆论监督之间的平衡；

- 比如不同内容表现形式——诸如 140 字的精短内容和深度报道之间的平衡；

- ……

其中的核心，是生产和分发之间平衡。那么，我们靠什么来掌握这种平衡呢？

两个字：数据。在真正懂得新媒体运营的人的眼里，数据不是冰冷的数字，而是用户行为的反映。每一个数据的背后，都是用户的一种动作，代表着用户的一种态度。比如，如果一篇文章的点击率很高，但用户在这篇文章上只花了几秒钟进行阅读，那么这篇文章十之八九就是"标题党"——能骗人进来，但留不住人。

对于一个 **App** 而言，核心数据只有两个：其一是日活用户数（DAU），当然，这里也涉及用户质量的高低；其二是用户平均停留时长。**DAU** 是多少人喜欢的问题，停留时长是喜欢到什么程度的问题。这两个数据指标，决定一个公司的收入，甚至深入影响市值。

在这两个数据指标背后，是新用户次日留存率（今天来了，明天会不会再来）、7 日留存率（今天来了，7 天后会不会再来）、30 日留存率（今天来了，一个月后会不会再来）。目前拥有接近 2 亿 DAU 的抖音，在日活用户数刚刚超过 100 万的时候，就预料到未来可以做大，因为这个 App 的次日留存率高得惊人。

为了留住更多用户，我们需要精细刻画每一个用户的画像。比如，他的地理位置、使用手机的型号、他的自然属性（性别、年龄、学历、职业等），以及他的爱好，也就是之前的点击、评论、分享、搜索、订阅等阅读行为。这些数据掌握得越全面，对用户的把握就越准，就越容易投其所好。

其中特别重要的一点，就是"冷启动"的效率。"冷启动"就是在用户第一次打开某个 App 时，要给他推送什么内容。因为用户的信息不全，所以判断推送什么更容易让他留下来的难度很大。目前通行的规则是，给出此前点击率最高的内容或者近期最热门的内容。

这里的数据不仅仅是内容分发一端的数据，还包括内容生产一端的数据。在分发端是有多少用户在阅读，在生产端是有多少人在投稿。**媒体和自媒体的"日活作者"（指每天有多少人发文）、每天发出的文章数——这两个核心指标，与日活用户数和停留时长相对应**。而对每篇文章（这里的文章指一个内容单元，而不是单纯的文字）而言，它的题材（报道领域）、形态（比如是文字还是视频）、作者（是哪个媒体或者自媒体发布的）、长短等，如同每个用户的画像，是内容生态中最为微观的数据指标。

比如，对我写的这篇文章，可以贴上"新媒体领域、文字、深度报道"，以及来自"一点晨光"自媒体的标签。如果某一个用户之前一直点击关于新媒体的内容，或者订阅了"一点晨光"，那么这篇文章就会被算法或者社交媒体推荐给他。于是，在这个微观的点上，供需之间就有了一个平衡。

真正的难度来源于整个生态体系的平衡。比如，在一点资讯——一个 DAU 超过 6000 万的平台上，每天需要有多少内容的输入、什么样的内容输入？而明天呢？后天呢？用户每天都在变化，内容生产者每天也在变化。在信息流的汪洋大海里，一点资讯也就是个小池塘——中国的网站已经超过 500 万个，DAU 上亿的平台至少有七八家，内容生产者更是不计其数。所以最终要看一个平台的数据能力。

衡量一个平台的数据能力，通常有以下几个维度：

（1）**有没有**。这取决于技术人员是否进行了"埋点"，如果没有埋好点，很多具有重大价值的用户行为就会像过眼云烟一样流失。这就如同花钱没有记账一样。

（2）**准不准**。很多数据是有水分甚至是错误的。如果使用假数据做分析，会影响对结果的判断、对未来的预期。这就如同会计做假账一样。

（3）**细不细**。这涉及数据分析报告的质量。如果一个数据分析报告的结论没能超过运营者的常识，那么这个报告就是在说正确的废话。

比如，某地发生了一次地震，这个信息要推送给震中周边多少平方千米内的人，才能达到最高的点击率，就是对数据能力的检验，我们称之为"围栏"的准确度。"围栏"取决于地震中的伤亡人数、震级、发生位置、发生时间、地震性质（深源还是浅源），需要非常细腻地进行分析和判断。

（4）**有没有用**。这是最重要的一点——某个数据分析报告是否能指导运营者做出战略或战术上的有效调整，让内容和产品上一个台阶。

在 2017 年乌镇互联网大会上，马云做了关于大数据的主题演讲，他把大数据定性为新时代的"生产资料"。如果按照这个逻辑，互联网——特别是移动互联网构建了新型的生产关系，而以人工智能为首的新技术代表着新型的生产力。

6. 名与利

无论是自媒体还是媒体，看重的只有两点：一个是利，另一个是名。

这里的名、利并非贬义词。所谓利，是指在平台上的收益，就是能挣到多少钱；所谓名，是指在平台上获得的影响力——具体就是点击、分享、评论、搜索、订阅等核心数据。利与名是互为因果的。

2018 年 4 月，一点资讯在自媒体的收益结算上开始了 CPM 模式，就是以自媒体文章页千次广告阅读收益作为基础来计算分成。比如，一个 CPM 的基础价是 10 元，那么如果这篇文章被阅读了 1 万次，作者应该分到的钱就是 10×10=100 元。

与此前由编辑主导的"点金"分配方式相比，以 CPM 计算自媒体的收益，是迈向"市场经济"、建立内容生态的重要一步。因为它建立了名和利的逻辑关系，也就是建立了需求和供给之间的因果关系。所谓"无利不起早"，聪明的内容生产者会根据内容分发（阅读）情况，调整自己的报道方向。

平台的运营者，需要制定规则并进行监管。比如，如果某些作者为了增加文章的点击量而制造假新闻或者做标题党，平台就需要制定规则——阅读者在文章页的平均停留时长小于某一个数值（一般而言是 7 秒），那么这篇文章就会被认为是标题党，它的 CPM 就会被清零。如果我们希望得到更多的视频，那么就可以把视频内容的 CPM 值翻一番甚至翻两番，以鼓励作者做这方面的创作。

同样，平台方也可以直接干预"名"。比如，如果我们想限制某一类内容，直接将其分发数量设定上限——当其展示量达到 10000 时，就算点击率是 100%，也不再给更多人做推荐，作者看不到流量，自然会减少甚至停止生产。

在自媒体的管理上，一点资讯一直在进行分类和分级的探索。特别是分级管理，就是根据自媒体的导向和安全、原创度、粉丝数、内容质量等指标，通过数据和编辑两个评判维度，划分为 7 个级别，每个级别对应的分发权重及 CPM 值不同。级别越高，代表着内容质量越好，能得到的名与利就越多。

所谓"熙熙攘攘为名利"，在互联网上也是如此。

7. 互联网是什么

1998 年年初，当我初入传媒行业时，根本没想到 21 年后媒体会发展成今天的样子。当年，唯一在乎的就是如何写出一个好报道，并为此在选题、采访、写作和包装上下工夫。

从《中国劳动报》到央视，再到《南方周末》《中国新闻周刊》，在大约 14 年光景里，这个理念从未变化过，执着于内容生产。今天，我们称之为"编辑"。

从 2012 年 5 月我进入门户网站，后来成为搜狐网总编辑，再到 4 年前加入一点资讯担任副总裁、总编辑，我关注的重点逐步转移到内容分发一端。特别是在一点资讯这样一个依赖算法进行推荐的平台，**在保证内容导向和内容安全的前提下，阅读的效率成为我们追求的重要目标。**阅读效率来源于数据，数据又来源于用户，所以今天的工作其实是对用户的把握和驱动，我们称之为"运营"。

编辑和运营的关系应该是这样的：**编辑是掌舵者，不能把船开到暗礁里去，所以要把握好内容的导向、价值观和质量；而运营是划桨者，要把船开得更快，保证最高效率、最大范围地影响用户。**编辑主要做的是生产端的事情，要具备的是某个领域的专业素养，并在稿件刊发之前就给出影响力大小的基本判断；运营人员主要针对分发端，根据数据好坏去调整相关策略，所以要熟悉算法或者社交媒体的分发逻辑。

内容生产和内容分发之间的平衡，恰恰是一个总编辑最应该考虑的事情。既要保证导向和安全，又要提升点击率和用户停留时长。

把这个逻辑想清楚之后，一切就变得通畅起来。互联网是一个平台，可以连接信息，也可以连接商品、教育、金融，以及各种各样的产品和服务。作为平台负责人，无非是理解生产者和消费者，让两者之间达到一个平衡状态。所以，做内容的最高境界，就是像大海一样，建成一个庞大的、拥有强大自净能力的循环系统。水源越多、水源越优质，这个系统的净化能力就越强，海里的鱼儿的族群也就越来越庞大。

8.2　极果 CEO 刘鹏：从微信生态实战经验揭秘用户增长

（本文作者刘鹏，极果 CEO、智东西董事长。）

今年陆续有些做自媒体创业的朋友和我抱怨，2018 年这一年最让他们"秃头"的就是增长。最近开始全职做公众号的朋友也说，前几年看你们创业，用户增长那么快，没想到自己做这么难，第一批粉丝和种子用户的获取完全不如预期顺利。

为此我整理了一些自己创业里的关于用户增长的方法和问题，希望可以帮助为增长"秃头"的朋友们。

我 2014 年年底从搜狐出来创业，在互联网和媒体中摸爬滚打了十年，也算见证了流量时代的红利期和变化。极果就是我们基于用户分析和市场需求做出来的，最初定位在酷玩试用导购平台，我们为用户提供新产品的试用机会，用户产出体验，极果再将 UGC 的内容在全网传播。极果的核心价值点是让新产品找到第一批种子用户，并且把这个过程平台化和产品化。

经过几年的发展，极果从单一的试用导购平台，转变成全球好物消费推荐平台。除了产品试用，也开发了不少新玩法。上万名多领域的高影响力体验师、基于内容的整合营销、新产品口碑扩散的试用玩法、定位泛消费品的媒体团队和领先内容电商分销平台的极果优品，都是我们这几年不断尝试的全新模式，如图 8.1 所示。

发展到今天，极果已有 1000 万用户，主要人群年龄在 20～39 岁，社会中坚，热爱生活，也追求高品质生活。合作品牌横跨 3C、数码、家电、户外、家居、个护、母婴、办公、酷玩、出行等全品类。在创业过程中，关于用户我最大的体会就是用户增长没有秘籍和捷径，这不是一招一式的事，也没有那么神秘，更多的是一种思路和流程优化。

图 8.1　极果：全球好物消费推荐平台

1. 互联网下半场的战争

过去十年，随着移动互联网的快速发展、智能设备的出现与普及，迎来了基于互联网扩张初期人口红利带来的流量红利。互联网用户激增，企业站在风口，只要方向是对的，不计发展方式和成本，都能获得用户快速增长及业务迅速扩张。

而如今，移动互联网人口接近饱和，人口红利逐步消失，互联网时代正式进入下半场的战争。企业生存的关键永远是用户，增长是关乎企业生死存亡的事情，决定着企业还能走多久、走多远。

2. 用户增长模型

AARRR 增长模型非常经典，不过很多公司采用它来实现用户增长时，都会出现过度放大"获取用户"这个环节，而忽略产品本身留存和外部竞争的问题，从而营造出虚假繁荣的景象。现在社交渠道的流量价格已经很高，获客成本（用户获取成本）与 AARRR 模型提出时相比已经高出很多，用户增长的关键已经不再只是获客，同时还有提高用户留存。所以我们需要一个更好的模型，也就是 RARRA 模型，RARRA 模型是对 AARRR 模型的优化，如图 8.2 所示。

图 8.2　RARRA 模型

这个模型将关键放在用户留存上，更注意用户的核心价值，让用户反复使用产品、验证产品的价值，从而利用用户口碑扩散吸引更多用户，形成优质的用户拉新流量，最终做到真正的用户增长。接下来主要讲解一些获客和用户留存的逻辑和方法。

3. 微信已成为用户增长的重要阵地

极果就是基于微信公众号开始的。微信作为当前重要的信息媒介，是瓜分用户流量的产品终端之一，一直都是各种产品用户增长的重要阵地。微信的用户裂变、社群运营、病毒传播、小程序等都是常用的用户增长方式，我也是尝试了各种方式并逐步优化，才有了一套自己的逻辑。

其实关于用户增长的文章非常多，可惜普遍缺乏可以落地的方法。接下来，为大家介绍在微信生态中获客的实战经验。

4. 微信生态用户增长模型——裂变

1）什么是裂变

裂变听起来非常形象，取自物理学，原指质量较大的原子核分裂成两个或多个质量较小的原子的一种核反应形式。而在用户增长模型中，是指运营者采取一系列正向措施，引导用户为达到某个目标而参与活动，同时完成传播扩散的过程，如图 8.3 所示。裂变有三个重要元素：奖品、启动用户和裂变路径。

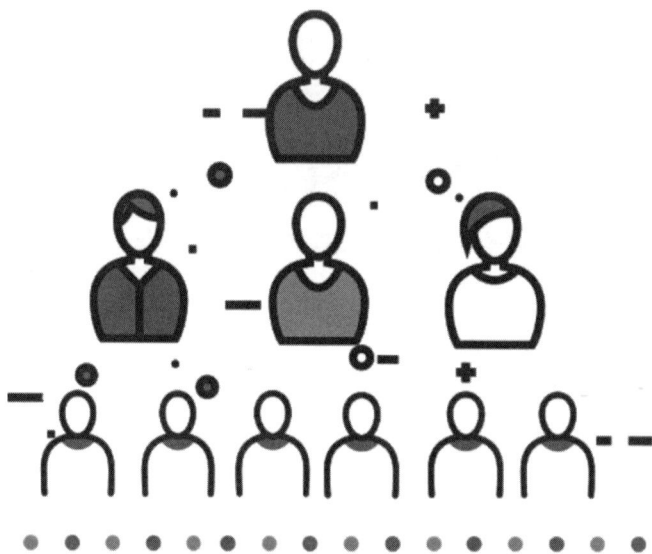

图 8.3　什么是裂变

2）如何裂变

裂变有很多种形式，一般通过用户社交关系带动传播引发裂变，而引起裂变的因素有很多，猎奇、感动、有趣、奖励等都能促成裂变，如图 8.4 所示。

最常见的就是内容裂变和运营裂变，比如个人号裂变、社群裂变和小程序裂变等。

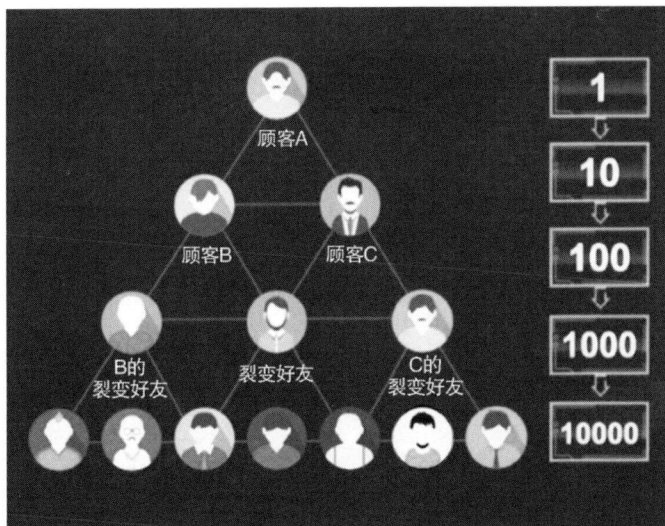

图 8.4　如何进行裂变

（1）内容裂变

内容是指事物所包含的实质性事物，比较常见的内容有文章、视频等，用户看完内容后对内容本身产生兴趣或引起共鸣，从而转发传播即内容裂变。想要好的内容产生裂变，就要做好下面几点。

第一点，内容裂变对内容的质量要求较高。兴趣是沟通的起点，价值是关系的依托，只有让人产生兴趣的内容，才会帮助人们重新获取关系的本质，用户才会转发。

第二点，先发优势。特别是在微信公众号中，我先写的东西就是我的，你拿不走。对于一个新品发布的内容文章，多家媒体的内容可能大同小异，这时候先发优势立即能体现出来，率先发布的内容往往能占据制高点。

第三点，好的标题是成功的关键。2018 年公众号的打开率整体在下滑，如何从内容流中脱颖而出，标题显得愈发重要。我们的做法是将文章标题留在最后定，小编们每人提出一个标题进行投票，然后筛选出前几名进行第二轮筛选，第二轮筛选会找一批用户让他们投票，由此筛选出最终的标题。

举个例子，9 月底我们报道的 TechWorld 大会文章：在内容上，我们有针对性地对用户感兴趣的几个新品进行了详细的解读；在标题的选择上，我们只描述了一款新品手机接近 100%屏占比的特色，没有写出它的名字，故意设置悬念；在时效性方面，我们在发布会后几个小时迅速将文章撰写出来，在第一时间进行了发布。最后文章得到了有效的裂变传播，迅速达到了 10 万多阅读量，如图 8.5所示。

图 8.5　极果网如何进行内容裂变

（2）运营裂变

运营裂变简单来说就是通过设置好诱饵和引导活动路径，利用种子用户的社交关系完成裂变。在微信生态里，最常见的就是个人号裂变、社群裂变和小程序裂变，接下来详细讲讲这几种裂变。

① 公众号/个人号裂变/社群裂变

在流量日益珍贵的今天，安装一个 App 的成本越来越高，在用户使用手机的时长中，微信占据了一半以上，移动互联网正在走向微信互联网。但微信是一个去中心化的生态，我们要触达用户只能通过社交分享到达群聊、朋友圈，从而在微信里建立自己的私域流量池。

首先我们可以通过裂变的路径（如图 8.6 所示为微信公众号的裂变流程图），让用户关注公众号或者添加个人号、社群。前面说了裂变的三要素：奖品、启动用户和裂变路径。所以可以在裂变的路径上让用户在拿到奖品前先添加你的个人微信号或者进入产品的社群。

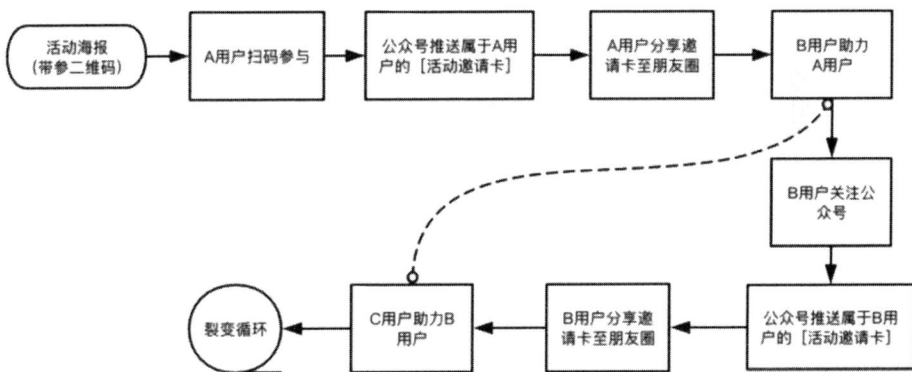

图 8.6　微信公众号的裂变流程图

这里需要注意的是，个人号每天添加 150 个好友后会收不到通知，社群达到 100 人后需要群主主动邀请。所以在设计产品时，需要先准备多个个人号和多个社群的二维码，当扫码次数达到一定量后，自动切换二维码。这样虽然看起来麻烦，但是省去了一些用户操作的步骤，其实可以提高转化率。

通过这种裂变我们就积攒了第一批用户，之后可以利用个人号的朋友圈、社群的群公告、红包、分享文章等方式，更好地运营第一批用户，让用户留存甚至转化。

② 小程序裂变

小程序是基于微信这个超级 App 的产品，所以在设计小程序时一定要利用好微信的社交属性，做好裂变。

小程序里面常见的裂变玩法总结起来就 5 个字：拼、帮、砍、送、比。

- 拼：即最常见的拼团，利用低价引导用户通过社交拼团。

- 帮：助力类型，例如抢火车票，邀请好友助力可以加速。

- 砍：邀请好友帮忙砍价。

- 送：免费送奖品给用户，但是用户需要拉人助力，达到一定数量后方可免费获得奖品。

- 比：利用用户的攀比心理，例如跳一跳小游戏发送至社群可查看好友战绩，但好友关系链只有微信自身拥有，所以一般腾讯系产品常用。

我们做了一款名为"抽奖帝"的工具小程序，用户可以用它自行发起抽奖活动，也可以免费参与公共抽奖活动。

我们在 iPhone 新品发布会前两天，上线了 iPhone 新品手机的抽奖活动，因为开奖可设置为 7 天后，所以在新品发布前就抢占了先机。

在产品设计上，我们通过抽奖码的形式来裂变，抽奖码是用户参与抽奖的凭证，开奖后将由系统随机选取抽奖码中奖。用户参与后可获得一个抽奖码，邀请好友参与可获得额外的抽奖码，大大刺激了用户分享的意愿，用户每次获得一个抽奖码我们就给用户发送一条消息提醒，不断刺激用户。还设有抽奖码的排行榜，利用用户的攀比心理，最终裂变到 4 万多用户参与，其中排行榜第一名邀请了 1000 多位好友参与，如图 8.7 所示。

5. 裂变不是用户增长的全部，新用户留存一样重要

1）用户留存为何重要

假设你有一个公众号，通过热点内容吸引了第一批读者，之后只有不断

产出高质量、有吸引力的内容，让第一批读者满意了，他们才会继续打开公众号，甚至分享到朋友圈，推荐给朋友。他们可能还会给你一些反馈，帮你进行改进。

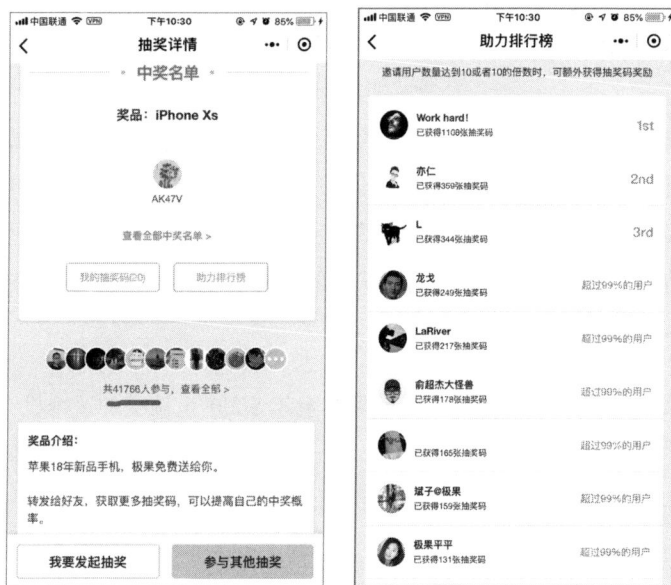

图 8.7　小程序如何进行裂变

这第一批读者就是你的新用户，做任何产品新用户的留存都非常重要。从定义上来说，用户在某段时间内开始使用应用，经过一段时间后，仍然继续使用该应用的用户，被认作留存用户。产品如果只考虑拉新不考虑留存，用户将会慢慢流失，最终形不成转化。

新用户留存做得好，会带来整体留存用户的增加，也会避免获客成本的浪费。同时新用户由于访问路径相对单一，留存策略更容易落地，也更聚焦。

2）如何做好用户留存

（1）用户精细化运营

这里可以分两种方式，第一种方式比较简单，就是根据来源渠道对用户进行精细化运营。例如，通过折扣进来的用户，更在意折扣优惠；通过内容进来的用户，更在意有趣的内容等。

主要来讲一下第二种方式，通过用户分层，达到效果最大化。这里以极果为例，我们通过建立不同的用户级别将用户分层，每个级别的用户拥有的权益不一样，最大化用户的价值。

极果的用户级别有：普通用户、玩家、见习体验师、体验师、视频体验师、首席体验师。普通用户可以申请免费试用的产品，但是获得概率相对低一些；见习体验师及以上级别的用户可以申请专项试用的产品，这些产品相对较优质，申请人数也有限，更容易获得。我们有明确的晋升规则，用户通过在平台产出优质内容等方式也可以得到晋升。

同时我们还向用户承诺，体验师拥有全年 5000 元额度的试用机会，视频体验师拥有全年 1 万元额度的试用机会（如图 8.8 所示），首席体验师则会有更深入的合作机会。这样可以激励用户为了获取身份和奖励，在平台上更频繁地发布内容。

图 8.8　如何进行用户分层，最大化用户价值

（2）进一步优化产品流程

最初我们的活动仅限于免费试用，因为数量有限，没有中奖的用户流失很多。

为了让更多用户能参与到优质低价的产品试用中，我们上线了全网首创的折扣试用的玩法，限量的优质低价产品，用户只要抢到付款即可参与试用。这是基于产品的核心玩法的优化。

当你有了核心玩法和价值，用户参与的流程也同样重要。可以把新用户从了解产品到关键动作的整个流程详细写下来，思考每一步是否有必要和如何提升用户体验。要知道，流程的每一步都会有用户流失。比如我们的产品涉及用户注册、了解产品、抢购、付款等流程，在梳理整个流程后，我们建立了明确的转化漏斗，根据数据优化产品流程，降低用户的流失率。

（3）活动激励

活动激励的方式比较多，要结合不同的产品和用户规模。当你建立核心用户社群后，可以在社群中定期给用户发放福利，例如在社群中发起抽奖活动，奖品可以设置为产品的优惠券，这种定期的抽奖活动大大活跃了社群，同时从优惠券到购买的转化率也非常高，如图 8.9 所示。

（4）提供优质产品

无论前面的路径和奖励机制设置得多么全面，影响用户去留的最重要的还是产品本身的品质。新用户在使用产品时，我们要拿出最优质的服务或商品，抓住这次最重要的机会留存他。

图 8.9　极果网的活动激励

以内容裂变为例，要始终明确优质的内容是传播的根本所在，同时优质的内容可以帮助平台打造品质 IP，所以不管是公众号的文章，还是用户的 UGC/PGC 内容，都要采取严格的审核制度。

不要过分关心竞争对手在做什么，要关心用户想要什么，我们能给用户提供什么优质的服务。同时建立便捷的反馈渠道，在这里可以分享一个我们处理用户反馈的做法，我们将用户反馈的消息接入钉钉机器人，消息会第一时间反馈至钉钉群，同时相关模块负责人迅速认领走，后续该负责人跟踪反馈该问题的处理进展，如图 8.10 所示。

图 8.10　将用户反馈的消息接入钉钉机器人

6. 驱动新用户扣扳机

讲过了新用户的获取和留存，其最终的目标还是为了变现，也就是"扣扳机"的这一步。很多产品花了很大成本获取了用户，但是却无法将这些用户转化成订单，花了大力气进行运营，变现却寥寥无几。

（1）和时间赛跑，及时转化

在用户流失前，要抛出吸引用户的服务，用最短的路径让用体验到平台产品的"啊哈时刻"。"啊哈时刻"就是产品使用户眼前一亮的时刻，是用户真正发现产品核心价值——产品为何存在、他们为何需要它及他们能从中得到什么的时刻。换句话说，就在这个时刻，用户认识到这个产品对他们来说不可或缺。正是这个时刻下的体验使早期用户转变成产品的超级用户和宣传大使。所以新用户通往产品的"啊哈时刻"的路径一定要短。

（2）营造稀缺感

设置一些限量并且有噱头的产品，让用户拼手指速度来获取。这样在用户心里形成产品好且稀缺的印象，用户为了得到好的产品与服务也会更加时时关注平台。例如，我们跟小牛合作的 100 辆新品折扣试用活动，以新品市场最低价 7 折上线，10 分钟后被抢光，如图 8.11 所示。

图 8.11　极果与小牛电动车的合作活动

（3）奖励机制

建立有效的奖励机制，是增强用户黏性的可靠手段。前文也提到，可以设计一些抽奖活动等。不过这种奖励机制，要尽量设计成一个闭环。比如我们的免费试用活动，以一定比例抽取用户试用，用户提交报告后，再根据用报告质量的优劣评估是否赠予产品给用户。如果用户的报告足够优秀，我们会将产品免费赠予用户，以此奖励用户产出更多优质的内容，同时还建立了良币驱逐劣币的平台氛围。

以上就是我这几年总结的一些微信生态用户增长方式。用户增长可以说是一套工作方法，了解之后，还需要大家不断测试、测试、再测试，根据你的产品优化流程，才能做好用户增长。

8.3　一名互联网老兵的自述：我所亲历的移动互联网产品演变

（本文作者颉晶华。）

粗略来看，本书的干货太多，读完前面的章节，相信大家已经可以摄取大量的用户增长方面的知识，即便你是小白用户，也可以入门甚至登堂入室了。我本想继续提供一些干货，来为本书"移动互联网用户增长宝典"的定位丰富一些内容，标题几乎都已经拟好，比如提升产品留存率的五个妙招、产品经理面试独家秘籍、运营如何建立正确的方法论等。

但细想一下，还是觉得稍显枯燥。一本好书除了十足的干货，还应该给读者带来轻松的阅读体验。于是，我决定和大家简单地分享一下我职业生涯中的重要经历，也许能帮助大家获得一些启示。

我是一名有十多年从业经验的互联网老兵了。职业生涯开始于 2006 年，当时是一个站长，和两个朋友一起撑起站点，主要靠接"黄色小广告"为生，用户也能做到每天 10 万 UV 这样的量级，算是规模不小。变现模式和现在的资讯产品没有本质的差别，也是做品牌广告和效果广告。当然，品牌广告可能谈不上，但也是按 CPT 计费的，而 CPC、CPA 两种方式已经比较成熟。

广告大多数是移动运营商的各种增值业务，用户点击一下几乎就会扣钱。所以，广告图片或者文字都会带点"色"，足够吸睛，这样用户才会被诱导、点击。随之而来的是网站收入的节节攀升。现在回想起来，这种原始的"谋生手段"多少有些灰暗，摸摸良心还是会隐隐作痛。但放在当时的商业和社会环境下，金主爸爸——运营商觉得合理，站长们也还是会跟着走，大家也会觉得这钱挣得理所当然。

这就算是移动产品的萌芽期。即，产品以 WAP 1.0、1.2 的手机网站为主，还有少部分的 Java 客户端，变现方式为 CPT、CPC、CPA 广告，拼的就是谁可以更低成本地获取流量及诱导用户点击，转化效果还没有那么重要。

有了这个结论，就可以倒推现在很多移动产品的商业模式。

还有一段对我来说比较重要的经历是 2009 年。当时面临两个选择：一个是"支付宝"，另一个是"开心网"。支付宝现在如日中天，而开心网早已隐匿不鸣了。年少轻狂的我完全看不懂"支付宝"，最终选择了当时红遍全国的"开心网"，真正开启产品经理的职业道路。如果现在有一台哆啦 A 梦的时光机能带人回到 10 年前，我一定要做两件事：第一件事就是在北京买房，能贷多少钱就贷多少钱，能买几套房就买几套房；第二件事就是给自己提个醒：未来是移动互联网、是移动支付的天下，支付宝是王者，我应该选择支付宝，坐在阿里巴巴的办公室里等着"天上掉馅饼"。

开心网的成败我不好评价，商场如战场，局面瞬息万变，机会也稍纵即逝，成败也是相对的。如今看来，开心网是悲情的，但开心网在崛起过程中的流量爆发、用户增长的案例依然是业内公认的经典案例，它的方法论本质上就是产品的社交裂变。

对，这个案例就是偷菜游戏。它最主要的传播路径就是邮件，聚拢大量的办公室白领。当时，大社交平台尚未成型，都在摸索，处于崛起的前夜，产品触及用户的手段也极为有限，偷菜游戏的病毒式传播带来了用户的裂变式增长。开心网也享受到社交游戏和裂变场景的创新带来的流量红利，快速沉淀用户，成为"网红产品"，火爆程度丝毫不输于今日的抖音、快手。

然而，开心网最终还是没落了，原因是多方面的。其中最重大的一个失误决策便是上市，加之多个移动端项目发展不理想而放弃了移动端流量阵地。这个决策的直接影响便是整个公司的业务重心转向变现方式比较成熟的社交游戏。从短期看，这个方向没什么大问题，但从长期战略发展来看，确实是短视行为。

我的第三段比较重要的经历在搜狐。搜狐的这段时光让我真正开始了解移动互联网的产品运营和用户增长，我的老板就是本书的主编岳建雄（在工作中大家都爱称他小岳）。他是一位运营、用户增长方面的高手，在他的教导下，我的工作开始由单一的产品经理线演进到产品运营、渠道运营及市场商务等领域。我们俩亦师亦友，虽然后来都离开了搜狐，他也只在挖我的时候才想起来要请我吃饭，但这份情我一直都记在心底。

在搜狐，我很幸运地参与了一个移动互联网产品——搜狐新闻客户端从 0 到 1 的成长过程。这个 1，不仅仅是用户量从 0 做到了第一，更是移动资讯产品从模型到门户网站标配、再到移动互联网流量重要入口的蜕变。

可能很多人会问，搜狐新闻客户端有什么制胜法宝，可以在那个时间段做到行业第一，被业界称赞为搜狐拿到了移动互联网的船票？如果让我复盘，剔除吹嘘的成分，最核心的因素有两个，一是移动互联网的发展，智能手机普及带来的流量红利；二是包括小岳在内的领导们对流量的敏锐嗅觉。搜狐新闻客户端的推出刚好赶上智能手机换机潮，大量用户开始接触智能手机，移动互联网的流量红利开始露出苗头。此时，手机预装成为获取新用户的最重要手段，而且成本极低。随之而来的是各大应用商店像雨后春笋一样崭露头角，所有的用户都在尝鲜，移动产品功能的迭代和创新也成为留下用户的重要策略，所以，在这个时期，移动互联网产品更关注产品功能和交互。

当然，还有一个不可回避的要素，那就是趋势，无法阻挡的行业发展趋势。正如雷军说的那句话："在风口上，猪都可以飞起来。"搜狐新闻客户端正好占得先机，但是我还要补一句："飞起来的肯定是那头最努力的猪。"

现在回过头来看，搜狐其实可以在移动互联网的历史上画下更为浓重的一笔，但遗憾的是错过了很多机会。比如搜狐错过了自媒体这个流量金矿。搜狐全面做自媒体的时间是在 2013 年年初，时间上领先行业整整一个身位，运营团队的组建、内容生产工具的上线都在短时间内完成，但最终还是没能激出浪花来，反而被后起之秀今日头条做成了。为什么"起了个大早赶了个晚集"？这里面最关键的一个原因是在原来固定版面流量分发场景下，整个内容生态里的核心用户——自媒体人没有获得足够的利益。这个利益可以是流量，也可以是收益，当时搜狐并没有一个很好的机制或策略来满足这部分群体，激发他们在平台上的创作积极性。

同时，今日头条开始崛起，它利用一种更高效的分发方式——算法推荐，颠覆了原有的固定流量分配模式，让自媒体更高效地获得流量。从这个角度看，搜狐的自媒体项目还是败给了更高效的商业模式。到 2014 年，移动资讯产品的变现方式也开始发生显著的改变，效果类广告开始站到 C 位，相比之前的品牌投放，效果类广告获得的收益能让广告主更加踏实，能看到自己的投入产出比是多少。

之后，搜狐新闻客户端开始了一波调整。2014 年底，我也决定离开搜狐，开始创业之旅。跨境电商、O2O、智慧物流、智能硬件甚至无人驾驶，这些当时十分热门的行业，我都有染指。创业维艰，我主导过一些项目，但都收效甚微，虽然项目在行业内是非常领先的，但商业价值错位，并没有预期的那么大，最终没有成功。在创业过程中对产品的认识与之前又有所不同。比如，我开始认识到产品（实物、服务、工具等都可以看作产品）的本质还是需要收费，不管是直接收，还是间接收，这样才符合商业规律。有人喜欢追求产品的极致体验，我认为这并没有错，但是前提还是需要提高产品在整个商业模式中的变现效率，没有商业模式的产品意义何在？

毕竟，世界上只讲情怀、抛开商业只谈产品体验的大神屈指可数。但这对创业者来说，无异于一剂毒药。现如今最明显的例子就是锤子手机，情怀之后，是一地鸡毛，罗永浩最终还是成了一名真正的商人。所以，绝大部分移动互联网产品的最终目的就是为了变现。

再回到现实场景，正好赶上移动互联网社交的大事件"三英战吕布"——同一天不同的公司发布三款社交产品"多闪""聊天宝""马桶MT"来挑战"微信"的霸主地位。但理想丰满，现实骨感，试用三款产品之后，发现用户友好度并不高。简单来说："多闪"让用户的沟通进入准AR时代，但老虎（视频形式表达）和老鼠（语音、文本形式表达）傻傻分不清楚，我大概能理解产品的本意是想提高人和人沟通的效率，视频作为语音的升级版，也考虑了用户发视频成本比较高，所以用了大量的美颜技术，但是这真的能挖掘到用户的需求吗？老罗的"聊天宝"已经过度消费了他的情怀，小镇青年可能是产品的目标用户，下一代的锤子手机应该是打电话可以赚金币，发短信可以返现，开机画面必须是一个大元宝图才配得上"聊天宝"这个产品的气质；马桶MT，王CEO已经重出江湖，但是感觉新的App已经在送往小黑屋的路上。

这就是我作为一个互联网老兵的自述，如果我不是产品经理，我可能无法接触到移动互联网的精美之处，也无法见证甚至参与各个时期移动互联网的标志性节点，而正是因为这些经历，让我深切地体会到：移动互联网改变了世界，并让世界变得更美好。

8.4　岳建雄：我不是产品经理

（我是做传统的SP业务出身的，并非真正传统意义上的产品经理，早期工作更多的是与电信运营商、渠道服务商打交道，深入接触甚至主导一个互联网产品的机会比较少。对移动互联网产品获取流量的感知也比较原始。搜狐新闻客户端是我的一个新起点，从那个时候开始，我更多地把注意力和思维放在产品、技术、运营、渠道等上面，我的用户增长方法论也差不多就此打下基础，并在随后的创业、凤凰新闻客户端等业务上不断丰富、稳固。下面这篇文章是我在担任搜狐新闻客户端负责人时接受《环球企业家》采访时的一些观点，比较明晰地梳理了当时移动互联网的行业格局和当时的用户增长实践环境。在这里，我将这篇文章重新整理，希望对大家有所帮助。）

2012 年年底，久违的搜狐董事局主席兼 CEO 张朝阳重出江湖，在错过了微信和微博之后，他宣布搜狐要继承媒体基因，拿到移动互联网的船票——开局的竟是移动新闻客户端。今年（注：2013 年）4 月，搜狐新闻客户端用户数突破 1 亿，根据易观国际数据，其市场份额为 31.8%，比排在第二、三位的网易、腾讯新闻客户端加起来还高。

在移动资讯平台，抓住先机的是网易。在搜狐待了十年的岳建雄是搜狐新闻客户端的负责人，这个不懂 UI、不会写代码的移动新媒体中心总经理，带领搜狐新闻客户端一路追击，在 2012 年年底反超网易，成为行业第一，回击了搜狐"千年老二"的江湖玩笑。

一脸斯文的岳建雄语速极快，可语言依旧跟不上他思维的速度，常常语无伦次。他曾经在极客公园举办的活动上，做过《我与搜狐新闻产品经理的对话》的演讲，调侃自己得过演讲比赛的最后一名，称自己并不是传统意义上的产品经理。在面对记者时，他说，自己是统帅，他的职能是指出攻城目标，调派参谋、突击队、宣传员等各司其职。

岳建雄和新闻客户端的结缘因微博而起。

2010 年，张朝阳将微博业务置于搜狐最高战略位置，立誓赶超新浪微博，战略之一是占领渠道。2011 年 3 月，身处无线业务部门的岳建雄见到手机厂商后，才发现新浪微博早在 6 个月前就和厂商签订了排他性合约。

尽管为时已晚，但在岳建雄看来，时机只是其中一个因素，更重要的是搜狐没有社交的基因。"事实已经证明，做社交只有腾讯能成功，别人都不成。搜狐门户做这么多年了，我们只能做媒体。"

于是，2011 年年底，在网易新闻客户端已经上线大半年，获得不错口碑的情形下，搜狐新闻客户端上线。在岳建雄看来，自己受益于"布道者"网易教育了市场，但就像饭否之于微博，米聊之于微信，甚至张树新之于互联网，第一拨参与者往往不是胜者，而是先烈。

搜狐新闻客户端采取和网易吸引一线城市高端用户不同的打法。在 SP 领域摸爬滚打多年、长期和山寨手机厂商打交道的岳建雄，复制了新浪微博的成功法则——占领渠道。瞄准的是中低端市场的移动互联网用户，习惯用 WAP 获取资讯，去应用市场下载 App 对他们来说还陌生得很。

搜狐新闻客户端上线之初，产品极为粗糙。岳建雄打了个比方，"门前的荔枝成熟了，你宁愿赤手空拳去采，也不要等到做出漂亮的筐子再出门，那时树上早没东西了。"对于早期用户来说，只要能提供丰富的内容，UI 和功能并不重要，比 WAP 体验好就足够了。时至今日，在搜狐新闻客户端超过一亿的用户中，还有一千万依旧停留在 1.95 版本。

岳建雄不止一次告诉记者，得"丝"者得天下。网易等对手的核心功能是阅读新闻，但为了吸引"小白用户"，搜狐将新闻和订阅功能集合，用户可订阅众多媒体的内容。"靠几条要闻满足不了他，他有大把时间消耗。"若把网易新闻客户端比作专卖店，搜狐新闻客户端则更像大超市。

2012 年上半年，搜狐新闻客户端的用户量开始明显上升。9 月，搜狐的平台功能升级，在媒体圈产生了巨大影响。在岳建雄给媒体描绘的版图里，他的产品会成为"报刊超市"，入驻媒体都可拥有自己的摊位，以及自由管理摊位和兜售广告位的权利。媒体提供的内容形式多样，可以是文字、图片、音频甚至视频。除了搜狐自身的账号体系，客户端还接入了国内主流的七大账号体系，包括新浪微博、腾讯微博、人人网、腾讯聊天工具等，为了增强社交属性，用户可将内容分享至微信好友、朋友圈、腾讯群等活跃度最高的社交产品。

岳建雄认为，相比独自制作 App，入驻"报刊超市"能大幅提高广告议价能力。搜狐新闻客户端采用媒体独自售卖广告位的模式，增加了广告位的重复售卖率。而积累了大量用户的客户端可以为单个媒体导流量，也就意味着，每个媒体都能以此产生更多、更高价的广告业务。这就相当于，一批顾客光临 Shopping Mall，麦当劳可以赚一次钱，电影院可以赚一次，理发店也能赚一次。

至少从数量看，他的想法变成了现实。在两个季度内，入驻搜狐新闻客户端的媒体从十几家增加到 700 多家。根据搜狐提供的最新数据，客户端单日浏览量突破 3 亿大关，入驻媒体超过 1000 家，其中包括近 400 家自媒体，用户总订阅量超过了 6 亿。

在丰收之际，岳建雄也面对着不少质疑，包括早期糟糕的用户体验积累的不良口碑，以及靠装机积累的用户是否有忠诚度。

岳建雄承认，在初期，他带入了 SP 时代形成的旧思维，以"简单粗暴"的方式对待用户。"智能机时代，用户的自由度极高，只要稍不满意立马把你卸了。"在吃到苦头之后，搜狐新闻客户端开始渠道和产品并重，"可能用户现在还不满意，但至少能看到进步很大吧。"

但他并不觉得靠装机抵达的用户和自发下载的用户有太大区别。"一个是偶然相遇的初恋情人，一个是千挑万选的妻子，前者对于'小白用户'更有效，后者更为重度用户喜欢，都有感情。"

岳建雄避免用"中低端"来描述自己的用户，他更愿意将搜狐新闻客户端比作平台化的天猫，而其他新闻客户端则是京东商城。

尽管社交性极低的移动资讯平台只能算作移动互联网的二等船票，传统四大门户和其他互联网巨头并没有放弃它。除了不服输的网易，腾讯、新浪、百度也相继杀入。想要转型"天猫"的并非搜狐一个，"新闻+订阅"的模式再次被复制，腾讯会见传统媒体和自媒体，并以同步微信公众号后台内容到客户端为诱饵。

促使新闻客户端成为"香饽饽"的还有即将出台的微信 5.0 版本，据说媒体号将被折叠，也就意味着媒体内容在微信平台的到达率会下滑，新闻客户端正好可以趁机抢夺这份市场。这就意味着，2013 年新闻客户端之战会全面爆发，谈论谁是最后的赢家，还为时过早。

岳建雄还是相信先发优势，一亿用户的壁垒没有那么容易被打破。"我已经占领这个渠道了，他要再占领渠道，付出成本会比我大。而且手机厂商出货周期很长，很多去年装进去的手机，现在还在出货。如果他现在做这个事情，等到年底的时候，才能有一些明显的效果，可那时候，我的用户已经积累得更多了。"

让合作媒体有些泄气的是，新闻客户端的活跃度并不高，内容到达率也就更低了，广告价值有限，短期内赚钱不易。各类媒体包括自媒体的入驻，为搜狐新闻客户端带来了异常明显的宣传效果，但回馈并没有想象中那么多。岳建雄跟所有的移动互联网创业者众口一词，移动互联网来势汹汹，用户习惯已经发生改变，只是商业逻辑还未捋顺，只要踏踏实实积累用户，未来一定能挣钱。

今年（注：2013 年）4 月，张朝阳将建设了近三年的新大楼更名搜狐媒体大厦，彰显了他发力媒体的决心。但搜狐新闻客户端所归属的无线业务部门并没有搬进新大楼，依旧蜗居在清华同方科技广场。对此，岳建雄说："我们创业者，就要吃点苦。"

A

附录 A

iOS 提交审核的几个常见问题

App Store 已经搭建出全球最高效的应用商店生态，用户增长团队如何攫取 App Store 庞大的流量成为必学技能。其中，移动应用提审是关键的一步。相信很多人在 iOS 提交审核时经常会遇到一些难题和困惑，这里将围绕审核技巧、多包策略、版权问题处理经验进行分享。

A.1 审核技巧

之所以叫审核技巧，说明以下阐述的部分处理方式带有一定的巧妙之处，但是此技巧可能不宜久用，也不确定未来是否还可以使用。我们在过往的提审中发现，想要顺利通过审核有 3 个要点：用户为先、翔实描述、真诚。

1. 申请加急审核

1）加急审核入口说明

首先明确一下，向苹果申请加急审核是可以操作的，并不神秘，也并不难，唯一的难点是要求加急审核的理由要么足够充分，要么足够翔实。申请加急审核需要到苹果官网或者开发者后台提交一个表单，入口在页面底部的"Contact Us"→"App Review"→"App Store Review"→"Request Expedited Review"→"Request an Expedited App review"。或者用链接 https://developer.apple.com/appstore/contact/appreviewteam/index.html 直达加急审核的表单提交页面。到达表单后，表单前面的基础步骤相信大家都能搞定，至少还有百度大参谋。这里只探讨提交审核前的最后两个内容填写部分（图 A.1），申请加急审核成败都在这里，需要选一个原因，以及对当前原因进行详细描述。这里的详细描述也不用长篇大论，说明白就行。

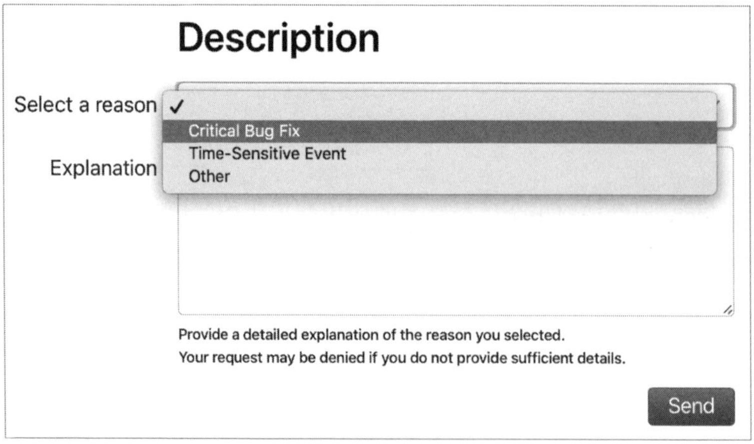

图 A.1　提交加急审核必填的最后两项内容

2）加急审核准备阶段

重点来了，从原因选择上，表单页面其实已经告诉你**申请理由的成功率排序：修复严重 Bug > 时效性事件 > 其他**。对应的内涵是：紧急完善用户体验、提供额外惊喜体验、比前两个更紧急的。

- **修复严重 Bug**：原则上不建议频繁报 Bug 修复，虽然目前基本推翻了网上说的一年只有 2 次或者多少次加急审核的说法，但是用烂了可不好，关键时候要申请加急审核过不了就糟了。对内部来说，也需要提醒产品和技术的小伙伴，快审好用，千万别上瘾。

- **时效性事件**：这个根据具体情况进行描述，如果没有翔实必要的快速审核的申请原因陈述，苹果审核团队是会拒绝加急审核的。

- **其他**：这个看具体业务和个人才华吧，感觉是非一般事件和非一般人可以驾驭得了。

3）加急审核理由要点

前面提到过顺利通过审核的 3 个要点，除了用户为先、翔实描述就是真诚了，是的，就是真诚。试看下面的需求和 3 种沟通方式。

加急审核需求：在信息流上拉加载广告时可能导致应用崩溃。

- **申请理由 1**：亲爱的苹果审核团队，我们的应用在部分设备上加载广告时可能导致应用崩溃，这样会影响我们的广告业务，影响我们业绩的完成，我们紧急修复了这个问题，需要申请加急审核。

- **申请理由 2**：亲爱的苹果审核团队，我们的应用在部分设备上加载广告时可能导致应用崩溃，这样会影响用户在苹果手机上对我们产品的使用体验，甚至有可能影响用户数据安全，我们紧急修复了这个问题，需要申请加急审核。

- **申请理由 3**：亲爱的苹果审核团队，我们的应用在部分设备上加载广告时可能导致应用崩溃，这样会导致用户对我们的应用失去耐心甚至绝望，为了恢复用户的信心，我们紧急修复了这个问题，为此需要申请加急审核。

其实申请理由 1、2、3 都可以过审，但不难看出申请理由 1 过于主观强势，申请理由 2 捆绑苹果和用户安全、申请理由 3 煽情用户体验都会对加急审核的需求加分。

机智的你是不是也注意到申请加急审核的理由并没有使用英文，而是使用了中文，不仅是为了写作方便，这里也说明一下，不仅在加急审核申请中，在开发者站内信沟通或者非紧急邮件沟通中都可以使用中文跟苹果对接人进行沟通，毕竟目前处理中国地区业务的审核团队还是有很强的中文交流能力的。但是如果对待申请加急审核这么重要的事情，还是用对方的母语更有亲切感，因为审核团队在美国。

4）未能安排加急审核

未能安排加急审核，会收到一封来自苹果的邮件。在邮件中苹果强调两件事情（图 A.2）：

- 告知无法给你安排加急审核。就是暗示你提供的理由不充分，无法给予加急审核。

- 明确说明每个阶段的加急审核数量是有限的，即使你给的理由充分，当前名额不够也不行。

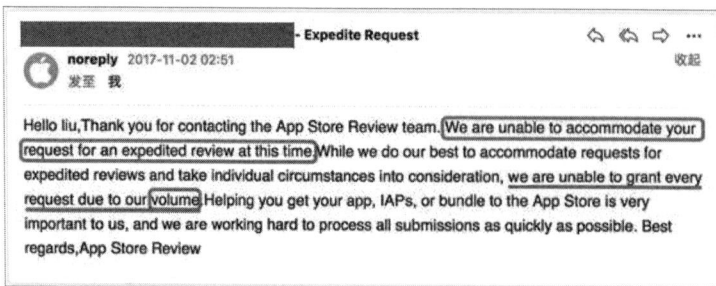

图 A.2　某资讯 App 提审后，苹果在拒绝加急审核后发的邮件

如果确实名额不够，那就第二天再提交一次，但是建议优化一下加急审核的理由再提交，毕竟申请加急都是很着急的事情，不要拿这么一次机会去验证是否真的是名额不够。

5）顺利安排加急审核

顺利安排加急审核之后，会收到一封来自苹果的邮件。在邮件中苹果强调三件事情（图 A.3）：

- 已经为你安排一次加急审核了，稍后不久你的应用将立即进入审核状态。

- 如果在加急审核中被拒绝了，再次提交应用审核还是会在加急队列中。

- 加急审核是有限提供的，未来可能不继续提供。

图 A.3　某资讯 App 提审后，苹果在接受加急审核后发的邮件

6）申请加急审核的其他注意事项

- 时间点：尽量在晚上 12 点前提交加急审核，当然越早越好。

- 拼命三郎：被拒绝后只能第二天再审核？不，如果早提交还是有机会的。

如图 A.4 所示，苹果审核不一定都在半夜，是有时间顺序的，当然加急审核一定是优先处理的。能有如此的效率也不是一个人就能达成的，要归功于整个团队的战斗氛围，时刻待命受理问题。

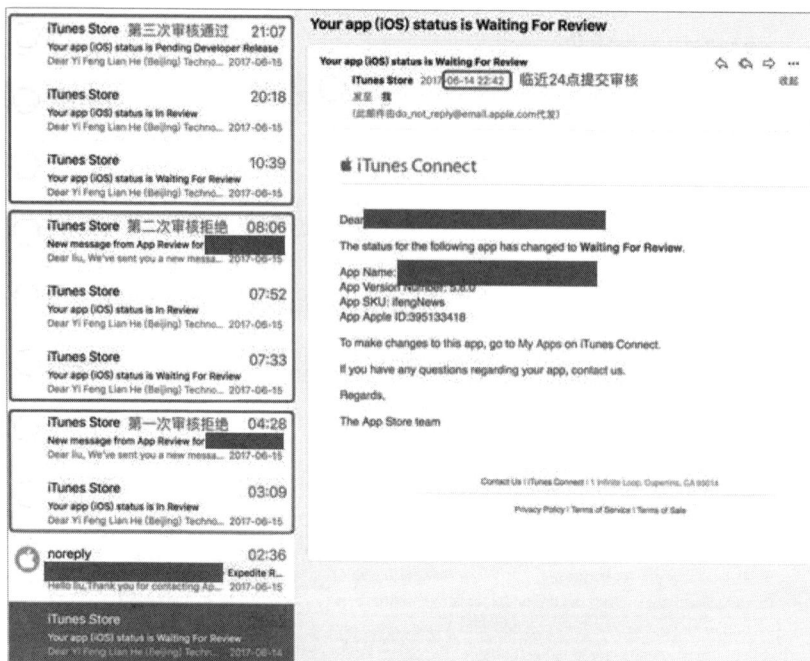

图 A.4　某资讯 App 加急审核后迅速处理苹果拒绝问题，当天连续三审通过

2. 审核被拒绝

审核被拒绝有好多种原因，在很多第三方服务平台（如七麦数据、蝉大师等）上都有很多技术帖，甚至在百度上都可以搜到一些方法来尝试解决问题，所以对此在方法上不做过多赘述。**秘诀是：翔实解释问题，如需提供材料务必全部提供，如部分材料不全必须有合理解释，如无法理解苹果拒绝审核的原因可以申请苹果电话联系**。如果被苹果误解，可以列图或者视频来对部分功能进行演示说明。但是需要提醒一下，务必认真对待每一次审核，尤其是被拒绝后。苹果在第二次拒绝审核同一个版本之后会写一句话，如图 A.5 所示。

意思是：下次提交此应用的审核可能需要更长的审核时间，在此问题得到解决之前，此应用无法获得加急审核。在这种情况下，需要 2 周到 4 周甚至更长时间才可能被审核，且加急无效。虽然有时候苹果没有在开发者后台站内信上写这么一句话，但是也是这么执行的，所以不要尝试绕开问题强行提交审核。

图 A.5　苹果延迟审核的声明

什么情况下会被声明延迟审核？一般情况下新应用第一次被拒绝审核之后、老应用在某个版本 2 次及 2 次以上审核被拒之后都会被声明延迟审核。

第一次声明延迟审核时说明苹果已经没有"耐心"了，这时候务必要极度重视苹果所有的质疑，一定要提交齐全材料并加以一定的说明，如果苹果明确声明延迟审核之后再被拒绝，那就真的是悲剧了。

审核被拒绝后并不是完全没有希望了，还是可以申请苹果审核团队的中文电话联系沟通的（图 A.6），对于一些多次提审无法通过的问题可以在电话中沟通，了解具体问题所在有助于审核通过。

图 A.6　申请苹果审核团队的中文客服联系服务

只有点击图 A.6 中的"申请应用审核团队致电联系"才会出现如图 A.7 所示的界面。

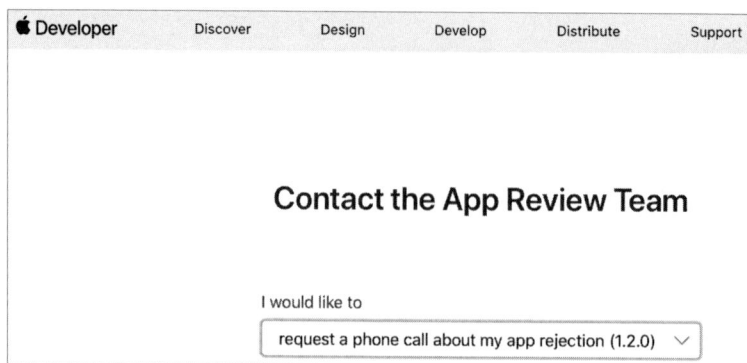

图 A.7　申请苹果审核团队电话联系的界面

苹果审核团队回电还是比较人性化的，会充分考虑时差问题，一般会在北京时间早上 8 点到 10 点之间电话联系，所以一定要保持电话畅通。

3. 多包策略（传说中的马甲）

虽然很多人说所谓的多包策略就是马甲，但是笔者要说的是如果怀着就是上马甲的心态去应对审核，那么是很难通过审核的，因为马甲在苹果审核条款中就是违规的。那么为什么说本着多包策略的心态就能比较顺利地通过审核呢？还是前面说的面对审核的要点：用户为上、真诚。

很多时候在提交另一个包时会出现 4.3 审核拒绝条款，甚至直接被告知后续提交可能被延迟审核，如图 A.8 所示。那么对于 4.3 条款怎么处理会比较合适呢？有两种方式：技术流、用户体验流。

技术流： 所谓技术流就是采用技术在另一个安装包中加入混淆代码，为应用提供字符串加密、代码符号逻辑混淆、反调试的整体化加固保护等措施。业内也有不少提供这种服务的企业，甚至很多本公司的技术大咖也都能搞定，这里就不再赘述。

图 A.8　被条款 4.3 审核拒绝后被申明延迟审核

用户体验流：用户体验流的要点就是，任何提交新包的理由都一定要从用户体验的角度出发，所以如果认为是马甲的话就会失去一些过审的机会。在提交新包的时候一定要在心里默念：我是为了提高苹果手机用户的应用体验。

下面看看有哪几种从用户体验角度出发的提审会顺利通过。

1）功能优先体验/内测

这里提供一个某新闻 App 探索版的提审案例，忽略内部种种原因，最后渠道团队要告诉苹果审核团队的一定是，我们的目的是小规模真实用户测试，在功能全量发布之前保证是受用户欢迎和拥有优秀用户体验的。其实也很好理解，就是为了灰度测试使用的，安卓可以分版本号和渠道号进行灰度测试，然而苹果并没有，如果有重大 Bug，对线上用户影响很大，所以我们需要一个安装包邀请小规模用户进行灰度测试（优先体验功能）。但是苹果从 2017 年 6 月 5 日开始就支持分阶段发布了，这个理由貌似通过率没有那么高了。

2）免费和付费

在 App Store 里免费和付费共存是常态，一般免费版本是给用户免费体验的，免费版本中的功能都是不完全的或者是限期使用的，只有付费版本才能解锁所有功能。需要付费安装包的原因就是希望这个安装包下面聚集的都是有一定付费意愿的用户，然后有专门的团队为其服务，这完全是为付费用户定制的用户体验升级需求。

3）内容/界面的差异化

这个乍一看跟技术流的混淆代码有点相似，但是需要说明的是，混淆代码主要是为了通过人工审核前的机器审核，一般不会有明显的功能差异。这个理由早些时候还是比较容易通过审核的，内容/界面差异化是针对不同的用户群体进行差异化服务的。只要涉及用户体验且理由合理，苹果审核团队还是会网开一面的。

4）安装包体积

其实就是发布一个小体积的版本，为什么说缩小体积就能通过审核呢？要知道早些时候苹果手机的内存只有 16GB、8GB 甚至更低，很多苹果手机用户在选择应用时就会考虑它的体积大小，我们推出一个小体积的安装包可以专门服务小内存的用户，让他们可以更好地在现有的苹果设备上使用我们的产品，否则用户可能会因为内存不够转而使用安卓手机。

4. 投诉处理

如果持续经手苹果的审核对接业务，多少会收到一些善意或者恶意的投诉，那么针对苹果的投诉有什么需要注意的事项或者有哪些坑需要绕开呢？

1）及时联系法务部门，拟定邮件回复内容

针对任何一个投诉，第一时间必须找到法务部门，咨询法务部门就当前投诉如何处理，如果有可能，让法务出具回复邮件内容，或者和法务一起拟定回复邮件内容。这么做有两个目的：一是让所有回复内容都是经过法务确认没有明显法律漏洞的；二是让法务参与到整个投诉处理过程中，保证事件的发展是合理合规的，万一升级成诉讼能为法务部门争取有利点（至少不额外给自己挖坑）。

如果不是特别涉及公司权益和业务层面的诉求，可以适当配合更改，毕竟谁也不想在不必要的诉讼上多花时间。同时在邮件中保持诚恳的沟通态度，也能体现出公司的气度。

2）确认邮件内容后尽快回复，避免被下架

在苹果多次催促反馈结果时，只有主动投诉一方无视才是安全的，如果主动

投诉方不回复苹果的邮件，超过一定时间苹果会认为问题已经解决，自动撤诉。只要及时回复对方的邮件，苹果法律团队就会认为当前投诉正在沟通中，一般来说苹果不会主动介入任何一个投诉，多数情况只扮演信息衔接的角色，还有执行结果的角色。但是被投诉方长时间不回复苹果的邮件，会被认为无视苹果和投诉方，是傲慢无礼的，会面临被下架的惩罚。一旦被下架，这个产品的命运就拽在投诉方手中了，**苹果法律团队只接受一个回复上架的申请：投诉方用投诉的邮箱发邮件跟苹果说问题已解决。**这时候如果是恶意投诉，很可能被对方坐地起价，提出更多无礼要求，这里也体现了多包策略的另一个作用——分担风险。

3）沟通邮件一定要用收到苹果反馈的邮箱发出

如上面所说，苹果一旦发出投诉受理通知，只有在这个邮件组里面的收件人、抄送人发出的邮件才是被苹果认可的，其他邮箱，哪怕是同一公司的邮箱发出的也不行。如果被下架，且双方协商完毕，要注意发出撤诉邮件的邮箱一定要是原始的投诉邮箱。

4）等待对方撤诉

当所有沟通都正常进行时，善意的投诉都会撤诉，静待最后的结果就好。但在对方发出撤诉邮件之前或者苹果发出确认案例结束之前，一定要持续关注。在整个过程中可以用中文沟通。

B

附录 B
网络黑产对用户增长的影响

2019 年 1 月 20 日凌晨，拼多多出现了重大 Bug，平台上可以无限制领取 100 元无门槛全场通用优惠券。事情发生后，拼多多也发表官方声明：有黑灰产团伙通过漏洞盗取数千万元平台优惠券，进行不正当牟利，已向公安机关报案，并将积极配合相关部门对涉黑灰团伙予以打击。

B.1　黑产简介

公开数据显示，近十年来中国电信诈骗案每年以 20%～30% 的速度快速增长。《2018 年网络黑灰产治理研究报告》指出，2017 年我国黑灰产业已达到千亿元规模。

由于移动设备应用广泛，效率提高，但同时检测技术不完善，使得企业风控和反欺诈难度不断加大，所以"薅羊毛"及"羊毛党"就在这样的背景下出现了，并且在移动互联网蓬勃的发展背后，已经衍生出一条庞大的、成熟的"黑色产业链"。

他们作案路径的核心是：资源+工具+场景，如图 B.1 所示。一般通过技术和计算机操控，大批量注册虚假账号，用来进行薅羊毛、诈骗等牟利行为。而注册虚假账号用的信息，大都来自各个平台的信息泄露。比如 2018 年发生了数起大规模的账号泄露事件，包括华住集团、AcFun 等，涉及账号密码数亿条，这些泄露的信息中很大一部分通过地下黑市流入了黑产手中，黑产拿到泄露的账号信息，进行"洗库""撞库"后，除了网络诈骗、电信诈骗外，还会转走账户内的余额、积分等，更会操纵账号进行薅羊毛、刷单、刷粉等。

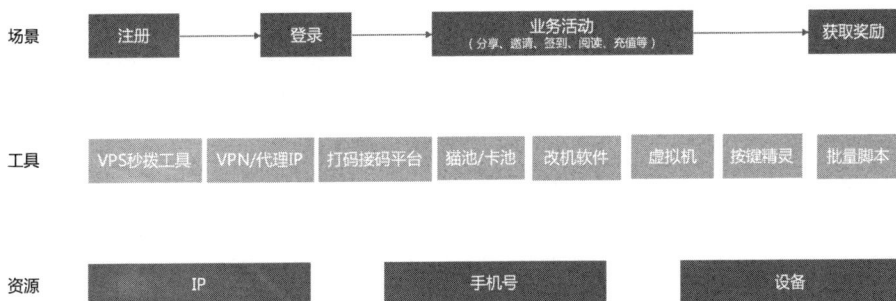

图 B.1　黑产核心路径

随着移动互联网的发展，越来越多的企业需要把业务从线下逐渐搬到线上，实现精细化运营，从而驱动业绩增长。很多资讯、社交、游戏、O2O、电商等平台都通过"金币红包"等方式做推广活动，吸引用户裂变、提升用户活跃度。这些活动和玩法涉及直接和间接经济利益，很容易被网络黑产盯上，如果企业疏忽风险控制，就会严重影响企业的正常运转，影响正常的用户体验，给企业带来巨大的经济损失。

B.2 黑产给业务带来的风险点

下面简单谈一下，在通过金币红包进行用户裂变的情况下，黑产给业务带来的风险点主要有哪些。

1. 伪造新用户，虚假邀请

平台邀请新用户活动，老用户每邀请一个新用户，注册并且完成一定阅读行为，即可获得一定金额的现金奖励。黑产利用作弊工具，使用虚假号码，绑定新浪微博、淘宝、微信小程序等第三方应用，使用老版本 App 等多种方式绕过规则检测，邀请虚假用户进行注册从而获取利益。黑产伪造新用户的流程如图 B.2 所示。

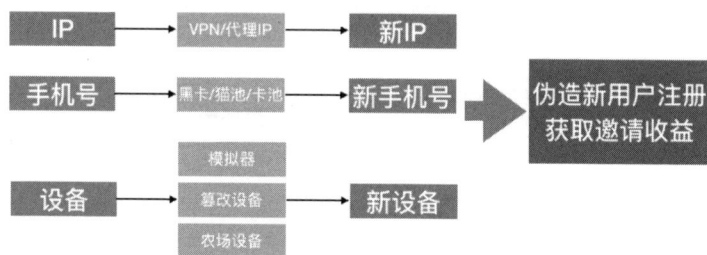

图 B.2　黑产伪造新用户的流程

2. 机器任务

平台奖励活动，用户定时签到、阅读内容等行为可以获得相应的奖励。黑产通过"群控系统+各种批量模拟脚本"，完成定时、批量操作，恶意领取红包奖励获利。黑产利用机器批量操作任务流程如图 B.3 所示。

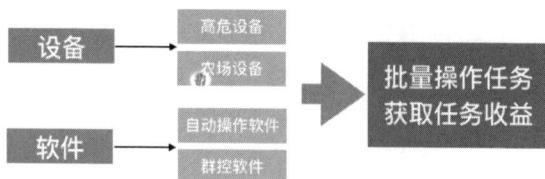

图 B.3　黑产利用机器批量操作任务流程

3. 渠道流量作弊

黑产通过某个渠道进行刷量，导致该渠道流量一直很高，但是该渠道的用户留存、端内用户行为等数据一直不高，运营推广费用大量流失。黑产渠道刷量作弊流程如图 B.4 所示。

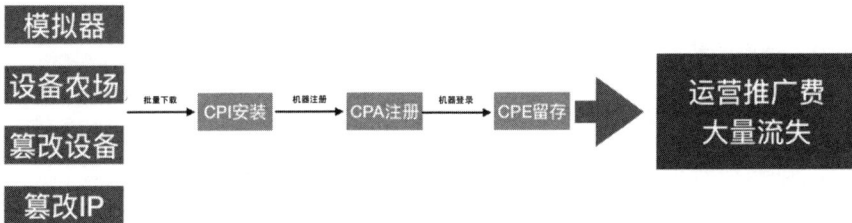

图 B.4　黑产渠道刷量作弊流程

B.4　如何进行风险控制

对于提供互联网服务的风控服务商来说，要担心的问题并不是攻击是否会发生，而是何时会发生。构建无懈可击的防护是不现实的，但是可以通过限制攻击者的行动空间、提升攻击者的攻击成本，来抑制其对资产的危害，从而最大限度地降低风险和威胁。

1. 企业技术风控

在产品功能开发过程中，需要在一些关键节点增加基本的技术风控，作为第一道防线。

1）重放攻击防护

使用接口分布式锁，增删改接口 1 秒内无法重复访问，防止黑产频繁攻击接口，击穿数据库，或因数据库同步延迟对数据造成影响。

针对奖励发放、现金提现等敏感位置，增加重放攻击防护，对用户的金钱增加分布式锁，防止重放攻击对用户的资金产生分裂的影响。

针对用户敏感行为，增加账户锁，防止用户同一时间执行多个敏感操作。

2）IP 防护

限制一段时间内相同 IP 的访问次数。

3）跨域防护

- Referer 来源鉴别，端内接口只能由端内发起请求；

- 加载页面前后端下发 Token，增加 Token 隐藏表单，防止模拟接口行为。

4）接口加密

采用 RSA+DES 双重加密，防止数据在加密之前被篡改，并且增加时间校验，让加密数据定期失效。

2. 产品逻辑风控

通过在产品中设置一些限制策略及监控体系，作为第二道防线。将潜在的风险发生概率降到最低，同时在风险发生时及时处理，降低损失。

1）核身策略

- 手机号绑定校验，必须绑定手机号才能提现，手机号必须真实存在；

- 支付宝、微信提现账号校验，通过支付宝、微信的接口判断是否为真实的支付宝账号和微信账号。

2）阈值限定

- 限制一个设备 ID 登录的账号数（如 1 个），防止用户使用一个手机登录多个账号参加活动；

- 限制一个账号绑定的设备 ID 数（如 3 个），考虑到客户端设备 ID 可能会变或者用户更换手机等情况；

- 每个奖励设置每日及总的上限，一般用户无法达到，防止黑产找出漏洞，防控不及时导致无限制刷奖励；

- 限制提现时间和次数。

3）监控体系

- 各项活动奖励发放实时监控，遇到某个环节奖励发放数据异常时，方便查找原因；

- 设置报警阈值，第一时间处理问题；

- 持续总结和分析异常用户，当发现一部分异常用户后，通过分析这部分用户的行为、数据特点，找出规律，直接批量处理。

3. 第三方风控 SDK

第三方公司提供风控 SDK，基于人工智能与大数据技术，深入业务场景，基于黑产薅羊毛等作弊方式和链条，输出一站式反欺诈解决方案。区别于传统的事后、单点防御方案，能够实时、事前、全路径识别黑产和薅羊毛行为，有效减少经济损失。

1）设备风险检测

基于用户软硬件特征、上网环境、设备指纹等多个原始数据维度，比如 IMEI 号、WiFi、IP 基站、设备 App 分布、更新频率等，有亿级设备样本库，采用聚类分析、GBM、设备相似性识别等技术构建风险设备识别模型，有效识别虚拟机、设备农场、自动操作软件等高风险设备，如图 B.5 所示。

2）行为风险检测

基于机器状态、异常操作识别等技术，比如陀螺仪状态、电量变化、设备地域离散度、IP 异常聚类、安装 App 类型单一等，识别机器注册、机器养号、撞库攻击、账号盗用、问题渠道、薅羊毛等风险操作与风险行为。

图 B.5　第三方风控 SDK 监控设备风险情况

3）关联风险挖掘

基于手机号、设备、IP 等实体，比如以用户邀请的所有好友进行聚类分析、同 IP 关联设备、同 WiFi 关联设备等，采用连通图挖掘、频繁子图挖掘、PageRanK 风险传播等关联分析技术，进行欺诈团伙挖掘等多种欺诈风险识别。

B.5　反作弊公司介绍

1. 数美

数美科技成立于 2015 年 6 月，以大数据与人工智能为基础，解决多场景欺诈问题，为互联网企业提供专业、可信赖的反欺诈解决方案，先后推出了金融反欺诈、内容反欺诈、行为反欺诈等系列产品，覆盖资讯、直播、金融、支付、社交、电商、游戏、O2O 等行业。已与趣头条、东方头条、云闪付等多家知名企业达成合作。

公司从互联网产品切入市场，通过 SDK 可以生成设备唯一 ID，对于移动设备、用户行为等方面检测比较全面。只能通过多个维度综合分析，无法单独使用手机号分析，拦截的策略有专人对接，无须自行配置，使用门槛较低，但限制了可操作空间。还可以针对不同 App 内的不同用户行为有针对性地定制接口和拦截策略。

2. 同盾

同盾科技成立于 2013 年，坚持 AaaS（智能分析即服务）的风控理念，将人工智能与业务场景深度结合，为银行、保险、汽车金融、非银行信贷、基金理财、第三方支付、航旅、电商、O2O、游戏、社交平台等十余个行业提供智能营销、智能信贷风控、智能反欺诈、智能运营等服务。

公司从金融产品切入市场，羊毛党手机号池比较全面，可以仅通过手机号识别羊毛党。后台内容和功能非常完善，支持自定义拦截策略和阈值，使用门槛较高，但是可操作空间大。

3. 数盟

数盟是一家专注于移动互联网的数据服务提供商，自主研发的"可信 ID"能够为移动开发者提供移动设备甄别服务，帮助开发者从源头把控数据的真实性与全面性，通过有效的反作弊措施，鉴别虚假数据，提升运营数据的质量，从而有效防止灰色产业链的侵蚀。

数盟专注于识别模拟器、虚拟机等虚假数据，暂时不支持端内用户行为、羊毛党防刷等方面的检测。

后记

    这本书能够成型并出版，集合了凤凰新闻客户端产品、运营、技术等团队很多人的智慧。更得益于凤凰网 CEO 刘爽先生当初对我与团队的信任和放权，我才有机会和空间实践自己在用户增长方面的想法，并在业务实践中不断总结经验，提升积累。本书所讲述的用户增长、运营、产品、技术方面的内容主要集中在业务中的效率模块，而在事关内容生态的路径模块没有深入思考与展开，希望未来有机会再另书探讨。

    我们可以看到，在内容分发领域，很多公司都想学今日头条的模式，形成"一超多强"的产品矩阵，打造出"App 葫芦娃"。但从结果看，除了百度在较强的商业变现能力及不计成本的渠道投入的支撑下，还能学得有点模样外，其他公司都有点"画虎不成反类犬"的感觉，而且亦步亦趋，凡事必定对比今日头条，反而搞得员工与管理层浮躁不堪，十分疲惫。

    我们也能看到一个现象，很多移动互联网创业公司，刚开始都想做聚合平台，因为没有内容，做聚合冷启动相对容易一些。但我们也看到一个现象，在移动互联网行业，纯聚合平台成功的机会越来越少，能成功的平台多数是要做业务闭环的，今日头条的成功也是从早期的内容聚合平台通过头条号过渡到内容生态闭环的。也就是说，不做内容或服务生态很难取得业务上的成功。另外我们还看到了一个现象，一些做工具出身的互联网公司做用户增长都有"两把刷子"，但做内容分发就不灵了，这是为什么呢？我思考过，核心原因就是：做内容分发是长期持续的，而效率则多是短期见效、有瓶颈的。做内容生态，往往九死一生，投入大、周期长，一般人沉不下去，做工具依赖效率优势的公司往往没有耐心踏实投入做内容。像爱奇艺、QQ 音乐、阅文等如今红透半边天的公司都熬了 10 年以上，靠着深厚的内容积累才形成今天相对的竞争优势。对比网易云音乐，它的产品模型、用户体验可以说做到了极致，但还是打不过 QQ 音乐。原因就在于内容产品的核心路径还是在内容本身，效率是 1，内容则是后面的 N 个 0。

所以说，效率的事是非常重要的。因为没有这个"1"，后面有再多的"0"都兜不住。漏斗太大了，做产品、做用户增长，首先要解决效率的问题。无论是算法的优化还是激励活动的运营，都是提升效率的问题，是"术"的层面；而独特原创的独家内容生态才是路径，是战略高度的道。我们希望通过《我不是产品经理：移动互联网商业模式下的用户增长》这本书，把这个"术"与"道"完全分享给移动互联网的从业者，帮助大家绕过效率的坑，减少在效率方面精力、与财力的花费，把公司的主要精力放在提升内容与服务的质量这一主路径上。只有这样，移动互联网贡献给用户的内容才能真正做到百花齐放，有品、有质、有趣、有料。

很多人都讲移动互联网进入下半场了，增长的红利结束了。我觉得实际情况并非如此，虽然基于互联网人口增长的红利结束了，但基于用户的需求，特别是基于优质内容与服务的需求是永无止境的。上半场是效率的竞争，那些拥有好产品、算法能力、营销创意的公司，慢慢都会回归到内容服务这一主路径上，那些拥有优势内容创作能力与内容版权壁垒的公司，像人民网、新华网、央视、新京报这样的传统央媒在新闻资讯领域，爱奇艺、腾讯这样的长视频内容积累较深的公司在短视频领域，将会越来越有机会在未来的内容分发中占有一席之地。

反侵权盗版声明

　　电子工业出版社依法对本作品享有专有出版权。任何未经权利人书面许可，复制、销售或通过信息网络传播本作品的行为；歪曲、篡改、剽窃本作品的行为，均违反《中华人民共和国著作权法》，其行为人应承担相应的民事责任和行政责任，构成犯罪的，将被依法追究刑事责任。

　　为了维护市场秩序，保护权利人的合法权益，我社将依法查处和打击侵权盗版的单位和个人。欢迎社会各界人士积极举报侵权盗版行为，本社将奖励举报有功人员，并保证举报人的信息不被泄露。

举报电话： (010)88254396；(010)88258888
传　　真： (010)88254397
E－mail ： dbqq@phei.com.cn
通信地址： 北京市万寿路 173 信箱
　　　　　电子工业出版社总编办公室
邮　　编： 100036